デジタル・ネットワーキングの展開

干川 剛史 著

晃 洋 書 房

はじめに

　著者は，日本においてコンピューター通信（インターネット及びパソコン通信）が普及し始めた約20年前から，市民活動（市民運動及びボランティア活動）においてコンピューター通信が活用されるようになることによって，いかに活動が活性化し，どのように社会を変えて行くことが可能になるのかを主題に研究を続けてきた．
　そして，本書では，インターネット等のデジタル・メディアを活用して展開される市民活動を「デジタル・ネットワーキング」という概念で明示し，「デジタル・ネットワーキング論」という観点から，1970年代から90年代前半のパソコン通信とインターネットの普及とともに進展した国内外の市民活動を出発点にし，阪神・淡路大震災から東日本大震災までの大規模災害における災害支援を経て，被災地復興へと至る「デジタル・ネットワーキング」の事例研究を中心に，地域再生に向けてのデジタル・ネットワーキングによる社会的課題解決の可能性と課題を考察し，さらに，デジタル・ネットワーキングによる公共圏と「復元力に富んだ社会」（resilient society）の構築を模索する．

本書の要旨
　第1章では，まず，最初に，ネットワーキングが必要とされるようになった社会の構造的変化をとらえ，ネットワーキングが展開して行くためにソーシャル・キャピタルが不可欠であることを示す．次に，デジタル・メディアとソーシャル・キャピタルの関連性を解明しようとした事例研究を手がかりにして，「デジタル・ネットワーキング・モデル」を構築・提示する．
　そして，第2章では，1970年代から1990年代前半までの国内外の市民活動におけるデジタル・ネットワーキングの展開を概観し，次に，第3章から第6章では，事例研究を通じて，大規模災害におけるデジタル・ネットワーキングの実態と課題を明らかにする．さらに，第7章では，東日本大震災におけるデジタル・ネットワーキングの実態をとらえ，そして，第8章では，東日本大震災の被災地復興から地域再生へ向けてのデジタル・ネットワーキングによる社会的課題解決の可能性と課題を明らかにし，デジタル・ネットワーキングによる

公共圏と「復元力に富んだ社会」の構築を模索する．

各章の概要
第1章　デジタル・ネットワーキングとソーシャル・キャピタル
　まず，最初に，ネットワーキングが出現するようになった社会の構造的変化をとらえる．そして，近年のソーシャル・キャピタルをめぐる議論を手がかりにして，「デジタル・ネットワーキング」が展開し社会的課題を解決して行くには，社会的課題について市民のオープンで多様な議論を許容し，実践活動への積極的参加を促すために必要な社会的連帯・自発的協力・相互信頼を醸成するソーシャル・キャピタルが不可欠であることを示す．
　次に，宮田加久子のオンライン・コミュニティに関する事例研究及び和崎宏による地域SNSの事例研究などを手がかりにして，デジタル・ネットワーキングによってソーシャル・キャピタルが豊かになり，さらにソーシャル・キャピタルによってデジタル・ネットワーキングが促進されていく相乗効果的な循環が生まれ，社会的課題が解決される可能性を考察する．
　さらに，先行研究を概観して得られた知見の中で，パットナムのソーシャル・キャピタルの4分類と和崎のネットワークモデルを手がかりにして，著者独自の「デジタル・ネットワーキング・モデル」を構築し，提示する．
　そして，第2章から第7章の各章において，主な事例を，デジタル・ネットワーキングとソーシャル・キャピタルの相乗効果的な循環という観点から考察し，その実態と課題を明らかにする．

第2章　市民活動におけるデジタル・ネットワーキングの展開
　1970年代からアメリカ合衆国のカリフォルニア州を中心とする地域でパソコン通信を活用したデジタル・ネットワーキングが開始され，主に北米地域と中南米地域で展開された．
　そして，1992年のリオ・デ・ジャネイロでの「国連地球環境サミット」では，世界各地のNGOが，それらの間の情報通信連絡網としてインターネットを利用して構築された「APC (Association for Progressive Communication) ネットワーク」を駆使して，環境保全に関する市民独自の条約である「オルタナティブ条約」を作成した．また，それ以降の人権や女性などをテーマとした国連サミットでもAPCネットワークが，NGOによって活用されていた．

そこで，このような APC ネットワークを中心とする海外のデジタル・ネットワーキングの展開を概観しながら，1990年代前半において海外のデジタル・ネットワーキングに呼応し APC ネットワークの国内拠点を構築するべく NGO・NPO の情報化支援に取り組もうとする「JCA（Japan Computer Access）（市民コンピューターコミュニケーション研究会）」の活動を取り上げ，アンケートによる実態調査を通じてその実態と課題を明らかにする．

第3章　阪神・淡路大震災におけるデジタル・ネットワーキングの展開
　第3章では，1995年1月17日に発生した阪神・淡路大震災においてコンピューター通信を活用した情報ボランティアによる情報支援活動が初めて行われたが，試行錯誤の連続であり効果的な活動を展開できなかった．そこで，こうした情報ボランティアの実態と課題を明らかにする．

第4章　日本海重油災害における災害デジタル・ネットワーキングの展開
　1997年1月に発生した日本海重油災害では，福井県三国町その他で，重油回収作業に携わるボランティア団体，兵庫県や新潟県などの地方自治体，旧運輸省などの中央省庁は，インターネットを利用して被害状況や対策状況について情報発信を行うようになった．また，大学やシンクタンクの研究者などがメーリングリストを通じて漂着重油の効果的な処理方法を考案し伝えた．さらに，被災地域の新聞社や放送局，また，「NHK ボランティアネット」などのメディアが，現地の被害状況や行政の対応，ボランティアの活動状況などについてインターネットを通じて伝えた．
　そこで，第4章では，このような日本海重油災害における民・官・専門家・メディア等によるデジタル・ネットワーキングの実態と課題を明らかにする．

第5章　有珠山火山災害と三宅島火山災害におけるデジタル・ネットワーキングの展開と課題
　2000年3月末に発生した北海道の有珠山火山災害と，2000年6月に発生した東京都の三宅島火山災害では，災害発生直前のインターネット利用者の急激な増加に伴って，行政機関やボランティアだけでなく，被災者自身もインターネットを情報の収集・発信手段として利用するようになった．
　そこで，第5章においては，有珠山火山災害と三宅島火山災害における被災

者，行政機関，災害救援ボランティア，支援者，情報ボランティアの間で展開されたデジタル・ネットワーキングの実態をとらえる．

さらに，三宅島復興に向けてのデジタル・ネットワーキングの可能性と課題を明らかにする．

第6章　災害デジタル・ネットワーキングにおける情報通信技術（ICT）活用の実態と課題

　第6章では，「平成19（2007）年新潟県中越沖地震」と「平成20（2008）年岩手・宮城内陸地震」及び「平成21（2009）年佐用町水害」において，著者らが研究開発に関わった「地理情報システム（GIS：Geographical Information System）」等の情報通信技術（ICT：Information and Communication Technology）を活用した情報支援活動の実態と課題を明らかにする．

第7章　東日本大震災におけるデジタル・ネットワーキングの展開

　第7章では，総務省『情報通信白書』平成23年版等の文献を手がかりにして，2011年3月11日に発生した「平成23（2011）年東日本大震災」において展開されたデジタル・ネットワーキングの実態を概観する．

　そして，三宅島復興支援を目的としてはじまり，「平成23（2011）年霧島連山新燃岳火山災害」と「平成23（2011）年東日本大震災」によって新たな展開を見せている「灰干しプロジェクト」と「南三陸町福興市」及び「南三陸福興まちづくり機構」を対象にした参与観察に基づく事例研究を通じて，デジタル・ネットワーキングによる被災地復興の実態と課題を明らかにする．

第8章　デジタル・ネットワーキングによる地域再生と「復元力に富んだ社会」（resilient society）構築に向けて

　著者が阪神・淡路大震災から東日本大震災までに支援者とした関わった災害において，情報通信技術を活用した支援活動がどのように展開されたかを，災害発生以降の3つの段階（「発災初動期」・「災害対応期」・「復旧・復興期」）と活動内容という観点から考察し，その実態と課題を明らかにする．

　そして，この考察から得られた知見として，情報通信技術を活用した支援活動の目的達成に必要な要素を明示し，この知見に基づいて，東日本大震災を前提にして，地域再生や社会的課題解決につながるデジタル・ネットワーキング

による被災地復興の可能性と課題を考察する.
　さらに，デジタル・ネットワーキングによる公共圏と「復元力に富んだ社会」(resilient society) の構築を模索する.

目　次

はじめに

第1章　デジタル・ネットワーキングと
　　　　　ソーシャル・キャピタル …………………………… *1*

1　社会変動とネットワーキング　(*2*)

2　ソーシャル・キャピタルとは何か　(*6*)

3　ソーシャル・キャピタルとインターネット　(*13*)

4　ソーシャル・キャピタルとデジタル・ネットワーキング　(*20*)

5　「デジタル・ネットワーキング・モデル」の提示　(*29*)

第2章　市民活動における
　　　　　デジタル・ネットワーキングの展開 ……………… *32*

1　APCネットワークによる地球規模の
　　デジタル・ネットワーキングの展開　(*32*)

2　日本におけるデジタル・ネットワーキングの展開　(*34*)

3　日本におけるデジタル・ネットワーキングの展開期：
　　JCAの実態調査から　(*36*)

4　デジタル・ネットワーキング・モデルによる
　　市民活動デジタル・ネットワーキングの構造の描出　(*40*)

第3章 阪神・淡路大震災における
　　　　デジタル・ネットワーキングの展開 ……………… 43

　1　阪神・淡路大震災と情報ボランティア　(43)

　2　著者の情報ボランティア活動「淡路プロジェクト」の展開　(49)

　3　情報ボランティアによる
　　　デジタル・ネットワーキングの構造　(54)

　4　「兵庫ニューメディア推進協議会」と
　　　「インターVネットユーザー協議会」の「提言」　(57)

第4章 日本海重油災害における
　　　　災害デジタル・ネットワーキングの展開 ……………… 66

　1　重油漂着地のボランティア団体による
　　　ホームページを利用した情報発信の実態　(66)

　2　日本海重油災害におけるインターネットの
　　　ボランティアコーディネートへの効果　(68)

　3　メーリングリストにおける情報ボランティアの活動　(70)

　4　日本海重油災害における
　　　デジタル・ネットワーキングの構造　(71)

第5章 有珠山火山災害と三宅島火山災害における
　　　　デジタル・ネットワーキングの展開と課題 ……………… 74

　1　有珠山火山災害における
　　　デジタル・ネットワーキングの展開　(74)

　2　三宅島火山災害における
　　　デジタル・ネットワーキングの展開　(76)

3　三宅島火山災害における
　　　　デジタル・ネットワーキングの実態と課題　(77)

　　4　「三宅島と多摩をむすぶ会」と
　　　　「アカコッコ——三宅・多摩だより——」　(79)

　　5　三宅島復興に向けての
　　　　デジタル・ネットワーキングの展開　(83)

　　6　三宅島「灰干しネットワークプロジェクト」　(85)

第6章　災害デジタル・ネットワーキングにおける
　　　　情報通信技術（ICT）活用の実態と課題 ……………………… 97

　　1　情報通信技術を活用した
　　　　災害情報共有システムの研究開発　(97)

　　2　「平成19（2007）年新潟県中越沖地震」における
　　　　「広域災害情報共有システム」（WIDIS）を活用した
　　　　情報支援活動　(98)

　　3　「平成20（2008）年岩手・宮城内陸地震」での
　　　　WIDIS を活用した情報支援活動　(100)

　　4　「平成21（2009）年佐用町水害」における
　　　　ICT を活用した支援活動の展開　(104)

　　5　大規模災害時における ICT を活用した
　　　　情報支援活動の実態と課題　(112)

第7章　東日本大震災における
　　　　デジタル・ネットワーキングの展開 ……………………… 117

　　1　情報通信技術を活用した多様な支援活動の取り組み　(117)

2　東日本大震災の宮城県内被災地における
　　ICTを活用した情報支援活動　　(125)

3　デジタル・ネットワーキングによる被災地復興に向けて　　(133)

4　東日本大震災における著者をめぐる
　　デジタル・ネットワーキングの構造　　(156)

第8章　デジタル・ネットワーキングによる地域再生と
　　　　　「復元力に富んだ社会」(resilient society)構築に向けて …… 160

1　阪神・淡路大震災から東日本大震災までの
　　情報支援活動の展開と課題　　(160)

2　デジタル・ネットワーキングとソーシャル・キャピタルの
　　相乗効果的循環過程による「復元力」形成としての
　　地域再生に向けて　　(171)

3　デジタル・ネットワーキングによる地域再生に向けての
　　可能性と課題　　(175)

4　デジタル・ネットワーキングによる公共圏と
　　「復元力に富んだ社会」(resilient society)の構築に向けて　　(184)

文 献 一 覧　　(199)

お わ り に　　(205)

索　　　引　　(215)

第1章
デジタル・ネットワーキングと
ソーシャル・キャピタル

　第1章では，まず，最初に，ネットワーキングが必要とされるようになった社会の構造的変化をとらえる．

　そして，近年のソーシャル・キャピタルをめぐる議論を手がかりにして，「デジタル・ネットワーキング（インターネット等のデジタル・メディアを活用して展開される市民活動）」が展開し社会的課題を解決して行くには，社会的課題について市民のオープンで多様な議論を許容し，実践活動への積極的参加を促すために必要な社会的連帯・自発的協力・相互信頼を醸成するソーシャル・キャピタルが不可欠であることを示す．

　そこで，まず，リップナック／スタンプスの『ネットワーキング』を手がかりにして，ネットワーキングが必要とされるようになった社会の構造的変化を明らかにする．

　そして，ネットワーキングが展開して行くために不可欠な協力的相互信頼関係，すなわち，ソーシャル・キャピタルに関するコールマンやパットナムなどの学説を手がかりにして「ソーシャル・キャピタルとは，何か」を明らかにする．

　次に，宮田加久子のオンライン・コミュニティに関する事例研究及び和崎宏による地域SNSの事例研究などを手がかりにして，デジタル・ネットワーキングによってソーシャル・キャピタルが豊かになり，さらにソーシャル・キャピタルによってデジタル・ネットワーキングが促進されていく相乗効果的な循環が生まれ，社会的課題が解決される可能性を考察する．

　さらに，先行研究を概観して得られた知見の中で，パットナムのソーシャル・キャピタルの4分類と和崎のネットワークモデルを手がかりにして，著者独自の「デジタル・ネットワーキング・モデル」を構築し，提示する．

1 社会変動とネットワーキング

「ネットワーキング (networking)」とは，ある目標や価値を共有している人々の間で，既存の組織への所属とか，職業上の立場とか，居住する地域とかの違いや制約をはるかに越えて，人々の連帯を作り上げていく活動である（正村 1986：13-21）．

つまり，環境・福祉・地域づくりなどといった共通の問題や関心事をめぐって，様々な人々が職業や居住地などの社会的立場を越えてつながりを作り出し取り組んでいく市民活動（ボランティア活動や社会運動）である．

ネットワーキングが出現するようになった社会の構造的変化については，以下の通りである．

1980年代に入ると，高度な科学技術を活用した産業経済の発達に伴って，急速に交通・情報通信網が発展して地球全体を覆い，その結果，地域社会のレベルで起こることが全国レベルにとどまらず世界規模の広がりを持つ出来事と密接に関連するようになった．

これは，日本をはじめとする欧米各国の企業が，コストの削減と利潤の追求を目指して，原材料の供給地，工場用地，市場を求めて海外に積極的に進出し，各国の経済が世界規模でより緊密な結びつきを強めたためである．

また，それに伴って，一国の景気の動向が他国の景気の動向に左右されることになり，各国政府は，国際的な協力を行わないと自国の経済をコントロールすることができなくなった．そこで，政治も国際的な相互依存関係を強めることになる．

そして，人々の日常生活は，このように世界規模の結びつきを強めた経済と政治によって大きな影響を受けるようになり，身近で起こる様々な出来事が遠く離れた国の出来事と結びつくようになる．すなわち，このような「グローバル化」によって，人々の健康や生活を脅かすような問題が生じた場合，地域内だけで，あるいは国内だけで解決することは困難となる（干川 1994a：159）．

そこで，人々の生活実感を大切にし，日々の生活実感の中から出てくる価値や目的に基づいて社会のあり方に疑問を投げかけ，現状を改善するための具体的なアイディアを示し，それを実践しようとする「対案提示型実行活動」が行われるようになった．そして，個別の課題に個々の市民活動がばらばらに取り

組むよりも，具体的な活動内容は異なっているが基本的な価値や目的を同じくする活動の間の相互協力が必要であるという認識が生まれた．また，そうした協力関係の下で活動を行うことが，有効に問題に対処できることもわかってきた．そこで，今日の市民活動は，それぞれの活動の独自性をふまえながら，必要に応じて相互に協力し合う回路の構築を目指すようになったのである（日本ネットワーカーズ会議 1990：60）．

このような考え方に基づく市民活動が，「ネットワーキング」(問題意識や価値観を同じくする市民の間の立場の違いを超えたネットワークづくり）である（正村 1984：1）．

日本のボランタリー・セクター（市民活動が行われる社会的領域）では，対等な関係としてのネットワークを志向する傾向が特に強く見受けられる．それは，とりわけ行政の振興政策によってボランタリー活動が育てられてきたことに対する反発に由来する部分が大きい．つまり，「行政の下請けにならないために，自立していくための力はネットワーキングにある」と考えられてきた．特に1980年代前半，Lipnack and Stamps (Lipnack, Jessica/Stamps, Jeffrey) の "Networking" (1982)（リップナック／スタンプス『ネットワーキング』(1984年)）の出版が１つのきっかけとなって，ボランタリー・セクターでは，ネットワーキングの考え方が盛んに提起されるようになった．

リップナックとスタンプスは，1989年11月12日に東京で開催された「第１回日本ネットワーカーズ会議」で，中国の天安門事件（1989年６月３～４日に発生）での学生グループによるコンピューター通信の活用を事例として取り上げ（日本ネットワーカーズ会議 1990：17-21），人的ネットワークとコンピューター・ネットワークが結合することで，ネットワーキングが，地球規模に拡大し，地球全体に関わる社会問題の解決を可能にする力を得ることができると示唆している（日本ネットワーカーズ会議 1990：35-36）．

このように，1980年代後半からデジタル・メディア（パソコンやパソコン通信，インターネット）を活用したネットワーキングが，盛んに行われるようになってきている．

そこで，著者は，このようなネットワーキングの動向に着目して，市民活動においてデジタル・メディアが活用されるようになることによって，いかに活動が活性化し，どのように社会を変えて行くことが可能になるのかを主題に1990年代前半から研究を行うようになった（干川 1994b：332-345）．

そして，著者は，このようなデジタル・メディアを活用して展開されるネットワーキングを「デジタル・ネットワーキング（digital networking）」と呼んでいる．
　ここで，デジタル・ネットワーキングを定義すれば，それは，デジタル・メディアを活用して展開される市民活動（市民による非営利の自発的な対策立案・提示・行為調整・連帯形成・実践活動）である（干川 2001：1）．
　ところで，1970年代からアメリカ合衆国のカリフォルニア州を中心とする地域でパソコン通信を活用したデジタル・ネットワーキングが開始され，主に北米地域と中南米地域で展開された．
　アメリカにおけるその実態について，諸事例を丹念に取材してルポルタージュの手法によって明らかにしたのが，岡部一明の『パソコン市民ネットワーク』（1986年）である．
　岡部は，その著書の冒頭で，アメリカでは1985年の時点で，市民活動での使用を目的としてつくられた（パソコンを電話回線でつなぎ，文字情報のやり取りをするメディアである）パソコン通信システム「市民BBS（電子掲示板）」が全米で約5000局存在し，「アメリカを見る限り，パソコン通信はすでに新しいミニコミ文化をつくっている」との論じている（岡部 1986：6）．
　その実態として，「サンフランシスコでは平和運動のBBS・ピースネットや……シリコンバレーでずっと半導体工場の公害・第三世界進出問題を告発してきた『太平洋学習センター』（PSC）もBBSを開局し……ヒッピーコミューン・ファラローン研究所は，有機農業や堆肥づくりを営む実験共同体のど真中で，世界的なエコロジー運動のコンピューター・ネットワーク（エコネット）をつくっている……ネットワークの中には，日本との接続が安価に行えるものもあり，市民レベルでの国際的ネットワークをつくろうとの呼びかけが日本の市民グループに舞い込むようになった．……このようなアメリカの『草の根コンピューティング』は，日本ではほとんど知られていない」（岡部 1986：7-8）．
　このようなアメリカ合衆国を発祥とするデジタル・ネットワーキングが国際的に展開し，1992年のリオ・デ・ジャネイロでの「国連地球環境サミット」（「環境と開発に関する国連会議」）では，世界各地のNGOが，それらの間の情報通信連絡網としてインターネットを利用して構築された「APC（Association for Progressive Communication）ネットワーク」を駆使して，環境保全に関する市民独自の条約である「オルタナティブ条約」を作成した．

岩崎俊介によれば,「オルタナティブ条約」の作成過程は,「市民の立場から環境問題の解決に向けて独自の決議と提言を行ったNGO側の取り組みであり」(岩崎 1993：55-68),そこにおいて,APCネットワークが重要な役割を果たした (印鑰 1992：23).

そして,それ以降の人権や女性などをテーマとした国連サミットでもAPCネットワークが,NGOによって活用されていた.

その実態について,岡部は,その著書『インターネット市民革命』(1996年) において,「APCは,二〇カ国の市民ネットをつなぐ世界最大のNGOコンピュータ・ネットワーク.一九九五年九月の第四回世界女性会議に二五カ国四〇名のAPC女性スタッフを派遣してインターネット・サーバーを立ち上げ,参加したNGO活動家の情報ネットワーキングを支援した……彼女たちの支援活動は,情報と理念がより重要な力を発揮するグローバルな市民社会で,決定的なツールを民衆に与えはじめた.地球規模に広がったNGO活動にコンピュータ通信はよく適合している……グローバルに広がる市民社会は,インターネットという中枢神経をもちはじめた……現在のグローバルな市民社会はインターネットによってその基礎を与えられる.APCはその可能性の片鱗を,ここ数年の活動の中で実証しはじめた」とAPCの実態と実績を明示している (岡部 1996：347-357).

ちなみに,1996年3月現在のメンバーリストでのAPC加盟ネットワークとしては以下のものがある.

　AlterNex (ブラジル),Chasque (ウルグアイ),ColNodo (コロンビア),ComLink e.V (ドイツ),Econnet (チェコ),Ecuanex (エクアドル),GlasNet (ロシア),GLUK (ウクライナ),GreenNet&Antenna (イギリス／オランダ),Histria&Zamir Transnaional Net (スロベニア他旧ユーゴスラビア地域),Institute for Global Communications (PeaceNet/EcoNet/ConflictNet/HomeoNet/LaborNet/WomensNet) (アメリカ),KnoopPunt vzw (ベルギー),LaNeta (メキシコ),Nicarao (ニカラグア),NordNet (スウェーデン),Pepasus Network (オーストラリア),PlaNet (ニュージーランド),SnagoNet (南アフリカ),Wamani (アルゼンチン),Web (カナダ).

　他方で,2000年末時点においてAPCのホームページで確認される,新たな加盟ネットワークは,Blue Link Information Network (ブルガリア),GreenSpider (ハンガリー),Pangea (スペイン),StrawberryNet (ルーマニア),SilkNet c/o PERDCA (ウズベキスタン),Enda-Tier Monde (セネガル),JCA-NET (日本),

Community Communication Online（オーストラリア）である．その一方で，脱退したネットワークは，AlterNex（ブラジル），GlasNet（ロシア），Antenna（オランダ），Histria&Zamir Transnaional Net（スロベニア他旧ユーゴスラビア地域），KnoopPunt vzw（ベルギー），PlaNet（ニュージーランド）である（干川 2001：113）．

ところで，ネットワーキングが展開して行くためには，協力的相互信頼関係，すなわち，ソーシャル・キャピタルが不可欠である．

そこで，ソーシャル・キャピタルに関するコールマンやパットナムなどの学説を手がかりにして「ソーシャル・キャピタルとは，何か」を明らかにする．

2　ソーシャル・キャピタルとは何か

ソーシャル・キャピタル（social capital）とは何かについて，社会学においては，ジェームズ・コールマン（Coleman, James. S.）が，"Foundations of Social Theory"（1990）（『社会理論の基礎』（2004年））において詳細に論じている（Coleman 1990：300-321；コールマン 2004：471-501）．

それによれば，ソーシャル・キャピタルは，家族関係や地域の社会組織に内在する，子どもや若者の認知的ないし社会的発達にとって有用な一群の資源であり，権威や信頼や規範から成る諸関係は，ソーシャル・キャピタルの諸形態である（Coleman 1990：300；コールマン 2004：472）．

そして，ソーシャル・キャピタルは，社会関係の構造に内在し，その構造の中にいる人々に特定の行動を促すが，ある人たちにとって有用なソーシャル・キャピタルが，他の人たちにとっては，無用であり，有害でさえある場合もある（Coleman 1990：302；コールマン 2004：475）．

ところで，コールマンによれば，ソーシャル・キャピタルには，特定の人が自己の利益を達成するために利用可能な構造的資源（私的財）としての側面があり（Coleman 1990：305；コールマン 2004：479），その一方で，全ての人に恩恵をもたらす構造的資源（公共財）としての側面がある（Coleman 1990：315；コールマン 2004：493）．

そして，ソーシャル・キャピタルの公共財としての側面に重点を置いて，ソーシャル・キャピタルと民主的な市民社会との関連を探究しているのが，ロバート・パットナム（Putnum, Robert, D.）である（Putnum 1993；2000；2002；パットナ

ム 2001；2006；2013）．

　パットナムは，"Democracies in Flux"（2002）（『流動化する民主主義』（2013年））において，社会関係資本に関する学説の変遷をたどっている（Putnum 2002：3-19；パットナム 2013：1-17）．

　パットナムによれば，ほぼ1世紀前に，進歩的な教育者で社会改革者のL.ジャドスン・ハニファン（Hanifan, L. Judson）は，生まれ故郷のウェスト・バージニア州の農村学校で働いていたが，彼が働いている地域の深刻な社会的・経済的・政治的問題を解決するには，地域住民間の連帯のネットワークを強化する以外に方法はないと決意するようになり，1916年に彼が書いた文書の中で，民主主義と発展を持続するためには，新しいやり方で地域社会に関わることが重要であることを説き，社会的な単位を構成する個々人や家族間の善意，仲間意識，同情，社会的交わりを示す言葉として，ソーシャル・キャピタルという概念を作り出した（Putnum 2002：4；パットナム 2013：2）．

　このハニファンに由来するソーシャル・キャピタルという概念は，20世紀において，以下のような変遷を経ている．

　まず，1950年代に，カナダの社会学者ジョン・シーリー（Seely, John）とその同僚たちが，クラブや協会の会員資格のように売買可能な証券と同様に，より高い社会階層への上昇に役立つものとしてソーシャル・キャピタルという概念を用いた．1960年代になると，都市研究者のジェーン・ジェイコブズ（Jacobs, Jane）が，近代的な大都会における近隣住民の非公式な絆がもつ集団的な価値を強調するために，この概念を用いた．そして，1970年代には，経済学者のグレン・C・ルアリー（Loury, Glenn, C.）が，奴隷制と人種差別という歴史的遺産があるために，アフリカ系米国人が，より広い社会的絆に加わりにくいということを強調するために，ソーシャル・キャピタルという概念を用いた．1980年代になると，フランスの社会学者ピエール・ブルデュー（Bourdieu, Pierre）は，ソーシャル・キャピタルを「お互いに知り合いで，どのような人物であるかということがわかっているという関係から成る，多少とも制度化された持続可能なネットワークに位置を占めること，すなわち，集団への所属に結びついた，現実のあるいは潜在的な一群の資源」として定義した．1984年には，ドイツの経済学者エッケハルト・シュリヒト（Shlicht, Ekkehart）が，組織と道徳的秩序の経済的価値を強調するために，この概念を用いた．最後に，1980年代に，コールマンが，この概念を確定し，アカデミックな議論の土俵を作り出すことによっ

て，ソーシャル・キャピタルという概念は，当初用いられていた社会学や政治学の分野だけでなく，経済学，公衆衛生学，都市計画，犯罪学，建築学，社会心理学など様々な分野で用いられるようになった（Putnum 2002：5；パットナム 2013：2-3）．

パットナムは，上記のように，ソーシャル・キャピタルの概念の変遷をたどり，この概念を用いた多様な分野における研究成果を概観した上で，最近のソーシャル・キャピタルに関する研究成果が，地域社会の問題への市民の積極的参加が民主主義自体にとって不可欠であるという論点と共鳴し合っていることを指摘し，ソーシャル・キャピタルの基本的な考え方を，マイケル・ウールコック（Woolcock, Michael）とディーパ・ナラヤン（Narayan, Deepa）の議論を引き合いに出して示している．

それによると，ソーシャル・キャピタルという概念の基本的な点は，ある人の家族，友人，仲間が重要な資産を構成しているということであり，その資産は，困難の中で頼りにすることができ，それ自体を楽しむことができ，物質的な利益を得ることができるものである．このことは，個人についてあてはまるだけでなく，集団についてもあてはまる．すなわち，社会的ネットワークの多様な蓄積に恵まれた地域は，貧困や脆弱性に対処したり，紛争を解決したり，新しい機会を活かすより大きな可能性を持っているのである（Putnum 2002：6；パットナム 2013：4）．

このような考え方に基づいて，パットナムは，ソーシャル・キャピタルを，私的財である同時に公共財でもあり，社会的ネットワークとそれに伴う互酬性の規範としてとらえている（Putnum 2002：7-8；パットナム 2013：5）．

また，パットナムは，"Making Demogracy Work"（1993）（『哲学する民主主義』(2001年)）において，ソーシャル・キャピタルは，協調行動を促進することで社会の効率性を向上させうる，信頼，規範，ネットワークという社会組織の特徴を指し示していると論じている．そして，パットナムは，コールマンの知見を手がかりにして，出資者が，定期的に一定の金額を拠出して集まったお金の一部または全部を受け取ることができる非公式な相互金融システムとしての「回転信用組合」（rotating credit association）（日本の「講」にあたるもの）を事例として引き合いに出し，自発的な協力がソーシャル・キャピタルによって促進されることを示した上で，信頼がソーシャル・キャピタルの本質的な構成要素であり，協力を円滑にすると論じている（Putnum 1993：167-171；パットナム 2001：

206-212).

　また，パットナムは，社会的信頼は，互酬性の規範と市民参加のネットワークから生じうると述べ，社会的信頼を支える最も重要な規範としての互酬性の規範には，特定の人々の間の相互扶助としての「特定的互酬性」と不特定多数の人々の間の相互扶助としての「一般的互酬性」の二種類があり，一般的互酬性の規範と市民参加のネットワークが，裏切りへの誘因を減らし，不確実性を低減させ，将来の協力の可能性を高めることで，社会的信頼を作り出し協力を促進する．さらに，社会的信頼と一般的互酬性の規範に基づいて市民が協力して行動することで，市民参加のネットワークが拡大し，そこから，また，社会的信頼と一般的互酬性の規範が強固なものとなる好循環が生じると論じている（Putnum 1993：171-177；パットナム 2001：212-221）．

　以上のようなパットナムのソーシャル・キャピタルについての議論に基づけば，ソーシャル・キャピタルは，信頼と互酬性の規範と社会的ネットワークから構成されていて，それらの要素は，循環的に相互に影響を及ぼし合ってソーシャル・キャピタルを増殖させていくといえるであろう．

　ところで，パットナムによれば，ソーシャル・キャピタルは，様々な文脈で有用性を発揮するという形で多くの形態をとって現れるが，そのような形態は，特定の目的にとってだけ有用で，他の目的にとっては有用ではないという意味で，互いに異質である．また，ソーシャル・キャピタルの中のいくつかの形態は，社会的に好ましくない意図しない結果をもたらしうるという，潜在的な欠点を考慮しなければならない．そして，特定の形態のソーシャル・キャピタルは，民主主義と社会の健康にとって好ましいものであるが，他の形態のソーシャル・キャピタルは，破壊的（あるいは，破壊的な恐れのあるもの）である．例えば，米国で1世紀にわたって頑なまでの信念と人種差別的な信念に同時に根差す暴力を伝統として来たKKK（クー・クラックス・クラン）は，自由で民主的なルールと伝統を破壊するソーシャル・キャピタルの形態を代表するものである．KKK内部の信頼と互酬性の規範は，共有された「自己防衛」という目的によってその集団を強固なものとするが，こうした集団の存在によって，ソーシャル・キャピタルが，必ずしもすべて，民主的な統治の役に立つわけではないということがわかるであろう（Putnum 2002：8-9；パットナム 2013：6-7）．

　そこで，パットナムは，多様な形態で現れるソーシャル・キャピタルを分類し考察する際に手がかりとして，以下の4つの分類を提示している

(Putnum 2002：9 -12；パットナム 2013：7 -10)．

　1つ目の分類は，「公式的ソーシャル・キャピタル」(formal social capital) 対「非公式的ソーシャル・キャピタル」(informal social capital) という分類である．「公式的ソーシャル・キャピタル」は，父母会や労働組合などのように，役員の選出，参加資格，会費，定例会議等に関する規定を持ち，組織としての形が整った集団があるが，このような公式集団を成り立たせるソーシャル・キャピタルが，「公式的ソーシャル・キャピタル」である．他方で，即席でつくられたバスケットボールのチームや同じ酒場に居あわせた人々の集まりを成り立たせるソーシャル・キャピタルが，「非公式的ソーシャル・キャピタル」である．「公式的」であれ，「非公式的」であれ，両方のソーシャル・キャピタルの形態は，その中で互酬性を発展させ，そこから私的あるいは公共的な成果を得ることができるネットワークを作り上げている．つまり，公式集団は，1つの形態のソーシャル・キャピタルを構成しているのにすぎず，もう1つの形態のソーシャル・キャピタルを構成する非公式な集団は，特定の価値ある目的を達成する上で，公式集団よりも有用な場合もあるのである (Putnum 2002：9 -10；パットナム 2013：8)．

　2つ目の分類が，「太いソーシャル・キャピタル」(thick social capital) と「細いソーシャル・キャピタル」(thin social capital) である．「太いソーシャル・キャピタル」とは，密接に幾重にも絡み合っているものであり，例えば，平日は工場で一緒に働き，土曜は一緒に飲みに出かけ，毎日曜日には，一緒にミサに参列するといった鉄鋼労働者の間の関係である．他方で，「細いソーシャル・キャピタル」とは，スーパーマーケットのレジの前で列をつくって順番待ちをしている時にときおり見かけて会釈を交わす関係のような細くてほとんど見えないような糸によって織りなされているソーシャル・キャピタルである．これと関連して，マーク・グラノベッター (Granovetter, Mark) は，「強い絆」と「弱い絆」について論じている．それによれば，「強い絆」は，接触が頻繁で閉鎖的な関係である．例えば，私の友人全員が，それぞれ友人であり，私が彼らと内外で時間を過ごす場合に形成される関係である．このような関係は，人々を動員にしたり，相互扶助を行うのに適している．それに対して，通りすがりの顔見知りや共通の友人がいないような人との関係が，「弱い絆」である．グラノベッターは，職探しに際して，強い絆よりも弱い絆の方が重要であり，また，弱い絆は，社会をまとめ上げたり，一般的な互酬性の規範を幅広く作り上げたりするのに

適しているということを指摘している（Putnum 2002：10-11；パットナム 2013：8-9）．

3つ目の分類が，「内部志向的ソーシャル・キャピタル」（inward-looking social capital）と「外部志向的ソーシャル・キャピタル」（outward-looking social capital）である．

「内部志向的ソーシャル・キャピタル」によって形成される集団としては，階級，性別，民族に基づいて組織化された集団であり，例えば，ロンドンのジェントルマンズ・クラブ（上流階級の男性専用の会員制クラブ）や商工会議所，労働組合，新参の移民によって設立された非公式の信用組合など，内部志向的で構成員の物質的，社会的，政治的利害の増進を目的としている．他方で，「外部志向的ソーシャル・キャピタル」によって形成される集団としては，赤十字，米国の公民権運動，環境運動があげられ，外部志向的あるいは利他的な組織であり，明らかに公共的ならびに個人的な利益を提供するものである．しかしながら，パットナムは，それぞれのソーシャル・キャピタルによって形成される集団は，人々にとってまた社会にとって必要性があるから組織化されるのであり，「外部志向的ソーシャル・キャピタル」によって形成される集団が，「内部志向的ソーシャル・キャピタル」によって形成される集団よりも社会的・道徳的に優れているという価値判断をすることは，控えるべきである．また，都会の遊戯公園を清掃する青少年の奉仕グループが，新参の移民の地域社会の繁栄を可能にしてきた内部志向的な非公式の信用組合と比べて，より多く社会全体のソーシャル・キャピタルを増大させたということを数量的に示すことはできないと述べている（Putnum 2002：11；パットナム 2013：9）．

4つ目の分類が，「架橋型ソーシャル・キャピタル」（bridging social capital）と「結束型ソーシャル・キャピタル」（bonding social capital）である．「結束型ソーシャル・キャピタル」は，民族，年齢，性別，社会階級といった社会的属性において互いに似通った人々を結びつけるネットワークから成り立ち，「架橋型ソーシャル・キャピタル」は，社会的属性において互いに異質な人々を結びつけるネットワークから成り立つ．実際の社会集団は，両者のソーシャル・キャピタルから構成されているが，その組み合わせ方は，様々である．例えば，社会階級は異なるが民族と宗教が同一の人々から構成される友愛団体のような集団もあれば，人種は異なるが性別が同じ人々から構成されるキルティング・サークルやスポーツ・リーグなどの集団がある（Putnum 2002：11；パットナム 2013：

9 -10).

　このように，パットナムは，ソーシャル・キャピタルの4つの分類を示すことで，ソーシャル・キャピタルが多次元なものであることを明らかにした．

　そして，彼は，社会を構成するソーシャル・キャピタルは多次元的なものであるがゆえに，単に多寡という観点からのみソーシャル・キャピタルの違いや変化をとらえることはできず，どのような種類のソーシャル・キャピタルが社会の中で卓越しているのかによって，社会の性質が異なってくることを示している．例えば，ある国において「公式的ソーシャル・キャピタル」が増大しつつ「架橋型ソーシャル・キャピタル」が減少することで社会が特定の公式集団へと分裂していくとか，「架橋型ソーシャル・キャピタル」が増大しつつ「太いソーシャル・キャピタル」が減少することで人々の絆が弱い社会になって行くとか，「太いソーシャル・キャピタル」が増えつつ「外部志向的ソーシャル・キャピタル」が減少することで社会が閉鎖的になって行くなどである（Putnum 2002：12；パットナム 2013：10）．

　そこで，ソーシャル・キャピタルの4つの分類とそれぞれの基準については，表1-1のようにまとめることができるであろう．

　そして，著者は，パットナムが提示したこの4つの分類を手がかりにして，第3章以下の諸事例において，デジタル・ネットワーキングを通じて結びついた人々や団体・組織間のソーシャル・キャピタルの種類を示しながら，また，信頼の有無や（特定的または一般的という）互酬性の種類を含めて，それらの間に

表1-1　ソーシャル・キャピタルの4つの分類

分類	基　　　準	
公式的　対　非公式的	構成員の資格要件	
	明確	不明確
	公式的	非公式的
太い　対　細い	構成員の接触頻度	
	高い	低い
	太い	細い
内部志向的　対　外部志向的	構成員の志向性	
	内向き	外向き
	内部志向的	外部志向的
架橋型　対　結束型	構成員の社会的属性	
	異質	同質
	架橋型	結束型

（出典）Putnum（2002：9-12）；パットナム（2013：7-10）を著者が図表化．

張り巡らされている社会的ネットワークを描き出し，デジタル・ネットワーキングとソーシャル・キャピタルの間の相乗効果的循環過程を明らかにすることにしたい．

3　ソーシャル・キャピタルとインターネット

デジタル・ネットワーキングとソーシャル・キャピタルの関係を学説的に裏付けるために，パットナムが，ソーシャル・キャピタルとの関連でインターネットなどのデジタル・メディアをどのように取り扱っているかを把握する必要がある．

パットナムは，20世紀の後半において，電子メールやインターネットなどの情報通信が，ソーシャル・キャピタルに対して多大な影響をもたらした．一方で，情報通信は，広大な空間にわたって人々の社会的ネットワークを維持・拡大する能力を高めたが，他方で，情報通信は，特定の人たちが市民生活や社会生活から退出することを促進した．このように，情報通信のソーシャル・キャピタルに対する影響は，維持・拡大する方向へも，切断・衰退する方向へも，どちらの方向にも働きうると論じている（Putnum 2002：16-17；パットナム 2013：14-15）．

これについて，パットナムは，"Bowling Alone"（2000）（『孤独なボウリング』（2006年））の「第9章　潮流への抵抗——小集団・社会運動・インターネット——」において，詳しく論じている．

まず，この章の冒頭で，パットナムは，インターネットやそれを通じて構成される「ヴァーチャル・コミュニティ」は，従来の物理的コミュニティにとって代わることが出来るのだろうか，という問いを発している（Putnum 2000：148；パットナム 2006：174）．

そして，彼は，調査機関の Mediamark が1999年5月12日に発表した報道資料に基づいて，1999年春の時点で米国の成人人口の約3分の1（約6400万人）が，インターネットを使ったと回答しており，この数字は，約半年前の時点に比べて1000万人増加したこと示している．また，インターネットが普及し始めて数年で，最も伝統的な社会的絆や市民参加の代替物がインターネット上に見られるようになった．例えば，オンライン葬儀やサイバー結婚式，ヴァーチャル礼拝，悲嘆カウンセリング，ボランティア活動，サイバー恋愛，ロビー活動など

様々なもの，すなわち，「ヴァーチャルなソーシャル・キャピタル」をインターネット上に見い出すことができる，と述べている（Putnum 2000：169-170；パットナム 2006：202）．

このようにインターネットが米国で急速に普及するに伴って，インターネット上に「ヴァーチャルなソーシャル・キャピタル」というものが雨後のタケノコのように出来上がって来たが，パットナムは，2000年の時点では，ソーシャル・キャピタルとインターネットとの関係について，確信を持って述べられることは非常に少ないと論じている．すなわち，米国におけるソーシャル・キャピタルの減少と衰退を示す手がかりとなる投票，寄付，信頼，集会，訪問等の低下といった社会現象は，インターネットが普及する二十数年前から始まっており，インターネットの普及によって，ソーシャル・キャピタルが減少・衰退したということは言えないし，また，20世紀後半の数十年間に行われていた社交の場が，物理的空間からサイバー空間へと単純に移行したということも言えないし，さらに，インターネット利用者の市民活動への参加率が非利用者に比べて高いという調査結果もないので，インターネット利用と市民参加との間に相関があるとも言えない．したがって，インターネットの長期的な社会的影響を実証的に評価するのは，2000年の時点では，時期尚早であるということである（Putnum 2000：170-171；パットナム 2006：203）．

このような限定を行った上で，パットナムは，インターネットがソーシャル・キャピタルにもたらす潜在的な利点と欠点について考察している．

それによれば，インターネットは，人々のコミュニケーション能力を高め，おそらく，コミュニティを劇的に拡張しうると考えられる．たしかに，インターネットは，物理的に離れた人々の間で情報を伝達する強力な道具であるが，しかし，そうした情報の流れがソーシャル・キャピタルと正真正銘のコミュニティを涵養することができるのかどうかは，詳細に検討される必要がある，とパットナムは述べている（Putnum 2000：171-172；パットナム 2006：204-205）．

まず，上手なやり方をすれば，インターネットは，広範囲で効率的なネットワークを作り出して，人々の社会的世界との絆を強め，コストなしに情報を共有することができるため「知的資本」を増大させうる．また，インターネットは，組織的境界や地理的境界を超えて活動する大規模で稠密であるが，流動的な集団を支援することができる．すなわち，インターネットは，利害関心を共有する何百万人もの人々に，低コストで時空を超えて互いに平等につながり合

うことができる手段を提供することで，市民参加と社会的絆を作り出すという潜在的な利点をもつ（Putnum 2000：172-174；パットナム 2006：205-209）．

　その一方で，パットナムは，インターネットが，新しく，より良いコミュニティを生み出すという希望が直面する深刻な4つの問題を考察している．

　まず，1つ目が，サイバースペースへのアクセスの社会的な不平等，すなわち，性別・年齢・居住地域・収入といった社会的属性によるインターネットの利用可能性の格差である「デジタル・ディバイド（digital divide）」である．インターネットが普及し始めた時期では，インターネットのヘビーユーザーの大部分が，若年で，高学歴で，高収入の白人男性であった．米国国勢調査局による1997年の悉皆調査によれば，米国社会において最もインターネットの利用率が低いのは，農村部の貧困者，農村部やインナーシティの人種的マイノリティ，若年女性を世帯主とする世帯（シングルマザー世帯）であった．さらに，教育，収入，人種，家族構造による格差は拡大し続けていて，縮小していない．こうした現象は，社会的弱者が，インターネットを通じて形成される社会的ネットワークから排除されることで，そこから得られる文化的・経済的・社会的な資源を利用することができず，さらに弱い立場へと転落して行くことで，米国内での強者と弱者の間の社会的格差が拡大し，弱者を中心に社会全体で「架橋型ソーシャル・キャピタル」が減少・衰退していくことが予測される．この問題に対しては，21世紀の公共事業として公費を投入して，社会的弱者が，図書館やコミュニティセンター，コインランドリー，自宅で無料あるいは安価にインターネットを利用できる環境を整備することを，パットナムは，提唱している（Putnum 2000：174-175；パットナム 2006：209-210）．

　そして，2つ目の問題が，インターネット上のコミュニケーションが，文字でのやり取りが中心であるため，文字化できない非言語的な情報を伝えることが困難であることである．

　そのために，インターネット上のコミュニケーションは，対面的なコミュニケーションでは瞬時に伝えられる視線・身振り（意図的なものと，意図的しないもの両方）・うなずき・わずかに眉をしかめるなどの大量の非言語的な情報を伝えることができず，文字で伝わる情報を非言語的情報で補うことができず，対面的なコミュニケーションに比べて，効率性や確実性に劣り，文章表現に細心の注意を払ったとしても，表現が不正確になったり，真意が伝わらなかったりして，誤解を招いたりしがちになる（Putnum 2000：175；パットナム 2006：210）．

また，文字でのやり取りが中心のインターネット上のコミュニケーションでは，お互いに相手の顔が見えないため，自ら氏名や身分を名乗らない限り，匿名で情報発信ができるため，率直に意見を交換合うことができ，問題発見や解決策を議論できる利点がある一方で，基本的に加入・脱退が自由であるため，偽りや裏切りとなる無責任な言動をとることも可能であり，相手が本当はどのような人物であるのか，また，真意を語っているのか，自分の期待を満たしてくれるのか（裏切られるのか）を判断することが困難なので，ソーシャル・キャピタルに必要不可欠な要素である信頼や互酬性の規範の生成が非常に難しい．

　つまり，インターネット上のコミュニケーションは，情報の共有，意見の収集，解決策の議論には向いているが，信頼と互酬性の規範を醸成することには，不向きである．したがって，インターネット上のコミュニケーションを通じて信頼と互酬性の規範を作り出すためには，それを補う対面的なコミュニケーションが必要であり，パットナム曰く，ソーシャル・キャピタルは，効果的なインターネット上のコミュニケーションの前提条件なのであり，それがもたらす結果ではないのである（Putnum 2000：176-177；パットナム 2006：211-213）．

　3つ目の問題として，インターネット上のコミュニケーションを通じて形成されるコミュニティは，共通の関心や問題意識を持つ人々から構成されているために，教育水準，趣味，信念などにおいても同質な人々のみのつながりになりやすいし，また，そこでの非常に狭い範囲の関心に基づく，マニアックとも言えるテーマについてのやり取りは，参加者の関心をさらに狭めて行き，考えの似た仲間だけに閉ざされた「タコツボ」のようなコミュニティとなって行き，関心や考え方が異なる人々との断絶をもたらす．パットナムは，こうした現象を「サイバーバルカン化」（旧ユーゴスラビア崩壊後のバルカン半島の小国間の分裂化のようなサイバー空間内のコミュニティ間の分裂化）と呼んでいるが，「タコツボ化」とも言うべきこのようなインターネット上の動きは，異質な社会的な立場の人たちをつなぐ「架橋型ソーシャル・キャピタル」の形成を妨げ，社会を分裂させ，人々が互いに無関心・不寛容になる可能性をもたらす（Putnum 2000：177-179；パットナム 2006：213-215）．

　4つ目の問題は，インターネットが，1990年代以降，営利を目的とした商業的利用が中心となって普及してきたため，市民活動や地域社会への参加につながる能動的な社会的コミュニケーション手段よりも，対面的なつながりを締め出してしまう，テレビ視聴のような受動的でプライベートな娯楽手段になりつ

つあるという問題である (Putnum 2000：179；パットナム 2006：215-216).

　以上のように，パットナムは，インターネットがソーシャル・キャピタルに及ぼす影響の利点と問題点を検討しているが,彼の結論としては,インターネット上のコミュニケーションとそれによって形成されるコミュニティは，対面的なコミュニティにとって代わるのではなく，それを補完するものである．そして，今後取り組むべき最も重要な課題は，人々が，ソーシャル・キャピタルへ投資して，より多くの成果を得られるようにするために，つまり，ソーシャル・キャピタルを維持・増大させ，社会的問題を解決するために，新たな情報通信技術の研究開発や効果的な利用方法の考案を通じて，インターネットの持つ計り知れない可能性をどのように活用するかである (Putnum 2000：179-180；パットナム 2006：216-217).

　このようなパットナムの問題提起は，まさしく，著者が「デジタル・ネットワーキング」について研究してきた問題関心と一致し,共感できるものであり，かつ,パットナムのインターネットとソーシャル・キャピタルに関する知見は，デジタル・ネットワーキングとソーシャル・キャピタルとの相乗効果的循環過程を考察する際に，大いに手本とすべきものである．

　ところで，パットナムのインターネットとソーシャル・キャピタルに関する考察よりも，インターネットによるソーシャル・キャピタルへの影響の利点を積極的に取り上げて考察しているのが，ナン・リン（Lin, Nan）である．

　そこで，パットナムの知見を補うために，リンの"Social Capital：A Theory of Social Structure and Action"（2001）（『ソーシャル・キャピタル──社会構造と行為の理論──』（2008年））での議論を手がかりにしてみたい．

　リンは，ソーシャル・キャピタルを「目的達成を目指す行為において，入手され，活用される（あるいは，どちらか一方か），特定の社会構造に埋め込まれた諸資源」（Lin 2001：40；リン 2008：52）として，すなわち，個人が特定の目的を達成する際に利用可能な資源（私的財）として考えているという点で，（ソーシャル・キャピタルを公共財として考える）パットナムとは，立場を異にしている．

　このような立場の違いはあるが，リンは，以下のように，インターネットによるソーシャル・キャピタルへの影響の利点に重点をおいて考察している（Lin 2001：212-239；リン 2008：268-304）.

　リンは,インターネット上の社会的ネットワークを「サイバーネットワーク」と命名し，電子メールやニュースグループなどを通じて個人及び複数の個人の

集まりによって，または，資源の取引や関係の強化を含めた交換を目的とする公式的及び非公式的な（例えば，経済的，政治的，宗教的，メディア関連）組織によって構築されたものであると，定義した上で，リンは，サイバーネットワークは，1990年代初頭以降，全地球的なコミュニケーション回路になったと述べ，1970年代からのその展開を概観している（Lin 2001：212；リン 2008：268-267）。

　そして，リンは，サイバーネットワークの劇的な成長を概観した上で，ソーシャル・キャピタルの革命的な増加をサイバーネットワークが象徴していると指摘し，電子商取引を引き合いに出して，サイバーネットワークが，交換と集団形成のための回路も提供するという形で，情報だけでなく資源も運ぶという意味で，ソーシャル・キャピタルを提供していると主張している（Lin 2001：214-215；リン 2008：272-273）。

　さらに，リンは，ますます多くの個人がサイバーネットワークに参加するようになってきており，サイバーネットワークでの活動の大部分が，ソーシャル・キャピタルの創造と利用に関わっているという明白な証拠があると強く主張した上で，インターネットを駆使して展開された中国の「法輪功」運動の事例研究によって，サイバーネットワークが，どのようにして，空間と時間を超えたソーシャル・キャピタルの利用を促進しているかを示し，また，全地球的な脈絡で社会運動が生成され維持される際のサイバーネットワークの有用性を証明しようとしている（Lin 2001：217-225；リン 2008：274-286）。

　この「法輪功」運動の事例研究によって，リンは，サイバーネットワークによって，「法輪功」運動を支える社会的ネットワークは，ソーシャル・キャピタル等の資源を活用するための革命的で強力な手段を創造し，中国の共産党独裁体制という極めて強制的で抑圧的な制度的環境においてさえも持続的で大規模な社会運動が作り出され，その運動の指導者が，サイバーネットワークを用いて参加者を募り，訓練し，保持し，動員してソーシャル・キャピタルを作り出していることは明白であると主張している（Lin 2001：226；リン 2008：287）。

　リンによれば，サイバースペースの成長とサイバースペースにおける社会的・経済的・政治的ネットワークの生成は，ソーシャル・キャピタルの構築と発展における新しい時代を象徴している（Lin 2001：226-227；リン 2008：288）。

　また，彼は，インターネットとサイバーネットワークの隆盛は，ソーシャル・キャピタルの革命的な成長を象徴していると主張している（Lin 2001：237；リン 2008：301）。

他方で，リンは，恐るべき速度とやり方で個人や集団や世界を変容させているサイバーネットワークによるソーシャル・キャピタルの革命的な成長が，社会間と個人間の資源の不平等な配分をさらに広げていることを指摘している．すなわち，より多くのより豊かな資源を手に入れる手段を持つ人々と，そのような機会と便宜から排除されている人々との間の格差が拡大している．また，グローバル化の進展において，サイバーネットワークは，発展途上にある多くの社会と社会の中で不利な立場にある多くの人々を排除する可能性があると指摘している（Lin 2001：238；リン　2008：302-303）．

　以上のように，パットナムとリンのソーシャル・キャピタルとインターネットに代表されるデジタル・メディアとの関連についての議論を概観し，デジタル・ネットワーキングとソーシャル・キャピタルの間の相乗効果的循環過程を考察する際の基本的な視点を得ようとした．

　そこからわかることは，まず，インターネットなどのデジタル・メディアは，それを通じて文字を中心とした顔の見えないコミュニケーションが行われるため，情報の共有や交換という形で，ソーシャル・キャピタルの構成要素の1つである社会的ネットワークの形成・拡大には適しているが，他の構成要素としての信頼や互酬性の規範の形成は，対面的な接触やコミュニケーションを伴わないと非常に困難であることである．

　そして，デジタル・メディアが，プライベートな娯楽や商取引の手段，または，仲間内だけでのコミュニケーションや関係維持・強化の手段として用いられる場合は，社会や地域からの引きこもりや，仲間内だけに閉じた「タコツボ化」を助長し，社会におけるソーシャル・キャピタルの総量が減少したり，「結束型ソーシャル・キャピタル」のみを形成・増大させたりすることで，「架橋型ソーシャル・キャピタル」の形成・増大につながる可能性を乏しくすると考えられる．

　他方で，デジタル・メディアが社会的諸問題に取り組む多様な市民活動に活用される場合には，通常，参加者間の対面的な接触やコミュニケーションを伴うので，情報の共有・交換と活動を通じて，ソーシャル・キャピタルの構成要素である社会的ネットワークが形成されるだけでなく，信頼や互酬性の規範も形成されやすくなり，参加者間で活動グループという形で「結束型ソーシャル・キャピタル」が形成され，さらに，活動グループ間で，デジタル・メディアと活動を通じた連携という形で，「結束型ソーシャル・キャピタル」を飛び石と

してつなぎながら「架橋型ソーシャル・キャピタル」が増大・増殖していくということが考えられる．

ところで，インターネットの急速な普及に象徴される情報化の進展によって市民活動の中で次第にインターネットなどのデジタル・メディアが活用されるようになり，市民活動が新たな展開を見せるようになり，「ソーシャル・キャピタル論」において，デジタル・メディアとソーシャル・キャピタルとの関連性が新たな検討課題となる．

これについては，上記のように，パットナムとリンの議論をもとに考察したが，次に，日本おけるデジタル・メディアとソーシャル・キャピタルとの関連性を明らかにしようとする近年の実証的研究を概観して，デジタル・ネットワーキングとソーシャル・キャピタルとの相乗的循環関係を考察するための手がかりを得たい．

そこで，まず，宮田の事例研究を手がかりにして，デジタル・ネットワーキングが展開し社会を変革していくには，社会的課題について市民のオープンで多様な議論を許容し，実践活動への積極的参加を促すために必要な社会的連帯・自発的協力・相互信頼を醸成するソーシャル・キャピタルが不可欠であることを示す．

さらに，和崎による地域SNSに関する事例研究を手がかりにして，デジタル・ネットワーキングによってソーシャル・キャピタルが豊かになり，さらにソーシャル・キャピタルによってデジタル・ネットワーキングが促進されていく相乗効果的な循環が生まれることによって，いかに社会的課題の解決が可能となるのかを考察する．

4　ソーシャル・キャピタルとデジタル・ネットワーキング

1）ソーシャル・キャピタル論に基づくオンライン・コミュニティについての事例研究

宮田によれば，ソーシャル・キャピタルが社会とって重要なのは，それが，人々の自発的な協力を促進し，社会問題を解決し，豊かで暮らしやすい社会を実現することが可能だからである．したがって，ソーシャル・キャピタルを豊かにすることが，よりよい社会をつくりあげることにつながるが，それを促進する手段としてインターネットがどのような役割を果たすのかを解明すること

を研究課題とし，宮田は，社会心理学の観点からアンケートとインタビューによる調査研究を通じて一連の実証的研究を行ってきた（宮田 2005b：27-30）．

その結果，インターネットを通じて人々が自発的にネットワーキングし，資源の交換をすることを通じて資源が共有され，人々の間に信頼や互酬性の規範ができあがり，インターネットが既存の日常生活空間のソーシャル・キャピタルを補完することを実証したと宮田は述べている（宮田 2005b：184）．

そこから得た知見によれば，「オンライン・コミュニティ」（「インターネットやパソコン通信のコンピューター・ネットワークを介して参加者が共通の関心や問題意識を持って自発的に集まり比較的対等な立場で自律的に相互作用をする社会空間」（宮田 2005b：32））でのソーシャル・キャピタルを活用することで個人の私的生活，地域社会での生活や集団生活，さらには市民生活に影響がある．例えば，結束型ソーシャル・キャピタルの活用により個人の生活満足度が高まる，精神的健康が促進される．橋渡し型ソーシャル・キャピタルによって仕事での目標達成を促進するというミクロレベルの効果が認められる．次に，ソーシャル・キャピタルを用いることで集団の「エンパワーメント」（「パワーを持たない人々が力をつけて連帯して行動することによって自分たちの状態・地位を変えていこうとするきわめて自立的な行動」（宮田 2005b：146））も達成される場合もある．さらには，インターネットを用いて様々な人々と接しソーシャル・キャピタルを培養するなかで，社会的問題への人々の関心が高まり，社会参加が促進されるというマクロレベルの効果も認められた（宮田 2005b：184）．

他方で，日常生活空間の中で，自発的に人々が参加し問題意識を共有し対等な立場で積極的に活動しているNPOなどの既存の集団やコミュニティではソーシャル・キャピタルが形成されるが，インターネットを活用することで，それが促進される．その上，日常生活空間で形成されたソーシャル・キャピタルは，オンライン空間と同様に，個人の道具的行動や表出的行動に効果をもたらす．同様にエンパワーメントや市場参加を促進し，それらがさらに経済や政治システムに影響するというマクロレベルの効果をもたらす（宮田 2005b：185）．

このようにインターネットとソーシャル・キャピタルの形成過程との関連を述べた上で，宮田は，以下の3点を強調している．

第1に，オンラインとオフラインは密接に相互に影響し合っており，社会ネットワーク，信頼，互酬性の規範というソーシャル・キャピタルの構成要素の形

成過程にも，それを活用した効果過程においても双方が影響し合っている．ただし，オンラインでのソーシャル・キャピタルは，あくまでも日常生活空間のソーシャル・キャピタルを補完するものである．オンラインは多様性のある広い範囲の社会ネットワークを形成するのに適しており，橋渡し型ソーシャル・キャピタルが形成されやすい．例えば，社会的マイノリティの人々にとってはオンライン・コミュニティに参加することで，日常生活空間では見つけにくい同じ悩みや問題を持つ人を見つけやすくなり，場所が離れていても会わずに社会ネットワークを築くことができる．それによって，個人では解決できない問題を多様な人々が連携し共有することで解決を目指すという新しい形の公共的な場を生み出すには適している．したがって，オンラインとオフラインのソーシャル・キャピタルそれぞれの特性を理解し，それらをどのように統合させていくかが重要である（宮田 2005b：186-187）．

　第2に，インターネットという技術がどのように使われるのかは，社会的文脈によって異なる．アクセスするためのメディアやインターネットでの活動内容も国や地域によって異なっており，政治・経済・社会構造という社会的文脈に依存している．その上，ソーシャル・キャピタルの形成やその効果も社会的文脈によって異なるので，オンラインでのソーシャル・キャピタルの形成やその活用は二重の意味で社会的文脈に依存している．したがって，個人間のインターネットを介したミクロの相互作用過程がソーシャル・キャピタルの形成や活用をもたらし，それが政治・経済・社会構造というマクロ構造に影響すると同時に，マクロ構造がミクロの相互作用過程を規定しているというミクロ―マクロのリンクとしてインターネットとソーシャル・キャピタルの関連性をとらえるべきなのである（宮田 2005b：187）．

　第3に，ソーシャル・キャピタルとその効果は循環するが，インターネットはその効果の循環を促進し，効果を増大させる．例えば，橋渡し型ソーシャル・キャピタルが豊かな地域では市民の社会参加が積極的になるので，さらにソーシャル・キャピタルが増大するという好循環がある．結束型ソーシャル・キャピタルの場合も，一般的互酬性の規範が成立しているオンライン・コミュニティではそこでの紐帯の強度が高まる．紐帯が強まるほど，そのオンライン・コミュニティ内のメンバーの互酬性規範が高まり，その規範への期待から資源を提供し，さらに紐帯が強まるという循環がある．その一方で，ソーシャル・キャピタルのレベルが低いオンライン・コミュニティでは参加者同士が信頼できない

ために，自発的な資源の提供が進まずただ乗りが増大するので，参加者が減り，社会ネットワークも壊れていくという悪循環がある．また，NPO などの組織がインターネットをうまく活用できるかどうかでソーシャル・キャピタルの効果に大きな差が出る．したがって，インターネット利用が様々な側面での格差を拡大することが危惧される（宮田 2005b：187-188）．

　宮田は，上記のように，インターネットによるソーシャル・キャピタルの形成過程について実証的に解明したが，そこから得られた知見に基づいて，インターネットを活用してソーシャル・キャピタルの豊かな社会を築くための方策を，① 個人レベル，② 集団やコミュニティレベル，③ 政策や制度のレベルに分けて提案している．

　まず，① 個人レベルについて，宮田は，個人のメディア・リテラシーを高めることでソーシャル・キャピタルの形成・蓄積が進み，さらにその活用も行われる．地域や社会にメディア・リテラシーの高い個人が増加することで，インターネットが普及し，ソーシャル・キャピタルが増大するような利用が行われる．したがって，個人のメディア・リテラシー育成を支援する仕組みを社会全体でつくり，実施していくことが必要となる（宮田 2005b：188-190）．

　次に，② 集団及びコミュニティレベルについて，宮田は，オンラインとオフラインそれぞれにおいて，人々の自発的な参加によって成り立つ水平な社会ネットワーク構造を持つ集団・コミュニティを形成・維持することを提案している（宮田 2005b：191-194）．

　そして，③ 政策や制度のレベルについて，宮田は，政府や地方自治体が，インターネットのソーシャル・キャピタル涵養の機能とその活用の効果を理解した上で，それを促進するための個人・NPO・地域コミュニティを支援していく制度と政策をつくり実行することを提案している（宮田 2005b：195）．

　宮田がこのような提案を指し示すに至った研究を導いている社会認識と問題関心は，以下のようなものである．

　すなわち，「知識社会の到来は，社会ネットワークや価値観の変化を引き起こしている」，「今まで私たちは緊密な強い紐帯からなる社会ネットワークに支えられた社会に生きていた．家族も，職場の人間関係も，さらには地域コミュニティも強い紐帯が中心であった．しかしながら，家族の形態も変わってきた．離婚率の増大やステップファミリー，同性カップルという新しい家族の出現など，血縁というネットワークで結ばれたものだけが家族ではなくなってきた．

職場も変化している．終身雇用制度が崩壊し，会社を家族のように見立てて従業員内で強い紐帯を築くことは減少している．さらに，グローバル化やボーダーレス化が進み，国境を越えた移住など，地域の移動性が高まり，地縁に支えられるのではなく，私たちは生まれ育った場所から新しい場所に移り，そこでどんどん社会に入って行かなければならなくなってきた」．このようにして，「知識社会では，相対的に社会ネットワークが広範囲に薄く広がっている社会になってきた」．このような社会ネットワークの希薄化によって，「個々人の不安感や疎外感が高まる可能性」があるが，その一方で，「旧来のネットワークに縛られない新しい社会ネットワークを選択することが可能となり，選択肢の幅が広がる」と考えられる．そして，インターネットの普及は，これらの変化を促進していると思われる（宮田 2005b：196）．

そして，宮田は，このような社会認識に基づいて，パットナムによるNPO・NGOという非営利組織とソーシャル・キャピタルの維持・増大との関連についての議論と，今田高俊の「自立支援型公共性」の担い手としてのNPO・NGOの活動の重要性についての議論に着目し，インターネットがソーシャル・キャピタルを形成・増大させ，自立支援型公共性を支えうるメディアであり，オンライン・コミュニティが市民の自発的な意志に基づく公共性の導くボランティア活動の舞台となりうることを実証しようと，ソーシャル・キャピタルの観点から研究を行ったのであった（宮田 2005b：196-198）．

しかし，宮田は，その博士論文『インターネットの社会心理学』（2005年）で，自分自身の研究の残された課題として，オンライン・コミュニティのソーシャル・キャピタルのマクロレベルの効果についての考察が不十分であったことを率直に認めている（宮田 2005a：550）．

具体的には，第1に，ごく限られた成功事例しか扱っていない．つまり，事例研究として東芝事件やオンライン・セルフヘルプグループ（ステップファミリー），シニアネットを扱ったに過ぎない．第2に，マクロレベルの効果としてエンパワーメントだけを扱ったが，他の社会問題の解決（コミュニティ・ソリューション）など，他の集合行為をマクロ効果の指標に基づいて検討する必要がある．第3に，エンパワーメントを可能にするのは，ネットワークと信頼だけではなく，他のレベルの制度も大きな役割を果たしているので，制度も含めた社会的文脈を考慮した研究が必要である．第4に，集合レベルのソーシャル・キャピタルの効果を量的に測定できず，それに関わっている個人の視点からのインタ

ビュー調査を中心に見ることしかできなかった．今後は量的にマクロ変数で測定する方法も検討すべき，と宮田自身の今後の課題を示している（宮田 2005a：550-556）．

このことに加えて，著者の見解としては，宮田自身が不十分さを認めていた，オンライン・コミュニティのソーシャル・キャピタルのマクロレベルの効果についての考察は（宮田 2005a：550），オンライン・コミュニティ上のコミュニケーションというミクロな現象を対象にしたアンケートやインタビューによる数量的・実証的方法だけでは行い得ないものであると考えられる．

そこで，インターネットを媒介にしてオンラインとオフライン双方で行われる社会的行為が，多くの人々を巻き込みながら，オンライン・コミュニティを構成しつつ，それらを相互に結びつけ，社会的な影響力をもつようになり，社会を変容させ，社会を変革していく過程を考察するためには，マクロ―ミクロの関連を俯瞰的にとらえるための理論モデルを構築する「理論研究」と，その理論モデルに基づいて解明すべき研究対象となる事例を見つけ出し，その現場に分け入って自ら参加し観察する「参与観察」の手法が必要となる．

そのような研究手法で，地域 SNS を事例にして，デジタル・メディアを活用してオンラインとオフライン双方で展開される市民活動が，どのように社会を変えて行くのかを社会的ネットワーク論とソーシャル・キャピタル論の観点から考察したのが，和崎の研究である．

2）地域 SNS によるデジタル・ネットワーキングの展開についてのソーシャル・キャピタル論に基づく考察

和崎は，全国各地で展開されている「地域 SNS」の取り組みについて，社会的ネットワーク論とソーシャル・キャピタル論の観点から考察している．

和崎によれば，「地域ネットワークを活性させるには」，地域に暮らすキーパーソンを発掘しつなぎ合わせることで，「孤立したネットワークを橋渡しして，互いの活動に効果的な連携関係を成立させていくこと（連携化）が必要とされる」（和崎 2010：237）．

ここで，キーパーソンとなるのが，人脈の結節点の役割を果たす「ハブ」，人的ネットワーク同士を接続するのが得意な「コネクター」，そして，情報の伝達役として人材や資源の橋渡しをする「ブリッジ」である．

そして，これらのキーパーソンの動きを活発化させ，地域の人的ネットワー

クの活性化を促進することを可能にする手段が，地域 SNS である．

しかし，地域 SNS を導入して，地域の人的ネットワークが活性化するためには，図 1 - 1 の③の「連携化」というネットワークの構造的変化を促す仕掛けが，必要となる．

そこで，「ソーシャル・キャピタル化（協働化）」（図 1 - 2 の④）が必要となる．すなわち，「地域への愛着をもつ人たちをベースとして，一般的信頼（不特定多数の人への信頼）と一般的互酬性（不特定多数の人のために善いことをすると，まわりまわって，いつか自分にも誰かが善いことをしてくれるようになること）が相互補完的に働く場を（地域）ネット（ワーク）上に構築し，公共心を醸成しながら『公』や『私』に代わる『共』の原理によって成立する継続的・長期的な協働関係である協働を促す．コネクターやハブやブリッジ（の役割を果たす人々）が地域ネットワークの成長要素に加わることにより，地域内の連携や協働が自発・自律的に促進され人的関係の向上が新たな連携や協働を生み出すという好循環が起こる」ということである（（　）内は，著者による補足）（和崎 2010：237）．

しかし，「小さな範囲でのソーシャル・キャピタル化（協働化）は，地域な様々な資源の『タコツボ化』を引き起こしやすい」．

そこで，「このジレンマを解決するのが『プラットフォーム化（共働化）』（図 1 - 2 の⑤）である．つまり，「複数の小さなネットワークが，分散と協調の関係を維持しながらゆるやかにブリッジングすることで，より大きなスケールメリットを創出したり，大きなネットワークを部分的にわけることによって，より機能性の高いアクションが可能になる．外部のネットワークとの意図しない相互利

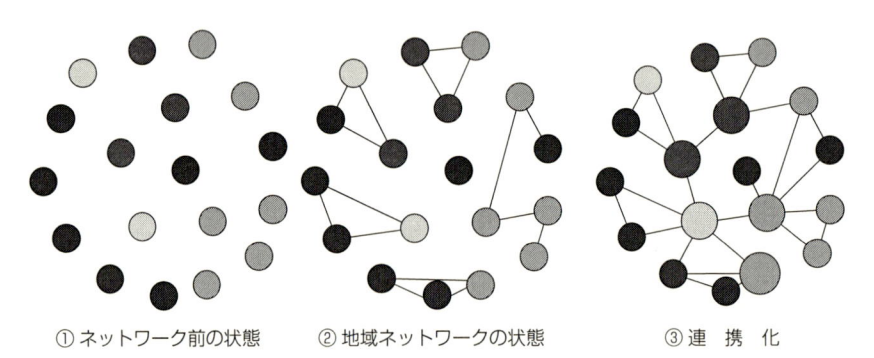

①ネットワーク前の状態　　②地域ネットワークの状態　　③連　携　化

図 1-1　地域 SNS による地域ネットワークの構造的変化の誘発モデル（1）
(出典) 和崎 (2010：237)．

　　　　④協　働　化　　　　　　　　　　⑤共　働　化
図1-2　地域 SNS による地域ネットワークの構造的変化の誘発モデル（2）
(出典) 和崎 (2010：238).

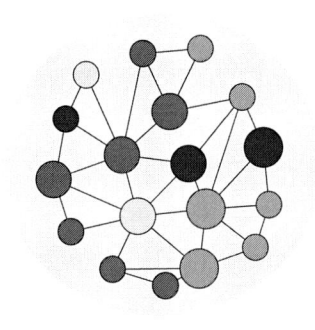

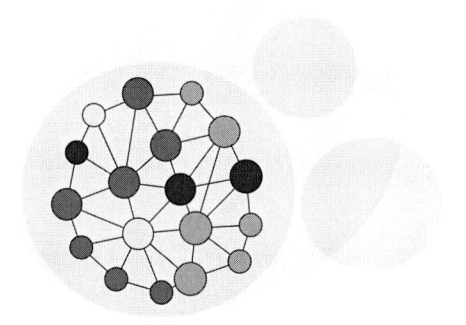

益が生じる『外部性』をもち，ネットワーク内部では，外部連携と同じようなデザインの『自己組織化』を誘発して行く．これがソーシャル・キャピタルの『総有化』をもたらし，協働の創発を促していく」(和崎 2010：239)（表1-2).

　そして，地域 SNS の活用は，地域ネットワークのソーシャル・キャピタル化（協働化）からプラットフォーム化（共働化）を促進する上で効果を発揮するのである（和崎 2010：239).

　ところで，和崎が，このような知見を得るに至ったのは，以下のような研究過程を経てである．

　まず，全国各地の58サイトの地域 SNS についての参与観察と分析により，多くのサイトが「踊り場」という閉塞状況を経験していることをとらえ，その解決方法として（1）信頼と互酬性の規範の相互強化的関係の醸成，（2）地域ネットワークとの複合的・融合的関係の構築があることを明らかにした（和崎 2010：247).

　それと並行して，和崎は，地域 SNS が地域社会に果たすべき役割に関する

表1-2　地域ネットワークの活性段階と ICT の関わり

活性段階	ICT の関わり	効果の状態	実現させる状態	インセンティブの所在
連携化	ICT の導入	潜在化	関係の可視化・常時接続感	私有
協働化	ICT の運用	蛸壺化	信頼・規範・愛着・公共心の醸成	共有
共働化	ICT の活用	創発化	外部化・自己組織化・共働の創発	総有

(出典) 和崎 (2010：239).

検証を行い,「ほどよい閉鎖性を持つネットワークの構築」,「ネットワーク間のゆるやかな連携の実現」,「リアル社会との相互補完,相互強化関係の促進」,「信頼醸成のための人的関係性の活用」,「インフォーマルな協働型ネットワークによる運用」など,地域SNSと地域ネットワークの連関に関する主要な考え方を示した.

さらに,和崎は,「ほどよく閉じたネットワーク」構築のための実践及び「信頼と互酬性の規範」に関する運用に関して,約3年間にわたるOpenSNPを利用した20地域の社会実験による調査・分析・検証を行った（和崎 2010：247）.

その結果,OpenSNPを利用することによって,利用者相互の信頼関係と接触頻度が高まっており（信頼の向上）,インターネット上のオープンなSNSサイトの調査との比較において一般的互酬性及び互酬性の規範意識が大幅に向上していること（互酬性の規範の強化）が実証された（和崎 2010：247-248）.

それらの成果から,地域社会にSNSという情報通信基盤を導入しただけでは,社会的効果を顕在化させることは困難であるが,地域ネットワークに関する熟練した経験知をシステムの設計や運用技術に埋め込む有用性が明らかになった.

つまり,「地域SNSを情報プラットフォームのコミュニケーション基盤とソーシャル・キャピタル環境として機能させることによって,人的関係性の向上や協働の創発が実現し,地域ネットワークの活性に寄与する」という仮説が実証されたのである（和崎 2010：248）.

要するに,和崎の一連の理論的・経験的研究によって,地域SNSが,地域情報化の手法として,潜在化していた地域の人的ネットワークを可視化・顕在化させながら,信頼と互酬性の規範の相互強化的な関係を醸成し,地域力を向上させる可能性が明らかになったのである（和崎 2010：247-248）.

以上のように,「ソーシャル・キャピタル論」を概観しながら,デジタル・ネットワーキングが展開し社会的課題を解決していくには,社会的課題について市民のオープンで多様な議論を許容し,実践活動への積極的参加を促すために必要な社会的連帯・自発的協力・相互信頼を醸成するソーシャル・キャピタルが不可欠であることが示された.

また,和崎による事例研究を手がかりにして,デジタル・ネットワーキングによってソーシャル・キャピタルが豊かになり,さらにソーシャル・キャピタ

ルによってデジタル・ネットワーキングが促進されていく相乗効果的な循環が生まれ，社会的課題が解決される可能性が明らかになった．

以上の先行研究を概観して得られた知見の中で，パットナムのソーシャル・キャピタルの4分類と和崎のネットワークモデルを手がかりにして，著者独自の「デジタル・ネットワーキング・モデル」を構築してみたい．

5 「デジタル・ネットワーキング・モデル」の提示

パットナムのソーシャル・キャピタルについての学説によれば，ソーシャル・キャピタルの構成要素は，信頼と互酬性の規範及び社会的ネットワークである．

ここで，デジタル・ネットワーキングが展開して行く際に必要不可欠なのは，それに参加する主体（個人・団体・組織）の間の相互協力関係である．そこで，デジタル・ネットワーキングとの関連で，相互信頼と協力関係に焦点をおいて定義するならば，「ソーシャル・キャピタルとは，協力的相互信頼関係である」といえるであろう．

そして，パットナムの「公式的」対「非公式的」，「太い」対「細い」，「内部志向的」対「外部志向的」，「架橋型」対「結束型」というソーシャル・キャピタルの4分類と，「ハブ」，「コネクター」，「ブリッジ」，「リンク」，「ノード」を構成要素とする和崎のネットワークモデルを手がかりにして，デジタル・ネットワーキングの諸事例を分析するためにDNM1-1の「デジタル・ネットワーキング・モデル」（以下，「DNM」）を提示する．

まず，DNM1-1の下側の凡例を左上から左下にかけて説明すると，架橋型・協力的相互信頼関係を，●━━━●で示し，結束型・協力的相互信頼関係を，◆━━━▶で示す．

ここで，「協力的相互的信頼関係」であるソーシャル・キャピタルの形成を妨げる要因が「相互不信」であり，それを ―⊗― によって示すことにする．

そして，デジタル・ネットワーキングの参加主体間の関係を，社会的ネットワークを構成する「リンク」と呼ぶことにし，リンクは，特定の法制度や規則に基づいて権利―義務や地位・役割が明確に定められている職務関係や家族・親族関係などの「公式リンク」と，共通の問題関心や趣味・好み，相性などに基づいて形成され権利―義務や地位・役割が不明確な友人・知人や趣味やボランティアの仲間の関係である「非公式リンク」に分類し，前者を ―――

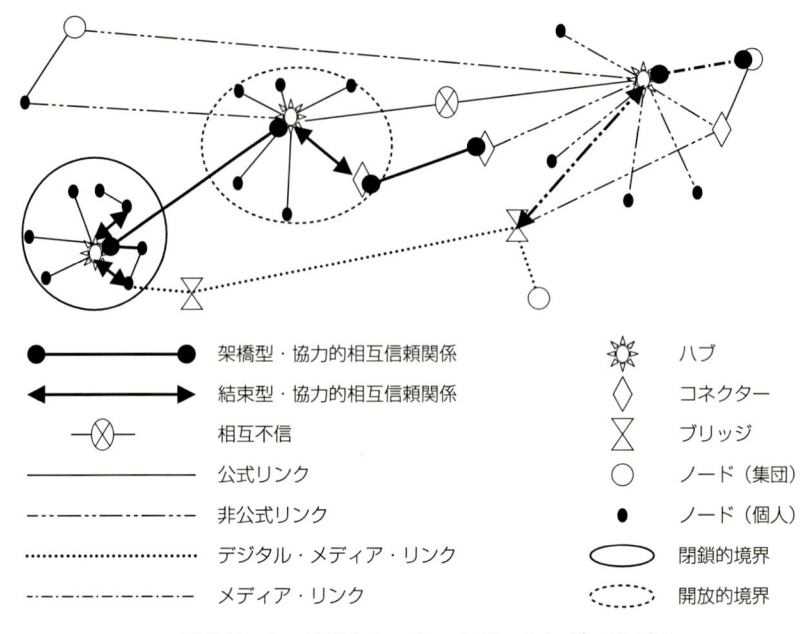

凡例			
●━━━●	架橋型・協力的相互信頼関係	☼	ハブ
●◄━━━►	結束型・協力的相互信頼関係	◇	コネクター
─⊗─	相互不信	⋈	ブリッジ
────────	公式リンク	○	ノード（集団）
──────	非公式リンク	●	ノード（個人）
············	デジタル・メディア・リンク	◯	閉鎖的境界
─・─・─	メディア・リンク	⋯⋯	開放的境界

DNM1-1　デジタル・ネットワーキング・モデル

（出典）著者作成.

で示し，後者を ─・─・─ で示すことにする．

　また，インターネットなどのデジタル・メディアを媒介にして形成される「デジタル・メディア・リンク」を············で，電話・FAXなどの既存のメディアを媒介にして形成される「メディア・リンク」を ─・─・─ で表現している．

　次に，凡例の右上から右下にかけて説明すると，社会的ネットワークのリンクをつなぐキーパーソンとして，複数のリンクを結ぶ中心点（結節点）の役割を果たす「ハブ」を☼で示し，複数のリンクを接続する役割である「コネクター」を◇で，情報の伝達役としてリンクの橋渡しをする「ブリッジ」を⋈で示す．そして，リンクによって結ばれる主体としての「ノード」である集団・組織を○で，個人を●で示す．また，ハブを中心にしたリンクとノードから構成される社会集団や社会組織が外部に対して閉鎖的か開放的か，パットナムの4分類の用語では，内部志向的か外部志向的かを示すために，社会集団や社会組織の境界について，閉鎖的な境界を◯で，開放的な境界を⋯⋯で

表現している.

　上記の凡例にしたがって,社会的ネットワーク一般をモデル的に表現したのが,DNM 1-1 の上の図である.

　この「デジタル・ネットワーキング・モデル」を用いて,第2章では,1970年代から1990年代前半までの国内外の市民活動におけるデジタル・ネットワーキングの展開を概観し,第3章から第6章では,各事例における主要な人々や集団・組織の間の社会的ネットワークの構造を描き出しながら,著者が実践活動と調査研究を通じて関わった,大規模災害におけるデジタル・ネットワーキングの諸事例の実態と課題を明らかにする.さらに,第7章では,「東日本大震災」におけるデジタル・ネットワーキングの展開を概観した上で,著者の参与観察を通じた被災地復興に関する事例研究を基にして,デジタル・ネットワーキングによる社会的課題解決の可能性と課題を考察する.さらに,第8章では,デジタル・ネットワーキングによる地域再生と「復元力に富んだ社会」(resilient society)構築に向けて展望する.

第 2 章
市民活動における
デジタル・ネットワーキングの展開

　1970年代からアメリカ合衆国のカリフォルニア州を中心とする地域で, パソコン通信を活用したデジタル・ネットワーキングが開始され, 主に北米地域と中南米地域で展開された (岡部 1986).

　そして, 1992年のリオ・デ・ジャネイロでの「国連地球環境サミット」では, 世界各地のNGOが, それらの間の情報通信連絡網としてインターネットを利用して構築された「APC (Association for Progressive Communication) ネットワーク」を駆使して, 環境保全に関する市民独自の条約である「オルタナティブ条約」を作成した. また, それ以降の人権や女性などをテーマとした国連サミットでもAPCネットワークが, NGOによって活用されていた.

　そこで, このようなAPCネットワークを中心とする海外のデジタル・ネットワーキングの展開を概観しながら, 1990年代前半において海外のデジタル・ネットワーキングに呼応しAPCネットワークの国内拠点を構築するべくNGO・NPOの情報化支援に取り組もうとする「JCA (Japan Computer Access) (市民コンピューターコミュニケーション研究会)」の活動を取り上げ, アンケートによる実態調査を通じてその実態と課題を明らかにする.

1　APCネットワークによる地球規模の
　デジタル・ネットワーキングの展開

　1980年代から, 環境, 平和, 人権などの問題に取り組むために, NGO・NPO (非政府・非営利組織) や個々の市民によるグローバルなデジタル・ネットワーキングが展開されてきた. それは, 1992年にブラジルのリオ・デ・ジャネイロで開催された国連地球サミット (「環境と開発に関する国連会議」) に対して, 市民の立場から環境問題の解決に向けて独自の決議と提言を行ったNGOの側の取り組み (「NGO会議」) が行われた際に注目されるべき役割を果たした (印

鎗 1992：23)．

　すなわち，リオ・デ・ジャネイロの NGO 会議で活用された市民独自のグローバルなコンピューター・ネットワークである APC ネットワークを通じてデジタル・ネットワーキングが展開されたのである．

　APC は，市民活動のための電子ネットワークの連合体で，各国の市民活動のためのネットワークを結び，世界規模で市民活動の情報を交換している（安田 1997：58)．

　APC のパンフレットによれば，APC ネットワークは，「社会的変革のために活動する NGO と市民活動家のための世界最大のコンピューター・ネットワーク」，あるいは「環境の持続性，社会的経済的公正，普遍的人権，平和のために活動する団体，個人の間でネットワークと情報共有を改善するため低料金で高度なコンピューター通信を提供する世界的なパートナーシップ」である．本部がブラジルのリオ・デ・ジャネイロにあり，サンフランシスコに北米事務局が置かれている．

　世界の約20の市民活動コンピューター・ネットワークが対等に結ばれ，どこの国から入っても，共通の膨大な情報にアクセスできる．各ネットワークが同じソフトを動かし，電子会議の内容などがインターネット，電話回線，衛星通信を通じて定期的に更新される仕組となっている．

　APC ネットワークの起源は，1985年頃，イギリスの市民活動ネット「グリーンネット」とアメリカの「ピースネット」が連携したことがきっかけとなっている．1986年12月に，有名なロック・スターを集めて東京で資金集めのコンサートを行いこれが APC ネットワークの立ち上げ資金となった．以後，国連開発プログラム（UNDP）のラテンアメリカでの NGO コンピューター普及活動などに協力する中でネットワークが拡大し，1989年までに7ネット体制ができた．

　そして，1991年にアメリカを中心とする多国籍軍とイラクの間で行われた湾岸戦争において，多国籍軍とイラク双方から加えられた情報操作と情報統制をかいくぐって，APC ネットワークを通じて，現地の情報が世界中に流れ，世界規模の反戦運動が起こった．

　当時，APC ネットワークを構成しているアメリカのピースネットを通じて，アラブ諸国やイスラエル，その他の第3世界の国々に対する湾岸戦争の影響についての正確な情報が，多国籍軍やアメリカ国防総省の情報統制をかいくぐって，世界中に伝えられることで，湾岸戦争に対する世界規模の反戦運動や抗議

行動が組織化されたのであった (Harasim 1993:293).

そして，湾岸戦争の翌年の1992年に開催された国連地球サミットでのNGO会議において，開催地のリオ・デ・ジャネイロと世界各地のNGOや市民の間でAPCネットワークを通じて議論が交わされ，環境保全に関する市民独自の条約として「NGO条約」(後に整理されて,「オルタナティブ条約」という名前に変わった)を作成する際に，会場に数十台のパソコンが設置され，そこから各国の参加者はインターネット経由で自分の国の団体へメッセージを送ったり，会議の報告や提案を電子会議室に送り込み，また，会場に足を運べなかった人たちは自国から電子会議に参加し，必要な情報を得ることができた (浜田 1998:71).

このようにリオ・デ・ジャネイロのNGO会議ではAPCネットワークが，世界各地のNGOや市民の意見を集約し議論する上で大きな役割を果たした．また，その他に，マス・メディアが伝えない国連サミットやNGO会議の様子や議論の内容が，APCネットワークを通じて即座に世界中に伝えられた (PARC 1993:24).

1992年の国連環境開発会議 (地球サミット，リオ・デ・ジャネイロ) を契機にして，APCネットワークは，NGOの国連会議参加活動の活発化と並行して急成長した．地球サミット以後では，国連人権会議 (1993年，ウィーン)，国連人口開発会議 (1994年，カイロ)，社会開発世界サミット (1995年，コペンハーゲン)，気候条約締結国気候会議 (1995年，ベルリン)，第4回世界女性会議 (1995年，北京) などでネットワークを構築した (岡部 1996:352).

そして，APCネットワークは，地球サミットや北京女性会議などの国連の国際会議をはじめとする，様々な国際会議で通信設備を提供してきた実績が認められ，1995年には国連経済社会理事会での協議資格を持つ国連登録NGO (カテゴリー1：国連の公式会議へのオブザーバー派遣，発言や意見書提出などの権利が与えられるNGO) となった．

APCネットワークは，1997年現在，21カ国の正式加盟国をもち，世界133カ国の4万にのぼる市民グループが利用する国際的な情報ネットワークとなっている (安田1997:59).

2　日本におけるデジタル・ネットワーキングの展開

このようにリオ・デ・ジャネイロでのNGO会議でAPCネットワークが市

民独自のグローバルなコミュニケーション・ルートとして重要な役割を果たしていたことが，日本のコンピューター・ネットワーク利用者やNGOのメンバーにも知られるようになった．そして，日本にもAPCと接続する市民独自のコンピューター・ネットワークを作ろうという趣旨で，数人の有志が，1992年7月から話し合いを重ねて1993年4月に結成したのが，JCA (Japan Computer Access)（「市民コンピューターコミュニケーション研究会」）である．

　JCAの目的は，「よりよい地球を作って行くための市民の自立的な運動に役立つ情報を収集し，広く議論に利用でき，また世界との情報交換が自由にできる新しいコミュニケーション通信ネットワークを日本に設け，その運営にあたること．非営利の任意団体として活動する」というものである．つまり，JCAの目的は，グローバルな市民独自のコンピューター・ネットワークの拠点を日本に作ることである (JCA 1994a：1)．

　JCAは，インターネットが大学・研究機関や情報通信関連企業以外では普及していなかった1994年当時，まず，メーリングリストをインターネット上に設置し，インターネット，またインターネットに接続する商用パソコン通信ネットワーク（NIFTY-ServeやPC-VAN等）を通じて地域的に離れた市民同士が同時に議論に参加できるようにした．

　そこでは，市民団体や個人へのコンピューター通信利用の普及，国内・国外における市民団体間の交流，コンピューター・ネットワークの相互接続，APCネットワークを通じた国外との接続の際の翻訳の問題等について議論が行われていた (JCA 1994a：2)．

　このようにメーリングリストを通じて，JCAのメンバーは，議論を行っていたが，JCAの運営や活動方針等に関しての決議を要する重要な議題については，コンピューター・ネットワーク上だけで議論し決議することは難しいので，定期的にメンバーが全国各地から集まり，会議において意思決定が行われていた．

　その他の活動としては，JCAの有志によって，国内・国外の市民団体が開催するフォーラムや国際シンポジウムでのAPCネットワークを利用した通信のデモンストレーション，市民団体やそのメンバーを対象としたコンピューター通信講習会の技術的協力や講師の派遣，といった市民のためのコンピューター通信利用の啓発・普及活動が行われていた (JCA 1994b：1 - 3)．

3　日本におけるデジタル・ネットワーキングの展開期： JCAの実態調査から

　第2節で論じたように，日本国内において，グローバルな市民活動のためのコンピューター・ネットワークであるAPCネットワークの日本ノードを構築することを目指して，1993年4月にJCAが結成された．
　その当時，まだ，この市民活動グループは，組織形態の上では準備段階にあったが，その時点ですでに，コンピューター通信の普及啓発活動と通信の代行活動を通じて，国内外の市民団体や市民グループとの連携活動を行っていた．
　また，これらの市民団体や市民グループがコンピューター通信を使って国内外で情報を共有・交換できるように，ホストコンピューターを設置して独自のコンピューター・ネットワーク（JCAネット）の構築作業を進めていた．
　ところで，このような活動を行っているJCAの当時の状況はいかなるものであり，その後の展開はどのような方向を目指していたのであろうか．
　このことについて，著者が行ったJCAの実態調査をもとに考察を行ってみたい．
　この実態調査は，1994年9月19日から10月14日にかけて実施された．調査票の発送・回収方法は，郵送と一部コンピューター通信（インターネットとNIFTY-Serve）を用い，JCAの全メンバーに配布された調査票数50のうち32通の調査票が回収され，回収率64.0%が得られた．
　実態調査の準備段階として，同年8月中旬に，インターネット上のメーリングリストを通じて，JCAのメンバーと実態調査の調査計画と調査票の内容について検討を行った．その際に，当初著者が予定していた電子メールによる調査票の配付・回収について，個々のメンバーのプライバシー保護の点で問題があることが明らかになり，調査票の配付と回収を郵送に変更して行うことになった．
　こうした点は，コンピューター通信が，当時，通信手段としてまだ過渡的な段階にあったことを示している．つまり，いくつかの中継点を経由してコンピューター・ネットワークを通じて流れるメッセージが，発信者から受信者に届くまでに，どこかの中継点で誰かに読まれてしまう可能性があり，これが起きた場合，その時点では，それを処罰するための法律がなかったため，郵便や

電話のように法的措置によってプライバシーを保護することができなかったのであった.

このことはまた,コンピューター通信が,当時まだ,社会の中で通信手段として一般に認知されていなかったため,コンピューター通信に関する法的整備が遅れていることを示していたと言えるであろう.

上記の実態調査結果から,オフラインミーティングへの参加の頻度とメーリングリスト (JCA-Supporter-ML) でのアクセスと発言の頻度を見ると,JCAの活動に積極的に参加している回答者が十数人いることがわかる.

このメンバーたちは,参加の時期に違いはあるが,ほぼ毎回JCAのオフラインミーティングに参加しており,また,JCA-Supporter-MLにほとんど毎日アクセスし,頻度には違いがあるが,発言をしている.したがって,このメンバーたちをアクティブなメンバーとして見なすことができる.

彼らは,JCAに参加した時期と参加の形で,3つのカテゴリーに区別することができる.

まず,1992年以来,JCAの前身であるAPC-JAPANや地球市民コンピュータ・ネットワーキングを結成し,JCAを創設したメンバーたち(「創設者メンバー」) 6人である.彼らは皆,市民活動の参加経験をもち,市民活動を行ってきた経験からコンピューター通信の有用性を強く認識していて,JCAの活動に自分が市民活動や職業活動の中で培ってきたコンピューター通信技術を活かし,できれば自分が関わっている市民活動が発展するようにJCAの活動を役立てたい,という技術貢献的・実践志向的な動機でJCAの活動に参加している.したがって,彼らは,最初から積極的にJCAのオフラインミーティングにほとんど欠かさず参加し,JCA-Supporter-MLでも週に数回発言している.

さらに,この創設者メンバーのうちの特に3人のメンバーは,市民団体や市民グループとの連携活動,JCA独自のコンピューター通信システム (JCAネット) の構築と管理・運営,財団からの補助金申請,国内外への広報活動,事務局の運営等,JCAのほとんどすべての活動領域に参加し,主導的な位置を占めている.

次に,2番目のカテゴリーとしてあげることのできるアクティブなメンバーたちは,JCAが組織の拡大と確立を目指してコンピューター通信を利用した市民活動に関心のある人々に広く参加を呼びかけた時期に,JCAの活動の主旨に賛同して1994年1月の会員制移行集会から初めて参加するようになった人

たち2人（「アクティブメンバー1」）である．このメンバーたちは，会員制移行集会以来，ほぼすべてのJCAのオフラインミーティングに参加しており，また，JCA-Supporter MLにほとんど毎日アクセスし，月に数回の頻度で発言している．また，市民活動への参加経験をもち，そのために，それぞれのメンバーは技術貢献的・実践志向的なJCAへの参加動機ももっているが，それに加えて特徴的なのは，コンピューター通信を利用して環境や人権等の問題がどのように解決できるのかを知りたい，という知識志向的な動機を共通してもっていることである．

最後に，3つ目のアクティブなメンバーのカテゴリーとしてあげられるのは，オープンなオンラインの情報・意見の共有・交換の場であるメーリングリスト（Global-Brain-ML）に参加することを通じてJCAについて知り，その活動に関わるようになった人たち2人（「アクティブメンバー2」）である．このメンバーたちは，1994年6月に初めて開かれた準備委員会からJCAに参加し，それ以降の準備委員会とその他のオフラインミーティングにほぼ毎回参加している．JCAへの参加の動機について見ると，市民活動への参加経験を持つ1人は，実践的・技術貢献的・国際交流的な志向を持っているが，2人とも知識志向的な動機をもっている点で共通している．こうした知識志向の動機をもっているという傾向は，アクティブメンバー1と同様である．

また，この2人とも，JCA-Supporter-MLでは週に数回発言するなど，アクティブに活動している．

その他に，このような3つのカテゴリーに入らないアクティブなメンバー（「限定的アクティブメンバー」）が4，5人いる．彼らの中には，東京から遠く離れたところに居住しているために，毎回オフラインミーティングに参加できないながらも，JCA-Supporter-MLやGrobal-Brain-MLといったオンライン上で，議論に加わったり，広報活動を行ったりという形で参加するメンバー（「遠隔地オンライン・アクティブメンバー」）がいる．また，他方で，オンラインではJCAの活動にほとんど参加しないが，首都圏に居住しているので，オフラインのミーティングに頻繁に参加して，JCAの活動方針や活動計画に関する議論や意思決定に加わったり，共同作業やJCA主催のイベントに参加したりするメンバー（「首都圏オフライン・アクティブメンバー」）もいる．

以上のように，JCAの活動は，それを主導していく最もアクティブなメンバー（創設者メンバー）を中心にして，2つのカテゴリーに分けられるアクティ

ブなメンバー（アクティブメンバー 1・2）が，オンライン・オフラインのいずれかで JCA の活動を積極的に行い，さらに，距離や時間の事情のために限定された仕方で参加するアクティブなメンバー（限定的アクティブメンバー（これは，さらに遠隔地オンライン・アクティブメンバーと首都圏オフライン・アクティブメンバーに分けられる））が，そこに加わることで，JCA の主な活動が遂行されている．

こうした十数人のアクティブなメンバーの他に，様々な機会にいろいろな形で JCA に関わっているメンバー（周辺的メンバー）がおり，彼らの参加によって，JCA の活動全体が可能になっている．このような JCA の組織構造を図示すると，図 2-1 のようになるであろう．

以上のように調査結果から，調査実施時点での JCA の活動の実態や組織構造がおぼろげながらも明らかになった．

すなわち，全体的に明らかになったのは，JCA が，コンピューター通信という新しいメディアを用いてグローバルな規模で市民活動のための安価で使い勝手の良い情報共有と交換の仕組み作りと，その効果的で民主的な運営を行うことを目指す非常にユニークな市民グループであり，そのメンバーたちは，豊富な市民活動の経験，コンピューターやコンピューター通信に関する専門的知識・技術，堪能な語学力，組織経営能力，企画・計画立案能力，事務処理能力，その他の専門的能力をもった非常にアクティブな十数人のメンバーを中心として，オンライン・オフラインの両方で広い分野にまたがった活動を活発に行っ

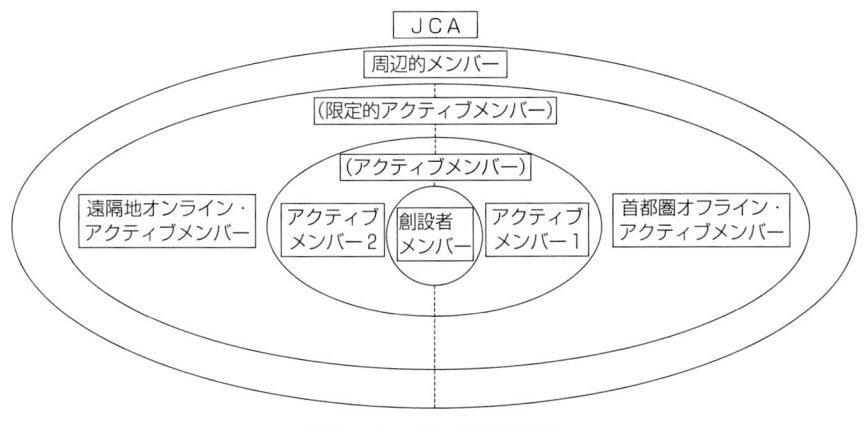

図 2-1　JCA の組織構造

（出典）著者作成．

ているが，1994年当時では，そのメンバーの数，組織の規模や構成，活動の様子を見ると，草創期の段階にあったということである．

つまり，この当時は，NIFTY-Serve や PC-VAN といった大手商用パソコン通信ネットワークの利用者は日本の中では少数にとどまっていたが，大手商用パソコン通信ネットワーク中に FSHIMIN や DAISAN などの市民活動をテーマとしたデジタル・コミュニティが形成され，そこにパソコン通信を行うことのできる市民活動の活動家が，自分自身が関わっている市民活動グループの活動を展開するために，情報収集やネットワークづくりを目的として参加していた．

また，地域に密着した市民活動の情報共有・交換の場である草の根 BBS（れんこん（浦和・八王子），IGON（逗子）等）のメンバーも，同様な目的で FSHIMIN や DAISAN に参加していた．

さらに，当時は物理学者などの自然科学者やコンピューター技術者に限定されていたインターネットの利用者の中で，ネットニュースやメーリングリストを通じて環境や人権，平和などをテーマとする市民活動についての情報交換や実際に活動に関わっていた JCA のメンバーも FSHIMIN や DAISAN などのデジタル・コミュニティに参加し，国際的な市民活動と国内の市民活動においてコンピューター通信を通じて連携関係を築こうとしていたのである．

4 デジタル・ネットワーキング・モデルによる市民活動デジタル・ネットワーキングの構造の描出

1980年代から国内外で展開して行った市民活動デジタル・ネットワーキングの1990年代前半での構造を描き出すと，DNM 2 - 1のようになる．

まず，JCA のハブとなる人物は，APC ネットワークとは，コネクターである人物を媒介にして非公式リンクによる架橋型・協力的相互信頼関係とデジタル・メディア・リンクで間接的に結ばれている．

他方で，JCA のハブとなる人物は，国内大手パソコン通信ネットワーク上に構築された NIFTY-Serve の「FSHIMIN」と PC-VAN の「DAISAN」，ローカルな草の根市民 BBS の「IGON」と「れんこんネット」それぞれのハブとなる人物との間に，非公式リンクによる架橋型・協力的相互信頼関係で結ばれている．また，ブリッジの役割をする人物によって，デジタル・メディア・リン

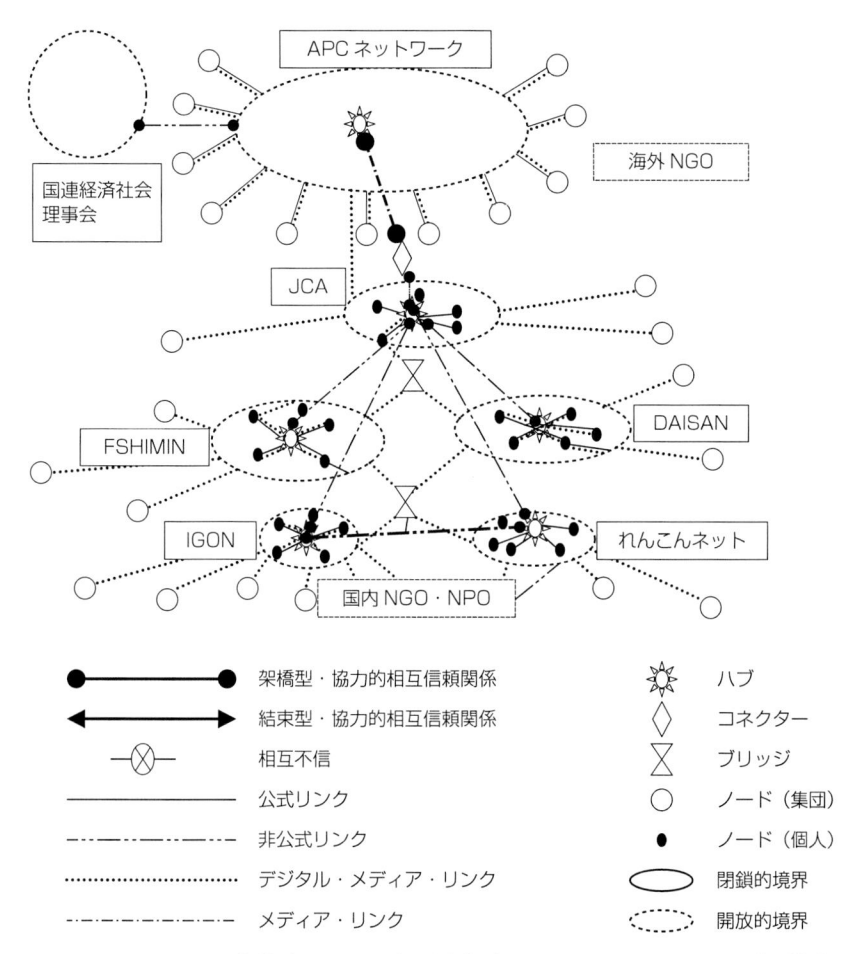

第2章 市民活動におけるデジタル・ネットワーキングの展開　*41*

```
         APC ネットワーク
                                     海外 NGO
 国連経済社会
 理事会
         JCA
                                     DAISAN
 FSHIMIN
 IGON                              れんこんネット
         国内 NGO・NPO
```

●━━━●	架橋型・協力的相互信頼関係
◆━━━▶	結束型・協力的相互信頼関係
—⊗—	相互不信
———	公式リンク
—・—・—	非公式リンク
………	デジタル・メディア・リンク
—・・—・・—	メディア・リンク
✹	ハブ
◇	コネクター
⊠	ブリッジ
○	ノード（集団）
●	ノード（個人）
◯(実線楕円)	閉鎖的境界
◯(点線楕円)	開放的境界

DNM2-1　1990年前半における市民活動デジタル・ネットワーキングの構造
（出典）著者作成.

クを介してそれらの間に情報の共有化が行われている．
　ところで，APCネットワークとその規約に基づいて正式メンバーとなっている海外のNGOは，公式リンク及びデジタル・メディア・リンクによって結ばれているが，1990年代前半では，JCAは，まだ，正規メンバーでないため，APCネットワークとは，デジタル・メディア・リンクによって結ばれているのみである．また，APCネットワークは，国連経済社会理事会とは，非公式

の架橋型・協力的相互信頼関係で結ばれている．

　日本国内においては，JCA, FSHIMIN, DAISAN, IGON, れんこんネットは，国内のNGO・NPOとデジタル・メディア・リンク（Global-Brain-ML 等）によって結ばれている．また，JCAのメンバーは，規約に基づいた公式リンク及びデジタル・メディア・リンク（JCA-Supporter-ML）によって結ばれている．FSHIMIN, DAISAN, IGON, れんこんネットそれぞれのメンバーについても，同様である．

　以上のように，この第2章では，1990年代前半の日本におけるデジタル・ネットワーキングの展開期の状況について論じてきたが，日本のデジタル・ネットワーキングの大きな転換点となったのが，1995年1月に発生した阪神・淡路大震災であった．
　そして，また，この震災は，著者がネットワーカーとして活動するきっかけとなり，著者のデジタル・ネットワーキング研究の視点が，観察者・研究者から実践者・研究者へと転換する契機となったのであった．

第3章
阪神・淡路大震災における
デジタル・ネットワーキングの展開

　1995年1月17日に発生した阪神・淡路大震災においてコンピューター通信（パソコン通信およびインターネット）を活用した情報ボランティアによる情報支援活動が初めて行われ，マス・メディアや行政から注目されたが，実際には，試行錯誤の連続であり効果的な活動を展開できなかった．第3章では，こうした情報ボランティアの実態と課題を明らかにする．

1　阪神・淡路大震災と情報ボランティア

1）「もう一つのボランティア元年」：阪神・淡路大震災における情報ボランティアの活動

　情報ボランティアの活動の始まりは，1995年1月17日に発生した阪神・淡路大震災に遡ることができる．

　この震災では，全国各地から被災地に100万人を超えるボランティアが集まり，これが人々のボランティア活動への関心を高める契機となったので，1995年は「ボランティア元年」と呼ばれたが，情報ボランティアの活動もこの震災を契機にして始まったので，1995年は情報ボランティアにとって「もう一つのボランティア元年」でもある（干川 1996：207）．

　旧郵政省『平成11年度版　通信白書』によれば，1995年1月の阪神・淡路大震災は，パソコン通信やインターネットの情報提供メディアとしての地位を確立させるとともに，情報ネットワークを活用した新しいタイプのボランティア活動，すなわち，「情報ボランティア」を誕生させる契機となった．

　これは，パソコン通信やインターネットが持つ特性，すなわち，情報量や情報発信時間に制約がない，情報の蓄積が可能，双方向性を有する，ごく一部のニーズにも応えることが可能，といったメディア特性が認識されたためである．

　パソコン通信のニフティサーブ（NIFTY-Serve）が震災発生当日（1995年1月17

日)の午後1時に設置した「地震情報コーナー」では,復旧・支援活動の本格化に伴い,同月26日には,ボランティア情報や救援物資の流通円滑化を目的とする「震災ボランティアフォーラム」が開設され,多数のボランティア団体を結ぶ役割を果たす場を提供した(図3-1).

インターネットの利用については,1995年3月の商用パソコン通信3社(ニフティサーブ,PC-VAN及びピープル)のネットワークを,インターネットにより接続し,情報共有化を図る試みである,「インターVネット」創設が挙げられる.

これにより,図3-2のように,各ネットワークの掲示板又はインターネット上のニュースグループに書き込まれた情報が,インターネットを経由して自動的にパソコン通信ネットワーク及びインターネット上を流通することになり,別々に機能していた複数のネットワークの相互乗り入れを可能にした.同年4月までに,ASAHIネット,アスキーネット,日経MIXが「インターVネット」に参加し,ボランティア団体,企業,行政,マスコミ等を結ぶ情報ボランティアネットワークとしての役割を果たした(干川 2009:62-63).

また,阪神・淡路大震災において,災害関連情報を社会に広める活動を行ったボランティアが「情報ボランティア」と呼ばれるようになった.より正確には,「物資輸送や避難所運営などの被災者の直接的救援ではなく,むしろ救援活動の裏方として情報の収集や流通を図るボランティア」が情報ボランティアと位置づけられる.

情報ボランティアは,図3-3のように,次の3つのグループから構成され,これらが総合的に結び付くことによって活動が一層有意義なものとなる.

第1に,「情報サービスを行うグループ」があり,これは,被災情報の収集,広報やボランティアの募集等を担当する人々で,情報通信に関する特別な技術は必要としない.

第2に,「通信サービスを行うグループ」があり,これは,インターネット上のホームページの作成等に携わる人々で,情報通信システムを使いこなす技術を持つことが必要となる.

第3に,「通信インフラを担当するグループ」があり,これは,ネットワーク通信やネットワーク機器に強い人々で,基盤技術そのものに対する専門性を持つことが求められる.

災害発生時には,一刻を争って正確な情報が求められる.こうした活動の全てを誰でも行い得るというわけにはいかない(大月・水野・干川 他 1998:137).

          地震情報（メインメニュー）   （サブメニュー）
       1. ご案内
       2. 亡くなった方々の名簿
       3. 地震避難者所在情報
       4. 地震関連ニュース ───────────┬ 1. 地震関連ニュース
                                   └ 2. 神戸新聞災害地情報
       5. 震災ボランティアフォーラム ─────┬ 1. フォーラム運営からのメッセージ
                                   │ 3. 欲しいもの＆いりませんか？（物資）
                                   │ 5. 欲しいもの＆いりませんか？（労力etc.）
                                   │ 6. ボランティアQ＆A
                                   │ 7. いりませんか？（団体から）
                                   │ 8. ボランティア体験記
                                   │ 9. いりませんか？（個人から）
                                   │ 10. 生活・復興情報ポスト
                                   │ 11. Nifty他フォーラムからの
                                   │ 12. データ通信可能場所情報
                                   │ 13. "Inter Volunteer"「活動相互連絡室」
                                   │ 14. 社会的弱者継続救援連絡室
                                   │ 15. 現場レポート＆アドバイス
                                   │ 16. 各種リスト＆CSV登録室
                                   │ 17. 今後のボランティア活動意見交換室
                                   └ 18. ヒアリング：フォーラム運営陣への意見
       6. インターVネット ──────────┬ 3. Inter V netからのお知らせ
                                   │ 4. 非営利組織情報
                                   │ 5. 接続技術情報
                                   │ 6. 企業の支援活動
                                   │ 7. その他の情報
                                   │ 8. 英語による情報
                                   │ 9. 行政機関／業界団体からのお知らせ
                                   │ 10. 被災地／被害者：生活情報
                                   │ 11. 被災地／被害者：知りたい／欲しい
                                   │ 12. 被災地／被害者：現地からの声
                                   │ 13. ボランティア：します
       7. 掲示板（被害・交通情報）1・2・3・4 │ 14. ボランティア：募集
       8. 掲示板（援助・ボランティア）1・2・3 └ 15. 復興にむけて
       9. 掲示板（教えてください・安否関連）──┬ 1. 2. 3. 教えてください1. 2. 3.
                                   │ 4. 安否関連─神戸市（東灘区）
                                   │ 5. 安否関連─神戸市（灘区）
                                   │ 6. 安否関連─神戸市（中央区）
                                   │ 7. 安否関連─神戸市（兵庫区）
                                   │ 8. 安否関連─神戸市（長田区）
                                   │ 9. 安否関連─神戸市（須磨区）
                                   │ 10. 安否関連─西宮
                                   │ 11. 安否関連─芦屋市
       10. 入試日程変更情報   └ 12. 安否関連─その他の地区
       11. 公的機関からのお知らせ ──────┬ 1. 政府などからのお知らせ
                                   │ 2. 兵庫県からのお知らせ
                                   └ 3. 神戸市からのお知らせ

            図3-1　NIFTY-Serve「地震情報コーナー」のメニュー構造
       (出典) 川上 (1996：446 図1)．

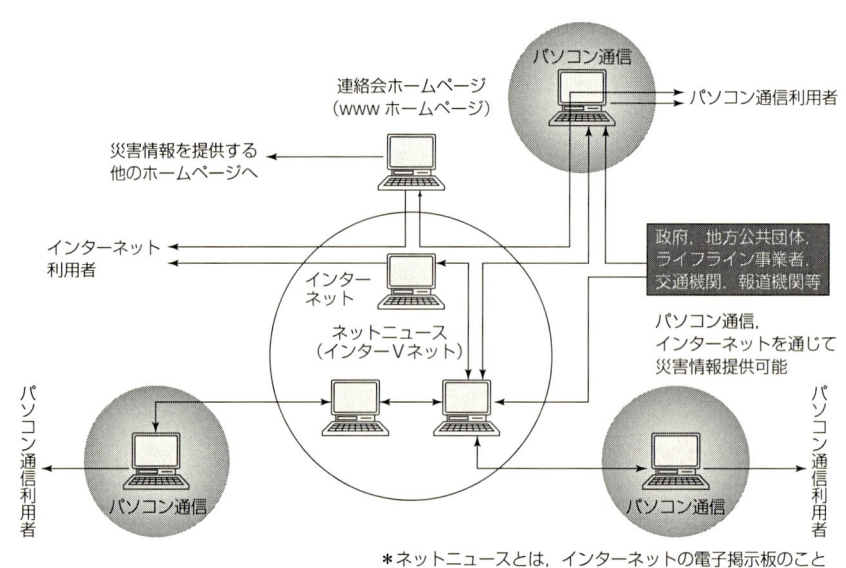

図3-2 インターVネットの概念図

(出典) 兵庫ニューメディア推進協議会編 (1996：155).

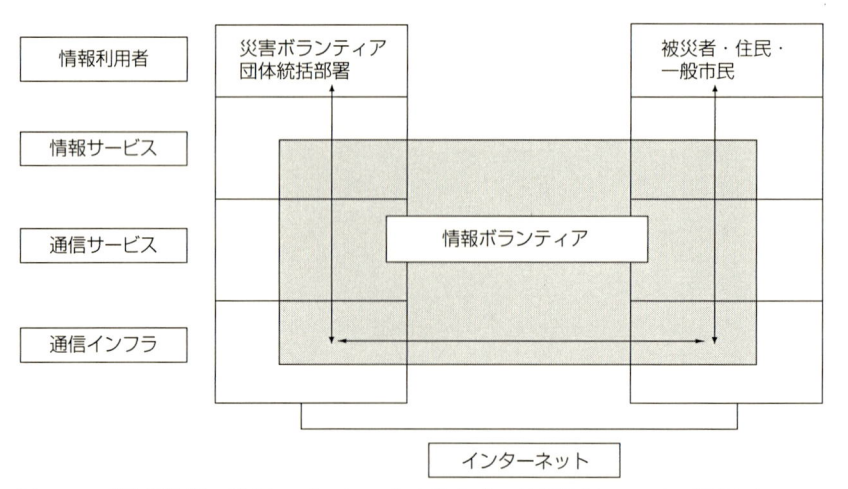

図3-3 「情報流通の階層モデル」による災害時の情報流通における情報ボランティアの位置づけ

(出典) 大月・水野・千川他 (1998：137 図3) を手がかりに著者作成.

しかし，救援活動を円滑にし，現場に駆け付けるボランティアの熱意を大切に活かしていくために，ICTを活用した情報ボランティアの活動は極めて重要になっている，と旧経済企画庁『平成12年　国民生活白書』において災害時における情報ボランティアの重要性が指摘されている（干川 2009：65）．

2）阪神・淡路大震災当時のICTの普及状況

財団法人ニューメディア開発協会の「会員数1万人以上のパソコン通信ネット局　会員数推移　91年7月～97年3月」によれば，阪神・淡路大震災直後の1995年3月時点での日本国内のパソコン通信利用者は，261万人で，そのうち，大手商用パソコン通信のNIFTY-Serve（現在のNifty）が，97万人，PC-VAN（現在のBIGLOBE）が，96万5000人である（干川 2009：66）（表3-1）．

他方で，『インターネット白書 '98』によれば，阪神・淡路大震災の発生から5カ月後の1995年6月時点での日本国内のインターネットの利用者は，45万人である．この利用者のうち，勤務先・学校からの利用が27万人，家庭，勤務先・学校両方からの利用が10万人，家庭からの利用が8万人である（日本インターネット協会 1998：32）（図3-4）．

このように家庭からの利用が少ない要因として，『インターネット白書 '96』によれば，阪神・淡路大震災の発生した1995年1月当時で，日本国内のインターネット・サービス提供事業者（インターネット・プロバイダー）の数が19（1995年6月時点では，30）にしか過ぎなかったということがあげられる（日本インターネット協会 1996：166-172）．

また，1995年10月にサイバースペース・ジャパン（CSJ）が行ったオンライン・アンケート調査によれば，利用者の職種を見ると，「技術系会社員」が32.7％，「理科系学生」，が23.8％，「教職員」が5.6％と合計で6割強を占めており利用者の

表3-1　会員数1万人以上のパソコン通信ネット局会員数推移
（94年12月・95年3月）

局　名	運営主体	会員数（千人）	
		94年12月	95年3月
NIFTY-Serve	ニフティ（株）企画部	850	970
BIGLOBE	日本電気（株）PC-VANサービス部	870	965
その他	省略		
会員1万人以上	合計	2,380	2,610

（出典）干川（2009：66）．

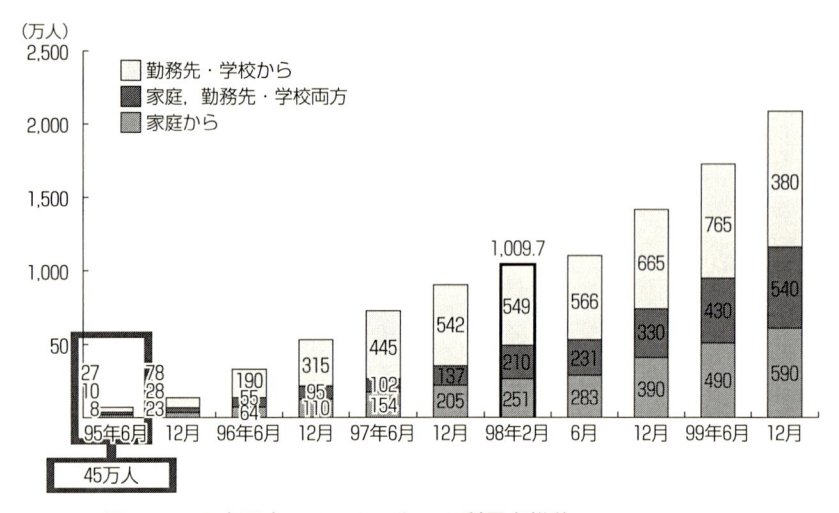

図3-4 日本国内のインターネット利用者推移（1995年-1999年）
（注）1998年2月以降の数値は推計値．
（出典）日本インターネット協会 (1998)．

　社会的属性から見ても，インターネットは，企業の研究・開発部門や大学などの教育研究機関で主に利用されており，一般の人々が家庭からインターネットを利用しているのではないことがわかる（日本インターネット協会 1996：80-81）．
　ちなみに，日本のインターネットは，理学・工学系の大学や研究機関を中心とする学術研究ネットワークにより構築され，成長してきたといっても過言ではなく，国内のインターネット黎明期から接続されている高等教育機関の多くは，SINET（学術情報ネットワーク）やWIDEなどの学術研究ネットワークを利用することでインターネットと接続を行っている場合が非常に多いのである（日本インターネット協会 1998：126）．
　ところで，阪神・淡路大震災の前からインターネットとパソコン通信の相互乗り入れが進んでおり，このことによって，震災当時，情報支援活動を行っていたインターネット利用者とパソコン通信利用者との間の電子メールによる情報共有・交換及び連携が可能になった．
　『インターネット白書'96』によれば，日本国内でのパソコン通信事業者とインターネットのサービス面での融合は1992年に実施されたWIDEとNIFTY-Serve，PC-VAN間の電子メール相互接続実験に始まる．その後，1993年5月

には日本国内のインターネット全域に接続対象を拡大し，さらに海外ドメインとの通信も可能になった．そして，各パソコン通信事業者は機能面での拡大（FTP, Net News 対応など），パソコン通信からの WEB アクセスやパソコン通信サービス ID によるダイアルアップ IP 接続等パソコン通信とインターネットのサービス，機能面での一体化が進んだ（日本インターネット協会 1996：110）．

インターネットが急速に普及したのは，阪神・淡路大震災以降であり，1995年8月に米国で Windows95 の英語版が発売され，その日本語版が1995年11月23日に発売されたことにより（カテナ株式会社：http://www.wincons.or.jp/view/vol19/Ryuutuu.html（2013年9月4日閲覧）），また，それと呼応して1996年1月の時点でインターネット接続事業者が105社に急増し，雨後の筍のように現れたインターネット接続業者が競い合って廉価なサービスを提供するようになって，インターネットの普及に拍車がかけられた（日本インターネット協会 1996：8）．

そして，インターネットの普及の1つの要因になったのが，阪神・淡路大震災における情報支援活動への社会的関心であった．つまり，神戸市外国語大学や神戸大学という被災地内の大学，奈良先端技術大学院大学や東京大学，大阪大学などの被災地外の大学，NTT や IIJ といった情報通信関連企業，それぞれの Web サーバーに阪神・淡路大震災に関する様々な情報が蓄積され，それが英語などの外国語にも翻訳されて，世界からの膨大な数のアクセスがあり，国内外に震災に関する情報が伝えられ，インターネットが災害時に威力を発揮することが注目されたのである（日本インターネット協会 1996：13）．

そこで，阪神・淡路大震災で実際にどのようにインターネットが活用されたのか，また，それと補い合う形でパソコン通信がどのように活用されたのかを，情報ボランティアの活動に焦点を置いて明らかにしてみたい．

2　著者の情報ボランティア活動「淡路プロジェクト」の展開

著者の阪神・淡路大震災での情報ボランティアへの関わり方は，コンピューター通信を通して展開される市民活動（環境・福祉・災害救援などの現代社会の諸問題に対して市民が自発的・主体的に取り組む社会活動．市民運動やボランティア活動もこれに含まれる）を社会学者として研究する研究者の立場と，日頃から利用していたパソコン通信を救援活動のために役立てたいという情報ボランティアとしての立場からの関わり方であるといえるであろう．

つまり，第2章で論じたように，震災が発生する2年前から，著者は，徳島大学に教官（専任講師）として在職し，コンピューター通信を通して世界規模で展開される市民活動が，これから社会をどのように変えていくのかを研究テーマとして，日本国内で市民活動に関わる人たちが情報交換や議論を活発に行っているNIFT-ServeのFSHIMINや，コンピューター通信を通じて世界中のNPO・NGOと日本のNPO・NGOの連携を作り上げるために主に首都圏のNPO・NGOの情報化に取り組んでいるJCAを研究対象としてアンケート調査やインタビュー調査を行いながら，その活動理念の議論などを通じてJCAの活動そのものにも参加していた．

このような経緯で，研究者としての立場では，阪神・淡路大震災の情報ボランティアの活動についてパソコン通信を通してその実態をとらえようとしながら，他方で，被災地の淡路島では，震災発生後1カ月以上経ってもコンピューター・ネットワーク上に現地の情報がほとんど流れていなかったため，誰かが現地からコンピューター通信を通じて情報発信を行わなければならないという思いに駆られ，多くの人たちに支えられながら，淡路島の一宮町や北淡町（両町とも，現淡路市）で展開されていた災害救援のためのボランティア活動を支援する情報ボランティアとして自ら活動を行うことになった．

震災発生直後から，NIFT-Serveを通じて，ボランティアの救援活動にどのようにコンピューター通信が利用されているかをモニターしていたが，2月に入っても淡路島の情報がほとんどネットワーク上に流れていないのに気づき，誰かが淡路島から情報をネットワーク上に発信しなくてはならないが，誰もそれをする人がいなければ，自分でやってみようという思いがだんだんと膨らんできた．

そこで，2月中旬になると大学の講義や後期試験も終わり時間的な余裕ができたので，著者は，淡路島での情報ボランティアとしての活動に取りかかった．

まず，2月10日に，普段から取材やコメントを依頼されることの多かった関係で顔見知りの記者がいた地元の『徳島新聞』の報道部に電話をかけ，淡路島の状況がどのようになっているのかについて聞き，淡路島の情報源として洲本市にある淡路県民局の電話番号を教えてもらった．そして，淡路県民局に電話し，現地（洲本市）の状況を知らせてもらい，また，淡路島内部の避難所リストもFAXで送ってもらった．

翌日2月11日に淡路島に自家用車で入った．まず，淡路島南部の五色町（現

南あわじ市) から一宮町へと海岸沿いの道路を北上した．一宮町役場の災害対策本部で，ボランティアの活動拠点の場所を聞いた．そして，道に迷いながらも，「四国4県社会福祉協議会一宮町ボランティアベースキャンプ」に着き，その運営責任者の高知県社会福祉協議会の事務局次長の方から救援活動の現状を聞いた．また，ちょうど徳島市に交代で帰るところだった徳島県社会福祉協議会の地域福祉係長の方からも状況を聞いた．

その後，北淡町役場に行き，厚生課の職員の方に北淡町の救援状況を聞いた．それから，ボランティアの事務所(以下,「ボランティア事務局」)に案内してもらい，ボランティアの世話役の役場の職員の方と，ボランティアの代表の方に状況を聞いた．

自宅に帰る途中で，北淡町と一宮町への交通手段 (明石からの高速艇と淡路島内のバスの時刻表) を調べた．

その日の夜に，調査結果を「淡路島レポート」としてまとめ，NIFT-Serveの「震災ボランティアフォーラム」に書き込んだ．同時に，震災ボランティアフォーラム代表の方と，(当時，設立準備中の)「インターＶネット」代表の慶応義塾大学湘南藤沢キャンパス (SFC) の金子郁容教授宛に，また，JCA のメーリングリストに淡路島での情報発信拠点づくりのための機材と人員の提供を求めるメールを出した．

そして，2，3日後，震災ボランティアフォーラム代表の方から「淡路島の状況は気になっていたので，このプロジェクトを応援したい．しかし，機材の提供は可能だが，人手を提供するのは難しいので一度，震災ボランティアフォーラムで募集をしたらどうか」という旨のメールをいただいた．他方で，金子教授からは，「良く練られた計画なので，できるかぎり支援していきたい」という旨のメールをいただいた．また，JCA においては，メンバーの1人からノート型パソコンを1台貸すことができるというメールをいただき，さらに，淡路島での著者のプロジェクトを JCA の活動として支援するかどうかについて JCA の準備委員会で話し合われることになった．

そこで，2月17日の夜に夜行バスで徳島市を出発し，翌18日に東京で開催された JCA の準備委員会に出席した．そこでまず，JCA のメンバーからパソコンを借りた．また，JCA の準備委員会では，淡路島で著者の行う活動に対して，機材や人員を提供する余裕はないが，インターＶネットなどの JCA の関係する団体との仲介はできるという結論になった．

JCAの準備委員会の後，JCAのメンバーに金子教授が主宰する「末広ハウス」に連れて行ってもらい，金子教授にパソコンの提供と人員の提供を願い出た．人員に余裕がないので，人員の提供を約束できないが，パソコンの提供ならばできるということで，後日，どこに何台パソコンが必要なのかを明確にしてパソコン提供を要請することになった．

　翌日19日に，徳島市に夜行バスで戻った．そして，徳島県社会福祉協議会の斡旋を通じて，2月21日〜23日に，「四国4県社会福祉協議会一宮町ボランティアベースキャンプ」に宿泊させてもらい，現場の状況を詳しく把握するとともに，ベースキャンプの人たちにパソコン通信のデモンストレーションを行った．その様子は，ボランティアベースキャンプの広報紙に書かれている．

　2月27日に四国4県社会福祉協議会から淡路島内1市6町の社会福祉協議会へのボランティアベースキャンプの引き継ぎ会議が行われた．その席で，著者は，淡路島の被災地からの情報発信拠点づくり計画である「淡路プロジェクト」の説明を行い，そのために必要な機材と人員を自前で調達するという条件で，3月1日から淡路島内1市6町の社会福祉協議会によって開設される「（淡路）島内震災救援ボランティアセンター」に情報発信拠点を置くことを認められた．

　そして，著者は，3月1日から一宮町社会福祉協議会の事務所が置かれている一宮町老人デイケアセンター「ゆうゆうライフ」内に設置された（淡路）島内震災救援ボランティアセンターに断続的であるが，3月末まで通算11泊し，一宮町と北淡町でのネットワーク上への情報発信活動をコーディネートしつつ，ボランティアセンターの活動にも必要に応じて参加した．

　3月1日に「ボランティアセンター」にパソコンが大阪のインターVネット本部から届き，3月3日から3月下旬にかけて情報発信が一宮町からほぼ毎日行われるようになった．なお，その際に，3月2日〜5日まで滞在していたJCAメンバーがパソコンのセッティングを行い，また，著者がパソコン通信マニュアルと取材マニュアルを作成し，それに基づいて，SFCの学生ボランティア2名（第1班：3月2日〜3月10日），2名（第2班：3月10日〜3月17日）が毎日1名ずつ交代で現場の取材を行い，（「ボランティアセンター」の実質的な運営責任者である）一宮町社会福祉協議会のボランティアコーディネーターのD氏の助言に基づいてネットワーク上に情報発信を行った．

　他方で，北淡町では，3月10日より3月末まで，「ボランティア事務局」に常駐していたSFC学生ボランティアによって，インターVネット上に情報発

信が行われた.

以上の著者を中心として展開された,「淡路プロジェクト」におけるデジタル・ネットワーキングの構造は，DNM3-1のようになる.

すなわち，淡路プロジェクトの代表者としての著者は，研究者かつ周辺的メンバーとして研究活動と実践活動を通じて，JCAと公式的な架橋型・協力的相互信頼関係を形成しており，その関係を通じて，JCAと非公式的な架橋型・協力的相互信頼関係にあるインターVネットとその代表者の慶應義塾大学湘南藤沢キャンパス教授の金子氏との間に，デジタル・メディア・リンクも介して，

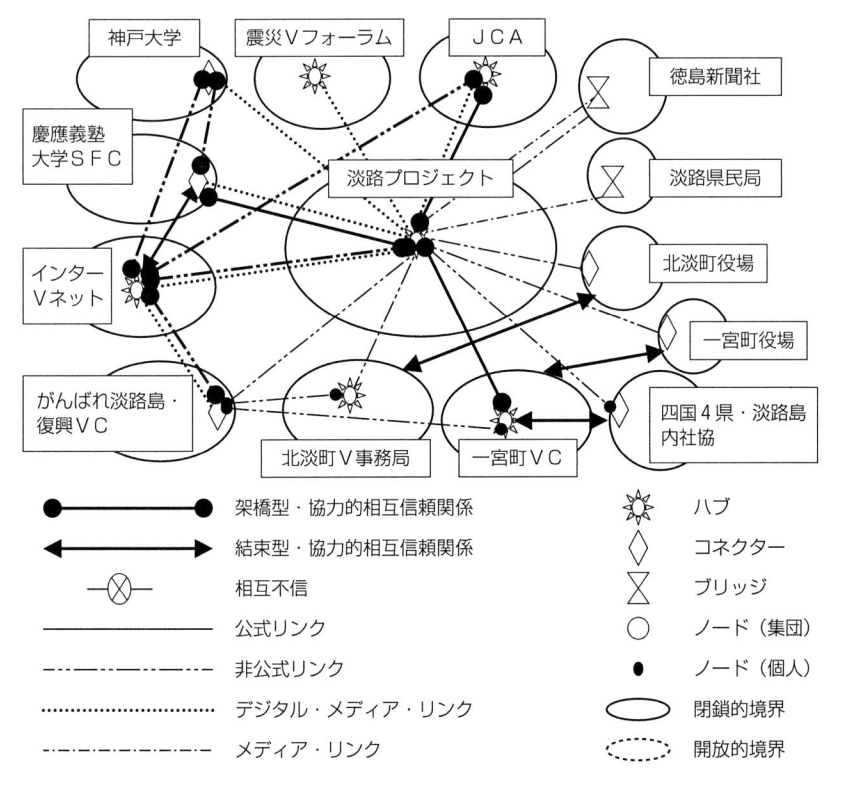

DNM3-1 阪神・淡路大震災における「淡路プロジェクト」のデジタル・ネットワーキングの構造

(注) VC：ボランティアセンター.
(出典) 著者作成.

非公式的な架橋型・協力的相互信頼関係を作り上げ，淡路プロジェクトに必要な機材や人員や諸便宜を得ることができた．

　他方で，著者は，日頃から取材の依頼などでつながり（非公式リンク）のある『徳島新聞』の記者を通じて，淡路島の現地の避難所等の情報を兵庫県淡路民局から得ることができた．

　そして，その情報をもとに，淡路島内に自家用車で入り，一宮町役場で所在を教えたもらった町内の災害ボランティアセンターを運営する四国四県の社協との非公式な架橋型・協力的相互信頼関係をつくり，その関係を通じて，淡路島内の社協が新たに共同運営する一宮町内の災害ボランティアセンターを拠点として，また，北淡町役場を通じて北淡町ボランティア事務局に情報発信拠点としての協力を得て，それぞれと非公式な架橋型・協力的相互信頼関係を築き，金子氏との架橋型・協力的相互信頼関係を通じてSFCの学生・院生の協力を得て，そして，インターＶネットを通じて「がんばれ淡路島・復興ボランティアセンター」の協力を得て，JCAのメンバーからの情報通信機器の提供およびその設定・調整などの技術的支援を受け，他方で，デジタル・メディア・リンク上では，NIFTY-Serveを通じて「震災ボランティアフォーラム」の代表者と，また，NIFTY-Serve経由でQuake-vgMLを通じて神戸大学の情報ボランティアとの間で，被災地内外での情報ボランティアの活動状況などについて情報交換・共有を行いながら，著者は，淡路プロジェクトを展開することができた．

　その後の著者の情報ボランティアとしての活動としては，(震災で活動した情報ボランティアや行政関係者によって1995年4月20日に結成された)「インターＶネットユーザー協議会」に参加し，翌年4月まで約1年間にわたりインターネットを通じて「提言」づくりに携わったこと．また，1996年11月から1999年3月末まで，洲本市の「ボランティア情報団」(図3-5)と淡路島インターネット協会の「情報お助け隊」の人材養成と組織化を支援してきたことが，あげられる．

3　情報ボランティアによるデジタル・ネットワーキングの構造

　阪神・淡路大震災における個々の情報ボランティアの活動についての詳細は，拙著『公共圏とデジタル・ネットワーキング』と『情報化とデジタル・ネットワーキングの展開』で論じているので（干川 2003：115-137；干川 2009：60-

第3章　阪神・淡路大震災におけるデジタル・ネットワーキングの展開

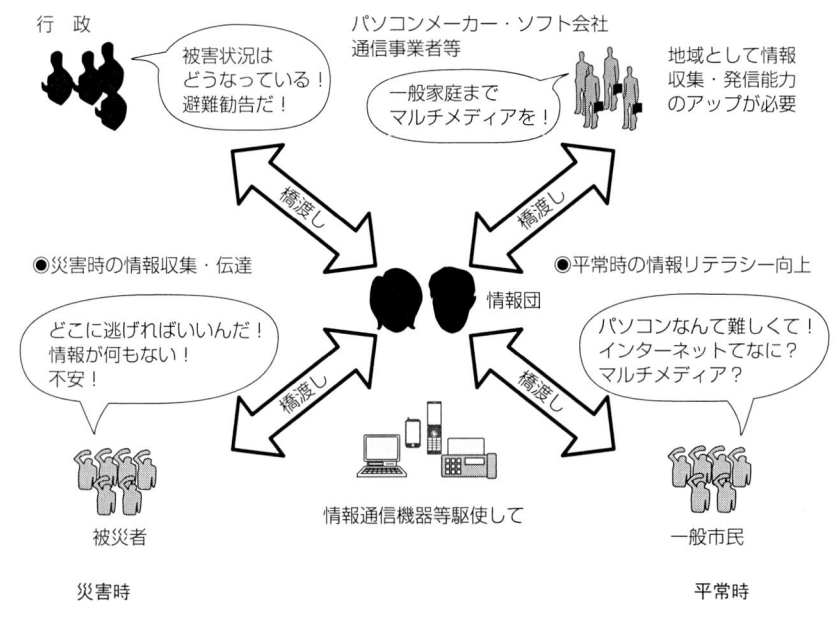

図3-5　情報団の概念図
（出典）兵庫ニューメディア推進協議会編（1996：27）.

92），本書では紙幅の都合で省略するが，被災地内における大学や企業，行政の関係者を含めた情報ボランティアによるデジタル・ネットワーキングの構造を示せば，DNM 3-2のようになる．

　すなわち，情報ボランティアの被災地内の連絡協議会であるIVNの代表者は，神戸電子専門学校から活動拠点と事務局要員を提供されることによって，神戸電子専門学校と公式の結束型・協力的相互信頼関係とデジタル・メディア・リンク（パソコン通信およびメーリングリスト等）によって結ばれている．

　他方で，IVNの構成メンバーであるIVN情報サービスチーム，情報 VG，パソコン通信が可能なボランティア団体，神戸市外国語大学情報ボランティアチームとは，公式の架橋型・協力的信頼関係とデジタル・メディア・リンク（パソコン通信およびメーリングリスト等）で結ばれている．神戸市外国語大学情報ボランティアチームの中心的メンバーであるNTTのコンピューター通信技術者

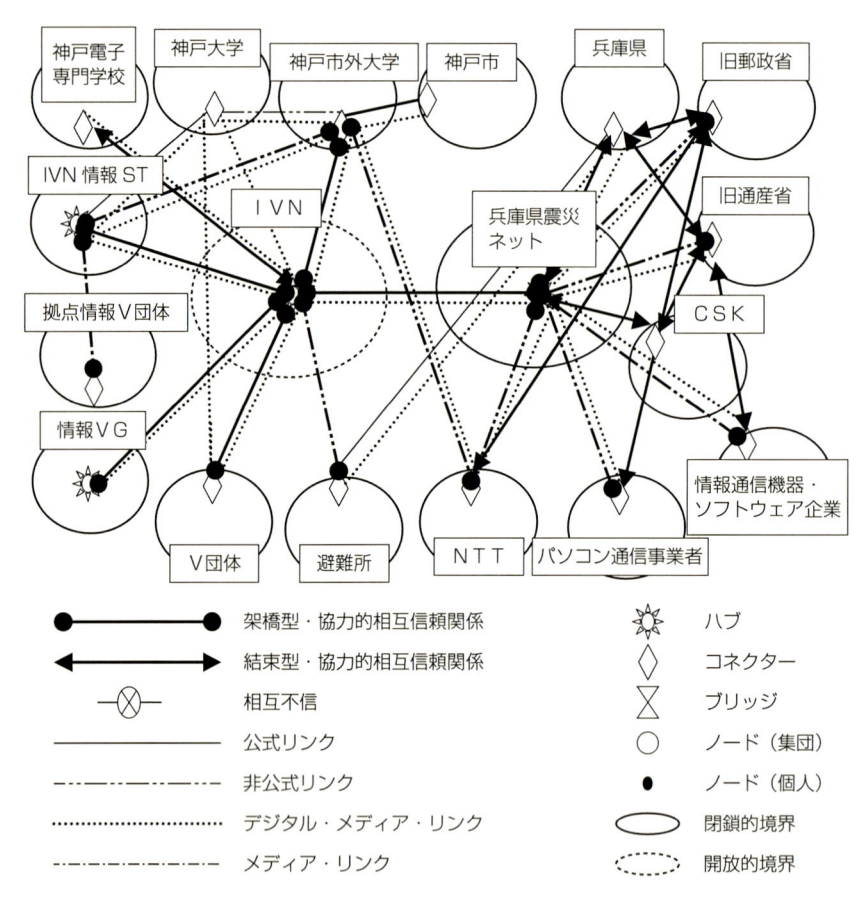

DNM3-2 阪神・淡路大震災における被災地内部の大学・情報ボランティアによるデジタル・ネットワーキングの構造
(出典) 著者作成.

のボランティアグループ「Nプロ (NTTプロジェクト)」を介して，神戸市外国語大学とNTTは，非公式の架橋型・協力的相互信頼関係とデジタル・メディア・リンク（パソコン通信およびメーリングリスト等）によって結ばれている．また，神戸市外国語大学の図書館職員のS氏は，神戸市の職員であり，S氏を介して，神戸市の情報担当者とIVN，IVN情報サポートチーム，神戸大学，NTTは，非公式の架橋型・協力的相互信頼関係とデジタル・メディア・リンク（パソコ

ン通信および quake-vg ML 等）によって結ばれている．

　また，神戸大学等の学生から構成される IVN 情報サービスチームが，拠点情報ボランティア団体と情報支援活動を通して非公式の架橋型・協力的相互信頼関係で結ばれていることで，拠点情報ボランティア団体および神戸大学と IVN は，間接的に結ばれている．

　そして，兵庫県震災ネットと IVN は，兵庫県・旧郵政省・旧通産省等が共同して実施している避難所―市区町災害対策本部間のパソコン通信網の設置・運営事業「兵庫県震災ネット」で連携しており，公式の架橋型・協力的相互協力関係とデジタル・メディア・リンク（パソコン通信等）で結ばれている．

　その一方で，兵庫県震災ネットは，事務局を担当する「CSK 震災復旧支援プロジェクトチーム」を介して，コンピューターシステムの開発企業である SCK と公式の結束型・協力的相互協力関係とデジタル・メディア・リンク（パソコン通信等）で結ばれている．

　また，旧郵政省・旧通産省の要請で，「兵庫県震災ネット」にパソコンや周辺機器，ソフトウェア，通信回線やアカウントを提供している情報通信機器・ソフトウェア企業，NTT，パソコン通信事業者（NIFTY-Serve, NEC, IBM）は，旧郵政省・旧通産省と公式の結束型・協力的相互協力関係で結ばれており，また，兵庫県と旧郵政省・旧通産省も相互に公式の結束型・協力的相互協力関係で結ばれている．

　ここまで，阪神・淡路大震災における主な情報ボランティアの活動を紹介し，デジタル・ネットワーキング・モデルによって，情報ボランティアを中心としたデジタル・ネットワーキングの構造を描き出したが，情報ボランティアによる情報支援活動から明らかになった課題を次に論じることにする．

4　「兵庫ニューメディア推進協議会」と「インター V ネットユーザー協議会」の「提言」

　阪神・淡路大震災では，パソコン通信やインターネットを利用した被災地からの情報発信や被災地内外での情報支援活動が試行錯誤的に試みられ（図3-6），その様子が，マスメディアによって「パソコン通信とインターネットが震災で活躍」と報道されたことも相俟って，災害時における災害対応への ICT 活用の有効性が期待されるようになった（田中 1996：156）．

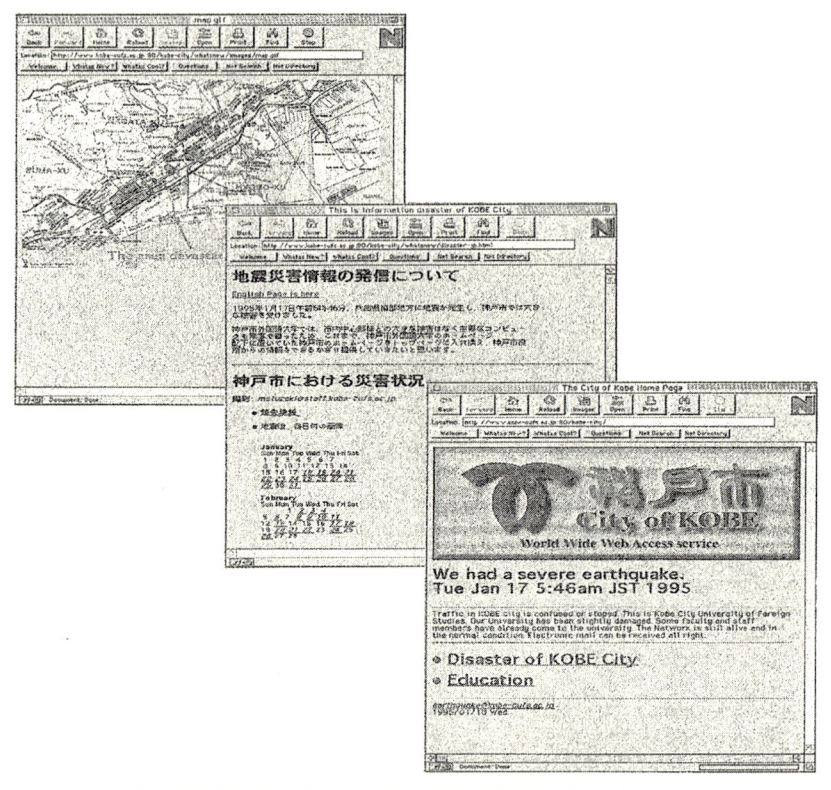

図3-6　神戸市立外語大学のサイトに構築された震災当時の神戸市のホームページ
(注) 約200枚の画像とタイトルの情報を発信し，ピーク時で世界から約4万アクセスがあった．
(出典) 兵庫ニューメディア推進協議会編（1995：16）；
Web版：https://www.hnmpc.gr.jp/wp/wp-content/uploads/2013/05/file_2754.pdf:16（2013年9月4日閲覧）．

　そこで，国と自治体の動きとして，兵庫県と県下4市町（宝塚市・三木市・洲本市・五色町）では，旧通産省の補助事業（平成17年度1次補正予算65億円）として「災害対応総合情報ネットワークシステム」の整備が進められ，地域住民にインターネットとパソコン通信を利用して災害時の情報提供が試みられた（図3-7）．
　その一方で，神戸市では，旧郵政省の事業（平成17年度1次補正予算39億4千万円）として「次世代総合防災行政情報通信システム」の研究開発が実施され，神戸市内の約500世帯の家庭を実験対象としてケーブルテレビ回線を利用したインターネットによる災害情報の提供が試みられた（兵庫ニューメディア推進協議会

編 1996：7-8）（図3-8）．

　このような行政サイドの動きと並行して，（兵庫県域で産・官・学が連携して1984年に設立され地域の情報化を推進してきた）「兵庫ニューメディア推進協議会」は（兵庫ニューメディア推進協議会編 1996：9），震災直後から情報通信分野で何が起こり，得られた教訓を何だったのか等を調査研究し，『災害時における情報通信のあり方に関する研究』報告書（1995年）として緊急提言をまとめ，さらにその提言を実現するための研究を継続して，『情報の空白を埋める──災害時における情報通信のあり方報告書──』（1996年）を取りまとめた．

　上記の報告書（1995年）の中で示された提言は，以下の通りである．

　　提言1　災害直後の「安全情報」を提供する体制の整備
　　　① 行政機関と報道機関の連携，協力体制づくり
　　　② 行政における一斉同報システム（防災同報無線）の導入
　　　③ 情報を専門に扱うボランティア組織「情報団」の創設
　　提言2　災害時の「安否情報」システムの確立
　　　① 被災地内部からの情報発信の仕組みづくり
　　　② 被災外での問い合わせシステムづくり
　　提言3　被害の状況を的確に把握するための情報収集力の強化
　　　① きめ細かな地域の情報収集機能を強めるために「情報団」の活用
　　　②「情報団」の情報中継点として，地域の防災拠点の情報通信機能強化が必要
　　　③ 行政機関とマスメディア，ライフライン関連企業との連携を強め，総合的な情報収集能力のアップをはかる
　　提言4　緊急避難生活を支援するための情報ネットワーク構築
　　　① 避難所となる地域の防災拠点の情報力強化
　　　② 高齢者，身体の不自由な方，外国人等への情報提供
　　提言5　震災の記録・経験・教訓をマルチメディアで記録し活用
　　　① 報道機関等に残っている映像などをデジタル化し半永久的に保存する
　　　② 情報利活用能力の向上
　　（兵庫ニューメディア推進協議会編 1995：46-49）

　ここで，提言1③と提言3①で提示されている「情報団」は，阪神・淡路大

■システム概要チャート

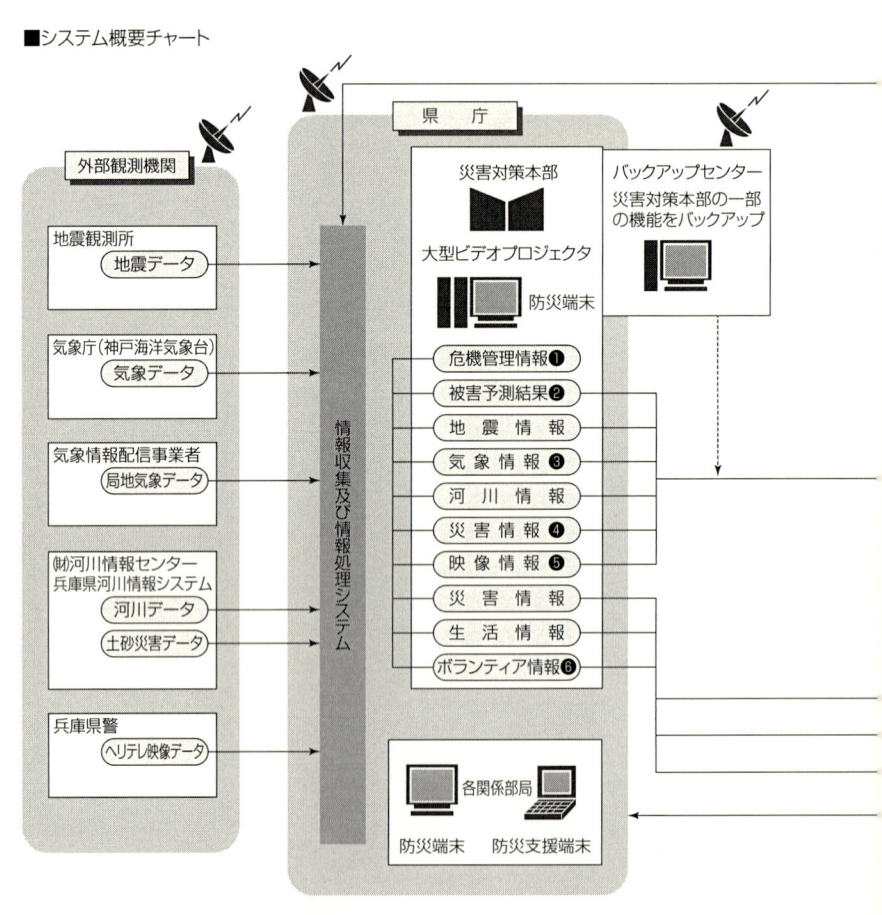

図3-7　兵庫県災害対応総合情報ネットワークシステムのシステム概要チャート
(出典) 兵庫ニューメディア推進協議会編 (1996：92-93).
　　　https://www.hnmpc.gr.jp/wp/wp-content/uploads/2013/05/file_2676.pdf (2013年9月4日閲覧).

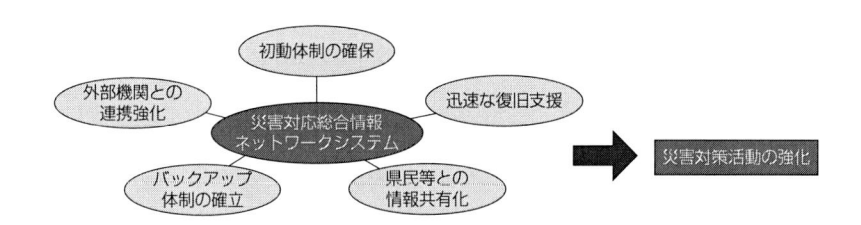

第3章　阪神・淡路大震災におけるデジタル・ネットワーキングの展開　61

- 初動体制の確保
- 外部機関との連携強化
- 災害対応総合情報ネットワークシステム
- 迅速な復旧支援
- バックアップ体制の確立
- 県民等との情報共有化

→ 災害対策活動の強化

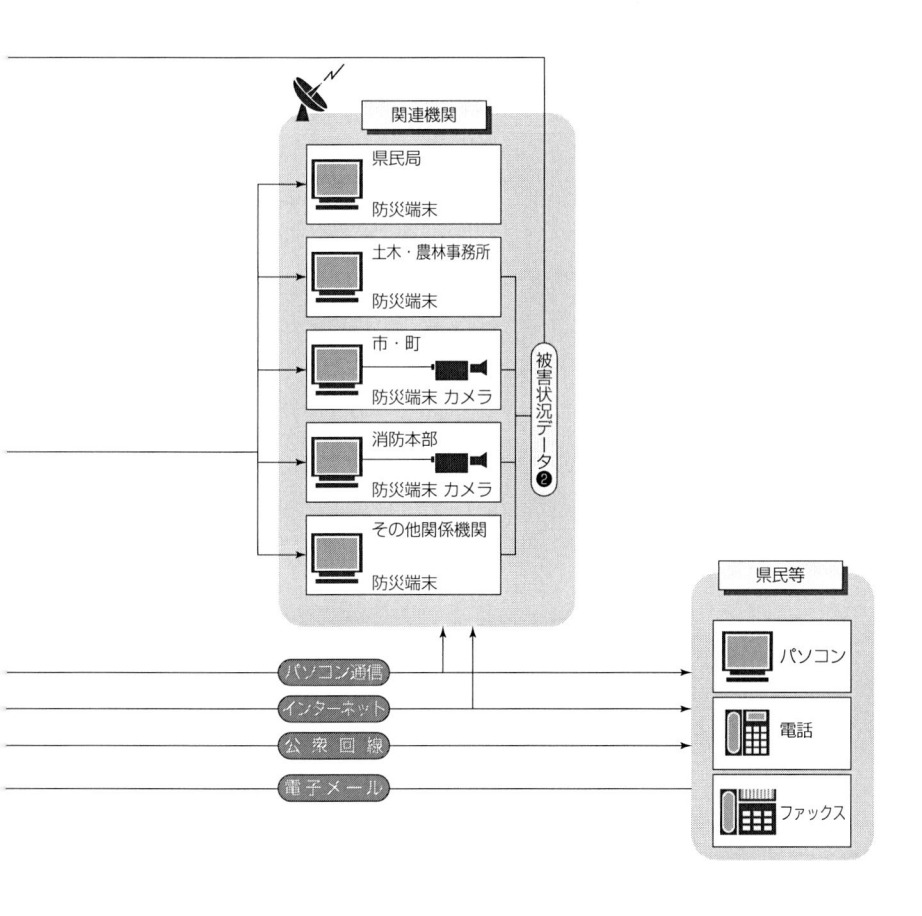

関連機関
- 県民局　防災端末
- 土木・農林事務所　防災端末
- 市・町　防災端末　カメラ
- 消防本部　防災端末　カメラ
- その他関係機関　防災端末

被害状況データ❷

パソコン通信
インターネット
公衆回線
電子メール

県民等
- パソコン
- 電話
- ファックス

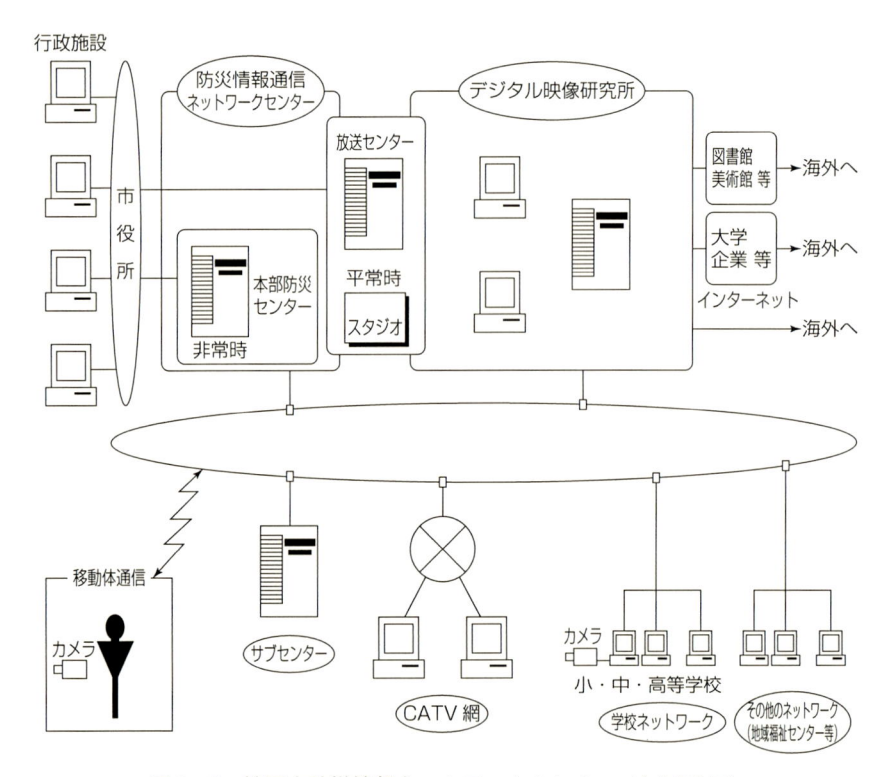

図 3-8　神戸市防災情報ネットワークセンター（全体概念図）
（出典）兵庫ニューメディア推進協議会編（1996：99）.
　　　　https://www.hnmpc.gr.jp/wp/wp-content/uploads/2013/05/file_2682.pdf（2013年9月4日閲覧）.

　震災での情報ボランティアの活動を踏まえて，今後発生する災害に備えて情報ボランティアを組織化・運営する構想である．

　そして，著者をはじめ，阪神・淡路大震災において各地で活動を展開した情報ボランティアたちは，1995年4月20日に「インターVネットユーザー協議会」（以下，「Vユーザー協議会」）を結成し，兵庫ニューメディア推進協議会と連携しつつ，この情報団構想を視野に入れながら，同年4月から翌年4月にかけ約1年間にわたり，メーリングリスト（vuser ML）を通じて，震災救援から得た実践経験に基づき，情報ボランティアとしての視点から防災情報通信システムの運用をいかに効果的に行うことができるかを議論し，「電子ネットワークの利活用を中心とする防災情報通信システム構想：情報ボランティアからの提言」

（以下，「提言」）を作り上げた．

　この「提言」のたたき台となった暫定的草案は「インターＶネット防災情報システム構想──情報ボランティアからの提言」（案）と題され，1995年11月に一応の完成を見た．その後，1995年12月より「インターＶネット」の「災害とネットワーク」会議室上に公開され，1996年2月にかけて公開討論を行うことによって，議論され批判されたが（金子・VCOM 編集チーム 1996：205-230），そこで明らかになった様々な視点を取り入れるように努力し，またそこから来る新たな提案や議論についても，出来る限り反映出来るよう改善を試みた．

　その後，前出の兵庫ニューメディア推進協議会『情報の空白を埋める──災害時における情報通信のあり方報告書──』に資料18として収録されるとともに（兵庫ニューメディア推進協議会編 1995：142-152），Webページ（https://www.hnmpc.gr.jp/books/books02（2013年9月4日閲覧））に掲載されている．

　そして，阪神・淡路大震災において被災地内で活動を展開した情報ボランティアたちは，その実践経験を踏まえ，災害時のICT活用の課題を「提言」として世に問うたのであった．

　他方で，1996年11月に淡路島の洲本市で災害時に住民有志が地域の被害情報等を収集し，災害対策本部に伝達する「ボランティア情報団」が結成された．これによって，兵庫ニューメディア推進協議会や「インターＶネットユーザー協議会」が提唱していた「情報団」構想が具体化することになった．

　Ｖユーザー協議会を中心とする阪神・淡路大震災発生後3カ月から1年以内のデジタル・ネットワーキングの構造は，DNM 3-3のように表すことができるであろう．

　すなわち，「インターＶネットユーザー協議会メンバーリスト」（1995年12月25日現在）によれば（https://www.hnmpc.gr.jp/wp/wp-content/uploads/2013/05/file_2721.pdf：151-52），インターＶネットユーザー協議会にメンバーとして参加している情報ボランティア諸団体および洲本市ボランティア情報団の代表者とインターＶネットの運用事務局担当者のＫ氏とインターＶネットユーザー協議会は，公式の架橋型・協力的相互信頼関係とデジタル・メディア・リンク（vuser ML）によって間接的に結ばれている．

　また，オブザーバーとして参加している兵庫県・旧郵政省・旧通産省の担当者は，この協議会と非公式の架橋型・協力的相互信頼関係とデジタル・メディア・リンク（vuser ML）によって結ばれている．

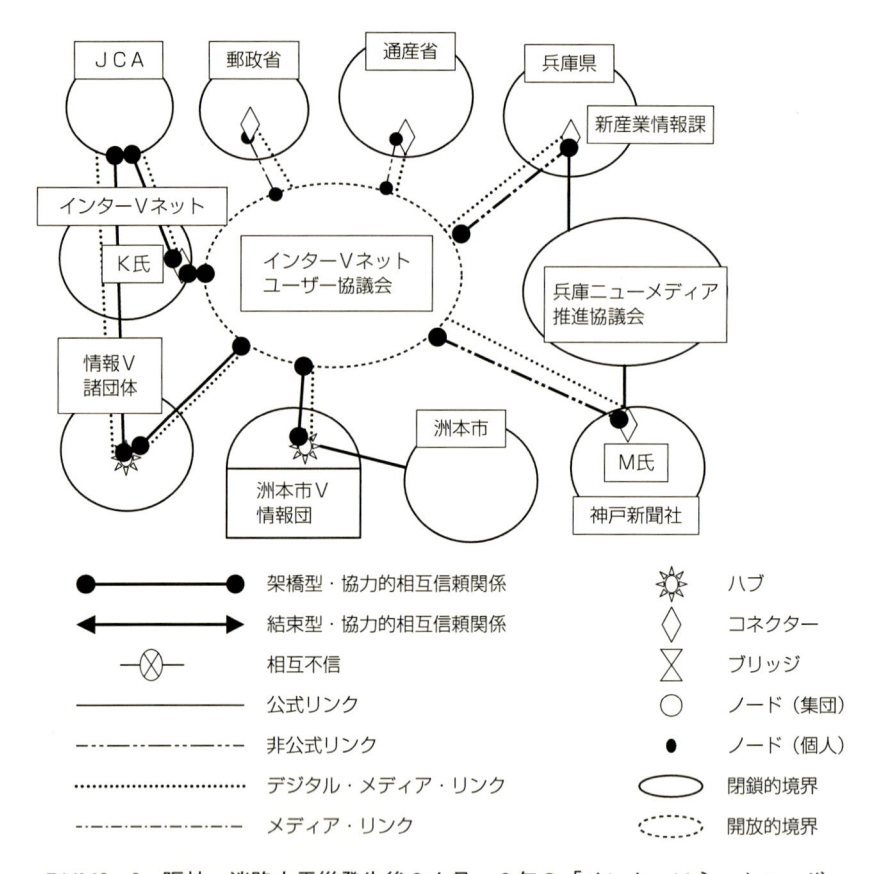

DNM3-3 阪神・淡路大震災発生後3カ月～2年の「インターVネットユーザー協議会」を中心とするデジタル・ネットワーキングの構造
(出典) 著者作成.

　他方で，兵庫ニューメディア推進協議会の幹事である神戸新聞社情報センター長のM氏と事務局の兵庫県新産業情報課の担当者を介して，兵庫ニューメディア推進協議会とインターVネットユーザー協議会は，非公式の架橋型・協力的相互信頼関係とデジタル・メディア・リンク（vuser ML）によって間接的に結ばれている．
　そして，洲本市とは，洲本市ボランティア情報団の代表を介してインターVネットユーザー協議会は，間接的に結ばれている．

なお，K 氏と「淡路プロジェクト」代表の著者は，メンバーとして JCA と公式の架橋型・協力的相互信頼関係とデジタル・メディア・リンク（JCA-Supporter ML）によって結ばれている．

インターＶネットユーザー協議会が上記の提言を作り上げる過程から，著者を含めた情報ボランティアたちが得た教訓としては，「日頃から使いこなしていない道具は，災害時には，有効に使えない」，「日頃からの顔の見える信頼関係がないと，災害時には，迅速かつ効果的な連携行動がとれない」というものであった．

特にこの教訓の中で着目すべきなのが，「顔の見える信頼関係」すなわち，ソーシャル・キャピタル＝協力的相互信頼関係構築の必要性である．

そこで，阪神・淡路大震災以後，情報を取り扱う者と現場で活動する者との間の相互理解ならびに信頼関係をつくり出すために，情報ボランティアに携わった人々が，それぞれの地域の町内会や社会福祉協議会，NPO・NGO で活動する人たちに対して，コンピューターの利用方法を教えたりしながら，情報通信システムの利用を広める活動を行ってきた．

その成果が，第 4 章で論じるように，阪神・淡路大震災から 2 年後の1997年 1 月に発生した日本海重油災害で現れるようになったのである．

第4章
日本海重油災害における災害デジタル・ネットワーキングの展開

　1997年1月に発生した日本海重油災害では，福井県三国町その他で，重油回収作業に携わるボランティア団体，兵庫県や新潟県などの地方自治体，旧運輸省などの中央省庁は，インターネットを利用して被害状況や対策状況について情報発信を行うようになった．また，大学やシンクタンクの研究者などがメーリングリストを通じて漂着重油の効果的な処理方法を考案し伝えた．さらに，被災地域の新聞社や放送局，また，「NHKボランティアネット」などのメディアが，現地の被害状況や行政の対応，ボランティアの活動状況などについてインターネットを通じて伝えた．

　そこで，第4章では，このような日本海重油災害における民・官・専門家・メディア等によるデジタル・ネットワーキングの実態と課題を明らかにする．

1　重油漂着地のボランティア団体による
　　 ホームページを利用した情報発信の実態

　以下では，著者が1997年2月中旬から3月下旬にかけて3回にわたって実施した現地調査と，インターネット上で収集した情報に基づいて，同年1月上旬に発生した日本海重油災害の各被災地でのボランティア団体によるWEBページを利用した情報発信の実態をとらえ，情報ボランティアの課題を明らかにしたい．

　日本海重油災害において，時化による大波で船体が折れて沈没したロシアタンカーの船首が流れつき甚大な重油流出汚染を受けた福井県坂井郡三国町では，1997年1月11日に，西宮市に拠点を置く「日本災害救援ボランティアネットワーク（NVNAD）」と神戸市に拠点を置く「リスポンス協会」とが，「福井ブロック青年会議所（JC）」と協力して「重油災害ボランティアセンター」を開設した．

さらに，この日の夜，重油災害ボランティアセンター側と三国町社会福祉協議会（社協）との話し合いが持たれ「三国町ボランティア本部」が設置され，3月31日まで運営されることになった（小村 1997）．
　そして，リスポンス協会の広報担当専従スタッフが，1月9日に重油災害ボランティアセンター「Save The Coast!」のWebページを立ち上げ，同月27日までは神戸市灘区にある「神戸元気村」で三国町に電話取材し，現地の情報をホームページに随時掲載していた．
　その後，彼は，1月28日から三国町に現地入りし，重油災害ボランティアセンターのメディアルームに，メーカーから提供されたパソコン等の機材を設置し使用して，パソコンやインターネットを使うことのできるボランティアの協力を得ながら，現地の状況やボランティアの募集等を掲載したホームページによる情報発信を行った．
　これと並行して，三国・芦原・金津三町の青年会議所が協力してホームページを立ち上げ現地の状況を独自に情報発信した．
　他方で，三国町社協も重油災害に関する情報提供のために毎日発行していた日刊紙の内容をインターネットで流すために，三国町社協のホームページが1月12日頃立ち上げられた．
　2月下旬からは，それまでホームページによる情報発信を担当していたリスポンス協会の専従スタッフが「重油災害ボランティアセンター」の情報発信拠点を「加賀ボランティアセンター」に移したため，それ以降，三国町からのインターネットによる情報発信を三国町社協が中心となって行うようになり，三国町社協のホームページと「重油災害ボランティアセンター三国町本部」のホームページが統合されて「三国町ボランティア本部」のホームページとなった．
　そのため，それまで重油災害ボランティアセンターのホームページでの情報発信を担当していた三国町外から来た学生ボランティアたちが，2月20日から3月31日まで三国町ボランティア本部のホームページへの情報入力・更新を担当し，毎日の天候状態，現地での作業状況，ボランティア受付人数とその累計などの情報を「プレスリリース」として掲載した．
　そして，3月31日に三国町ボランティア本部が解散となり，ホームページでの情報発信を担当していた学生ボランティアたちも撤収し，4月以降は，地元のボランティアが，三国町社協内に開設された「三国ボランティア事務局」のホームページの情報発信を担当するようになった（山本 1997）．また，4月以降，

重油災害ボランティアセンターのホームページが，三国町ボランティア本部のホームページから独立して新たに立ち上がり，三国町の現状などを中心とした情報が掲載されている．

2　日本海重油災害におけるインターネットのボランティアコーディネートへの効果

　著者は，1997年3月27日に美浜町社会福祉協議会で，翌28日に加賀ボランティアセンターで，それぞれに保管してあったボランティア受け付け票約6000枚（美浜町社協で受け付け票全数約2000枚，加賀ボランティアセンターで2月11日から2月20日の分を除く約4000枚）を，美浜町社協，加賀ボランティアセンターの協力を得て閲覧して集計し，インターネットから情報を得て現地にボランティアに来た人数を調べた．

　それによると，美浜町で1938人中206人(10.6%)，加賀市で4002人中343人(8.6%)であった．

　また，3月29日に三国町ボランティア本部で提供を受けた1月27日から2月11日の約2週間のボランティア受け付け票の集計結果によると，インターネットを利用して三国町にボランティアに来た割合は11%（6129人中674人）である．

　なお，三国町に本部を置く「重油災害ボランティアセンター」がパソコンのデータベースに入力した「加賀ボランティアセンター」の開設された2月22日から活動終了時の4月20日までのボランティア受け付け票1万977人分のデータを分析すると，インターネットを通じて現地の情報を得てボランティアに来た人の割合は，648人（約5.9%）であった．

　ちなみに，加賀ボランティアセンターに来たボランティアのうちで，阪神・淡路大震災の時にボランティアをした経験のある人が1371人（約12.5%）であった．

　表4-1のように，以上の美浜町，加賀市，三国町でのボランティア受け付け票の集計結果から，平均して，今回の日本海重油災害で現地に来たボランティアの約10%がインターネットを利用したということになる．

　この数字と，1995年の阪神・淡路大震災の場合と比較するとどのようなことがわかるであろうか．

　そこで，震災ボランティアの実態調査の記事が載っている1995年4月17日付

表4-1 日本海重油災害のボランティア参加者のうちインターネットで現地情報を得た人数及び割合

美浜町（若狭湾ボランティア本部）	1,983人中206人（10.6%）
加賀市（加賀ボランティアセンター）	4,002人中343人（8.6%）
三国町（三国町ボランティア本部）	6,129人中674人（11%）
（参考）阪神・淡路大震災時に神戸や淡路島で活動したボランティア	709人中17人（2.4%） ※パソコン通信で情報を得たボランティア

(注) 1. 美浜町は1997年3月27日，若狭湾ボランティア本部の運営団体のうちの1つの美浜町社会福祉協議会（社協）にて，加賀市は，翌28日，加賀ボランティアセンターにて，それぞれ保管してあったボランティア受付票（美浜町約2,000枚，加賀市は2月11日～2月20日の分を除く約4,000枚）を，それぞれ，美浜町社協，加賀ボランティアセンターの協力を得て，著者が閲覧して集計．
2. 三国町は，三国ボランティア本部で提供を受けた1月27日～2月11日（約2週間）のボランティア受付票から集計結果を参照．
3. 神戸，淡路島で活動したボランティアについては，1995年4月17日付けの朝日新聞（大阪本社発行13版第1面のボランティア調査の概要および，第3面の質問と回答）より．阪神・淡路大震災時に被災地活動したボランティアのうち回答があった中から「パソコン通信で，ボランティアを募集している団体を探した」と答えた人．1995年3月18日～23日にかけて面接調査．

(出典) 大月・水野・干川 他（1998：51）．

の『朝日新聞』（大阪本社発行13版第1面のボランティア調査の概要および，第3面の質問と回答）によれば，1995年3月18日から23日にかけて実施した面接調査で神戸や淡路島の被災地で活動していたボランティアのうち709人から回答があり，そのうち17人が「パソコン通信で，ボランティアを募集している団体を探した」という調査結果が得られた．

つまり，震災当時のボランティアによるパソコン通信の利用率は，約2.4%ということになる．

したがって，阪神・淡路大震災当時では，まだインターネットは大学や研究機関，情報関連企業を除いて一般に普及しておらず，一般の人々が容易に利用できるコンピューター通信手段がパソコン通信しかなかったので，インターネットが一般の人々にも容易に利用できるようになっていた2年後の日本海重油災害の場合とは単純には比較できないが，日本海重油災害でのインターネットの利用率が平均10%であったということは，阪神・淡路大震災と日本海重油災害とを比較すると，現場に来たボランティアのコンピューター通信の利用率が約4倍に増えたということになるであろう．

このように，日本海重油災害でインターネットから情報を得て現場にボランティアに来た人々の多くが，美浜町，加賀市，三国町各地のホームページを見ていたと推測されるが，日本海重油災害関連の情報は，ホームページ以外にも，

ネットニュースやメーリングリストでもやり取りされていた．

そこで，研究者や行政関係者，ボランティア，マスコミ関係者などが参加し，日本海重油災害へ取り組むための情報交換や議論が行われていたいくつかのメーリングリストにおける情報ボランティアの活動の実態をとらえてみたい．

3　メーリングリストにおける情報ボランティアの活動

oil ML は，日本海重油災害がきっかけで新たに生まれたメーリングリストであり，1997年1月10日に星稜女子短期大学（現 金沢星稜大学女子短期大学部）のサイト上に開設された．

そこでは，日頃から環境問題に取り組んでいる研究者たちが中心になって，さらに，行政関係者，マスメディア関係者，重油回収作業に携わるボランティアも加わって様々な情報の提供や交換，議論などが行われた．

それらの内容は，各地の重油漂着・回収状況についての情報，マスコミが報道した日本海重油災害関連の情報，流出重油の環境への影響や健康被害，重油の処理方法，（人工衛星がとらえた流出重油の動きを地図上に表示して重油漂着状況を予測し，重油回収体制づくりに利用するコンピュータシステム）「地理情報システム（GIS）」などの専門的情報，行政の災害対応のあり方，重油回収作業にあたるボランティアに役立つFAQ（問答集）などであった．

このメーリングリストの中の議論で特筆すべきものとしては，石川県水産課の職員が，2月初めに今後の重油回収方針素案を示して意見を募り，その後の石川，福井，京都の各府県の回収方針に反映されたこと．また，環境科学や医学などの専門家たちが，流出重油の環境や健康への被害や回収方法に関する確度の高い専門的情報を様々なメーリングリストやニュースグループ，ホームページから収集して oil ML に流し，活発に議論し合いながら効果的な重油回収方法を考案して行ったことなどがあげられる（山本 1997）．

他方で，著者を主要メンバーとする Inter C net では，「重油災害情報ボランティア支援プロジェクトチーム」を1月下旬に結成し，そのメンバー1名が，鳥取県から石川県にかけて日本海重油災害の被災地をバイクで回り，モバイルギアとケータイを使用して現地のレポートを神戸在住のもう1人のメンバーに伝え，そのメンバーが，レポートを「日本海重油災害」というタイトルで2月7日から3月7日の1カ月間に6回にわたって，vuser ML（Inter C net のメー

リングリスト），oil ML や WNN ML などのメーリングリストに流すとともに，大手商用パソコン通信 NIFTY-Serve のフォーラム FACTIVE の電子会議室にも掲載した．

　また，日本海重油災害のレポートは，Inter C net の他のメンバーによって愛媛大学附属病院のサイト上のホームページにも掲載された．

4　日本海重油災害におけるデジタル・ネットワーキングの構造

　日本海重油災害におけるインターネットを活用した個々のボランティアの活動やそれらを可能にした要因や課題についての詳細は，拙著『公共圏とデジタル・ネットワーキング』で論じているので（干川 2003：139-163），本書では紙幅の都合で省略するが，1997年に発生した日本海重油災害では，災害対応に直接関わるボランティア団体や行政機関，それを報道するマスメディアが，インターネットを利用して情報発信を行い，それを専門家と情報ボランティアがインターネットを活用して支援するという形で，デジタル・ネットワーキングが展開されたといえるであろう．

　以上の日本海重油災害におけるデジタル・ネットワーキングの構造を Inter C net を中心に表現すると DNM 4-1 のようになる．

　すなわち，Inter C net のハブにあたる著者は，リスポンス協会のインターネット担当者とは，非公式の架橋型・協力的相互信頼関係とデジタル・メディア・リンクで結ばれ，リスポンス協会を介して，重油災害ボランティアセンターと加賀ボランティアセンターと間接的につながっている．また，著者は，若狭湾ボランティアセンターとは，非公式の架橋型・協力的相互信頼関係で結ばれており，丹後ボランティアネットとは，非公式の架橋型・協力的相互信頼関係とデジタル・メディア・リンクで結ばれている．

　そして，著者は，Inter C net のメンバーであり，WNN の代表者である M 氏と非公式の架橋型・協力的相互信頼関係とデジタル・メディア・リンクで結ばれている．また，Inter C net のコネクターの役割をしている VAG のメンバーは，阪神・淡路大震災後から，NVNAD が愛媛大学から提供を受けた Web サイトも含めてインターネットを活用できるように支援をしており，NVNAD と非公式の架橋型・協力的相互信頼関係で相互に結ばれている．

　他方で，著者は，oil ML，e-forum ML の代表者と，また，NHK ボランティ

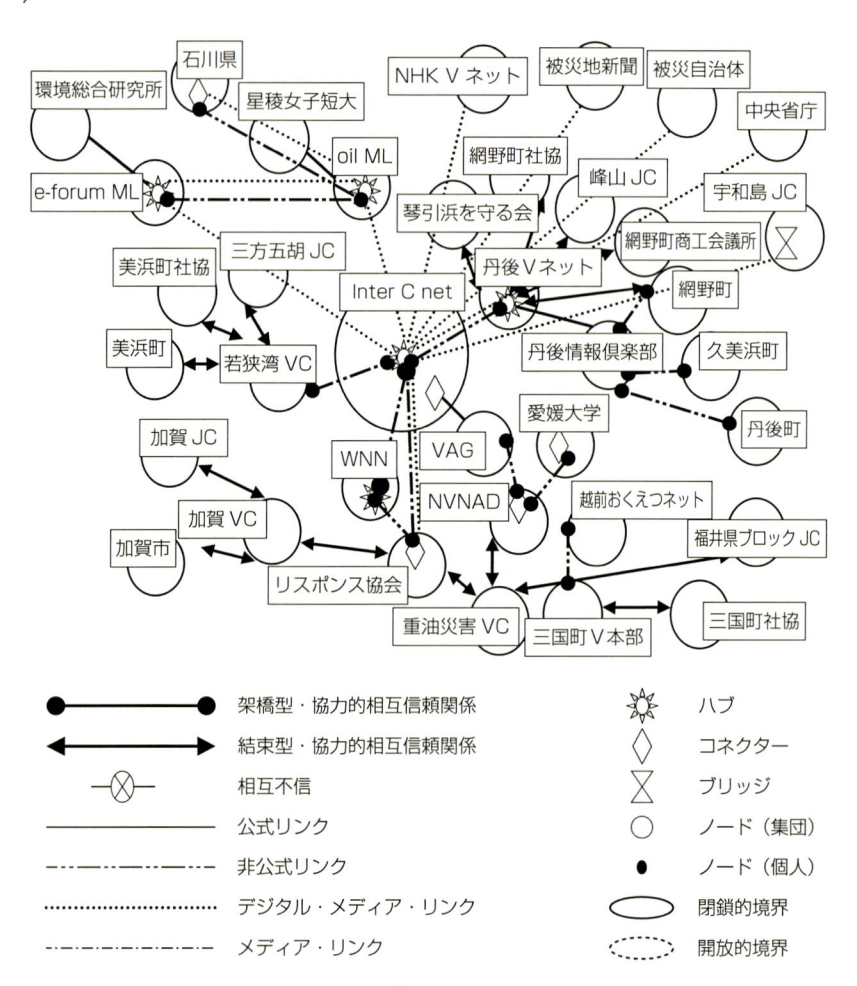

DNM4-1 日本海重油災害における「Inter C net」を中心とするデジタル・ネットワーキングの構造
(出典) 著者作成.

アネット，被災地の新聞社，被災地の自治体，中央省庁，網羅的なリンク集を提供している宇和島 JC の関係者とは，デジタル・メディア・リンクのみでつながっている．

　WNN の代表者である M 氏は，その支援対象であったリスポンス協会のイ

ンターネット担当者と非公式の架橋型・協力的相互信頼関係で結ばれており，リスポンス協会は，重油災害ボランティアセンターと加賀ボランティアセンターとは，運営団体の1つとして，公式の結束型・協力的相互信頼関係で結ばれている．

　重油災害ボランティアセンターは，運営団体であるNVNADと福井県ブロックJCと公式の結束型・協力的相互信頼関係で結ばれている．また，三国町ボランティア本部は，その運営団体である三国町社協と公式の結束型・協力的相互信頼関係で結ばれ，越前おくえつネットとは，ホームページの開設・運営を通じて，非公式の架橋型・協力的相互信頼関係で結びついている．

　加賀ボランティアセンターは，その運営団体である加賀市と加賀JCと公式の結束型・協力的相互信頼関係で結ばれている．

　若狭湾ボランティアセンターは，運営団体である美浜町と美浜町社協，三方五湖JCと公式の結束型・協力的相互信頼関係で結ばれている．

　丹後ボランティアネットワークは，その構成団体の琴引き浜を守る会，網野町社協，峰山JC，網野町商工会議所，網野町と公式の結束型・協力的相互信頼関係で結ばれている．また，丹後ボランティアネットワークの代表者がメンバーとなっている丹後情報倶楽部は，ホームページの開設・運営を通じて，網野町，久美浜町，丹後町それぞれと，非公式の架橋型・協力的相互信頼関係で結ばれている．

　その一方で，oil MLを代表者として開設・運営している星稜女子短期大学の教員のS氏は，このMLを通じて，石川県の水産課の職員と，また，e-forum MLの代表者で環境総合研究所の所長であるA氏と非公式の架橋型・協力的相互信頼関係とデジタル・メディア・リンクで結ばれている．

　しかしながら，日本海重油災害におけるデジタル・ネットワーキングの情報発信・活動主体の間の全体的な連携はほとんどとれておらず，ボランティア，行政，マスメディア，専門家，情報ボランティアなどの間の連携のあり方が今後の課題として残されたのであった．

第5章
有珠山火山災害と三宅島火山災害における
デジタル・ネットワーキングの展開と課題

　2000年3月末に発生した北海道の有珠山火山災害と，2000年6月に発生した東京都の三宅島火山災害では，災害発生直前のインターネット利用者の急激な増加に伴って，行政機関やボランティアだけでなく，被災者自身もインターネットを情報の収集・発信手段として利用するようになった．

　そこで，第5章においては，有珠山火山災害と三宅島火山災害における被災者，行政機関，災害救援ボランティア，支援者，情報ボランティアの間で展開されたデジタル・ネットワーキングの実態をとらえる．

　さらに，三宅島復興に向けてのデジタル・ネットワーキングの可能性と課題を明らかにする．

1　有珠山火山災害におけるデジタル・ネットワーキングの展開

1）有珠山火山災害におけるインターネット利用の実態

　2000年3月末に発生した有珠山火山災害では，4月上旬からインターネットが使用できるパソコンが長万部町から登別市にかけての約130kmにわたって散在する全避難所に北海道によって配備され，避難者がインターネットを通じて必要な情報を入手したり，発信したりすることができるようになっていた．これは，これまでの災害ではなかった画期的なことであるといえるであろう．

　東京大学社会情報研究所の廣井研究室による調査によれば，避難者の14.6%にあたるインターネット利用者の94.1%が，インターネットが情報収集・発信手段として役立ったと回答している．

　なお，同調査によれば，インターネットが利用できない人にとっての重要な情報源としては，自衛隊や北海道開発局などが提供した被災現場の生放送や録画ビデオやNHKテレビがあった．

　ところで，避難所でインターネットに接続したパソコンを避難者が使えるよ

うに環境を整えていたのは，現地の自治体職員とボランティアの献身的な取り組みによるものであった．

つまり，避難所（2000年8月27日にすべて閉鎖）のパソコン及びインターネット回線の保守・管理作業は，室蘭市教育委員会情報教育センターの職員と現地のパソコン・サポート・ボランティアによって定期的に行われてきたのであった．

有珠山火山災害において，このような情報通信基盤の維持・管理を含めた被災者や救援関係者などに対する情報支援活動を行ったのが「有珠山ネット」である．

その活動は，多岐にわたるが，以下のような形成過程と主な活動内容をあげることができる．

2）有珠山ネットの形成過程

有珠山ネットは，メーリングリストとホームページ上に開設された掲示板とを媒介にして，以下のような個々人が自然発生的に始めた取り組みが集積されながら形成されていった．

（1）伊達市内の被災者（のちに「有珠山ネット」代表となった冨田雪（きよむ）氏）自身によるホームページでの現地情報の発信（2000年3月28日～）．
（2）被災者や災害救援関係者に役立つ情報が掲載されているホームページ（地元自治体・政府機関・被災地内の情報ボランティア・交通機関・マスメディア等）の情報を集約して情報提供するためのリンク集（およびQ&A集）の作成とホームページへの掲載（2000年3月29日～）．
（3）大容量回線の運用・管理が可能な人を募っての「ミラーリング（特定のサイトにアクセスが集中して回線の使用が困難になるのを防ぐために，同じ内容の情報を複数のサイト（ミラー・サーバー）に置いてアクセスを分散する方法）」の実施（2000年3月30日～）．
（4）「有珠山関係掲示板」（http://www.mash-net.co.jp/usu/bbs.cgi（2013年9月4日閲覧））による被災地内外の人々の間の情報交換と共有（2000年3月30日～）．
　　2000年7月21日現在で，945件の書き込みがあった．
（5）「有珠山災害対策メーリングリスト」（usuzan ML）による被災者や災害救援関係者に役立つ情報の交換と共有（2000年3月30日～）．
　　初めは，室蘭市教育委員会情報教育センターのサイトに開設され，そ

の後，東北大学のサイトに移設される．新しいメーリングリスト「有珠山ネットメーリングリスト」に移行することで運用停止になった2000年6月16日の時点まで，やり取りされたメールが6665通であった．
（6）有珠山周辺自治体（虻田町・伊達市・壮瞥町・豊浦町・長万部町・室蘭市・登別市）の避難所（28カ所）へ配備されインターネットに接続されたパソコンの設定・維持・管理および避難者へのパソコン・インターネット利用支援（2000年4月3日～）．

3）有珠山ネットの諸活動

上記のような個々人が始めた活動が「有珠山ネット」という形で集約されて，次のような情報支援活動として展開されることになった．

（1）「有珠山ネット」ホームページ（http://www.usuzan.net/（2013年9月4日閲覧））を中心とする情報支援活動（現地情報の発信，リンク集，交通情報提供，掲示板運営，こどもコーナー運営等）．
（2）被災地内外の人たちの交流を促進し，被災地の子どもたち被災者を励ますイベント
　・「うすこい」（http://www.usuzan.net/usukoi/（2013年9月4日閲覧））．
　・「うすゆめ」（http://www.usuzan.net/usuyume/（2013年9月4日閲覧））．
　・「プロジェクト　Boo」（http://www.usuzan.net/boo/index.html（2013年9月4日閲覧））．
（3）伊豆諸島火山活動災害（三宅島火山災害および神津島群発地震災害）に対する情報支援活動（http://www.usuzan.net/miyakejima/index.html（2013年9月4日閲覧））および（http://www.usuzan.net/kouzushima/index.html（2013年9月4日閲覧））．

2　三宅島火山災害におけるデジタル・ネットワーキングの展開

　三宅島火山災害において，三宅村，東京都，気象庁や内閣府をはじめとする中央省庁などの行政機関から避難者に向けて様々な膨大な数の詳細な情報がホームページを通じて迅速に発信された．
　このように行政機関がインターネットを活用する一方で，Web掲示板とメーリングリストを中心にして，大学関係者や専門家，自営業者や企業関係者，各

種団体関係者の間で三宅島の避難者支援をめぐって情報交換や意見交換，議論が活発に行われ，いわば，被災者，行政，支援者，専門家の間でインターネットを活用した被災者支援のためのデジタル・ネットワーキングが展開されてきた．

例えば，日頃からインターネットを実務に活用してきた三宅島住民によって2000年9月の全島避難の直前の8月24日に結成された「島魂　三宅島ネット」（図5-1）は，現地取材も含めて様々な情報源から情報を収集しホームページによって情報発信をし続けている．

3　三宅島火山災害におけるデジタル・ネットワーキングの実態と課題

三宅島火山災害では，三宅村商工会職員のM氏が7月3日から全島避難指示による島外避難最終期限日の9月4日まで毎日，「今日の三宅島」というタイトルで現地の状況を有珠山ネットが開設した「三宅島災害対策メーリングリスト」にメールで報告し，それを有珠山ネットのメンバーが三宅島関連のホー

図5-1　全島避難前の「島魂」のWebページ
（出典）http://www.miyakejima.net/index2000827.html（2013年9月4日閲覧）．

ムページに掲載してきた．

　8月24日から，三宅島在住の6人が，情報支援グループ「島魂　三宅島ネット」(http://www.miyakejima.net/)(2013年9月4日閲覧))を結成し，現地からの情報や被災地住民としての意見や主張を画像を併用してホームページで発信し，また，島内外の人たちの情報交換のために「島魂」掲示板をホームページ上に設置・運営してきた．

　島魂のメンバーが発信した情報は，マスメディアを通じて全国の人たちの目にふれることになった．例えば，M氏の「今日の三宅島」は，『朝日新聞』東京本社版の夕刊にそのままの形で掲載されたり，メンバーのI氏がデジタルカメラで撮った低温火砕流(2000年8月29日早朝発生)の写真が『朝日新聞』東京本社版朝刊の第1面に掲載された．

　また,「三宅島災害対策メーリングリスト」を流れたメールの内容をもとにして，三宅島の人たちの生活状況や心情などが『朝日新聞』の「天声人語」にしばしば掲載されていた．

　このように，三宅島火山災害においてはインターネット上の情報は，マスメディアの重要な情報源となっていた．

　上述のように,「島魂」掲示板と「三宅島災害対策メーリングリスト」を中心にして，大学関係者や専門家，自営業者や企業関係者，各種団体関係者の間で三宅島の避難者支援をめぐって情報交換や意見交換，議論が活発に行われ，いわば，インターネットを媒介にした民・官・学・産・メディア間の情報流通面での連携が行われていた．

　しかしながら，こうした情報流通面での連携は，掲示板と自動登録メーリングリストという不特定多数の様々な立場の人々が参入できるヴァーチャルな空間内で行われているため，しばしば，面識のない立場の異なる人たちの間で見解が対立し激しい論争や行政批判，マスコミ批判などが展開され，その矢面に立たされる人たちにとっては，堪え難い状況が生じてしまう．

　その結果，特に行政関係者は(一部の人たちを除き),「島魂」掲示板と「三宅島災害対策メーリングリスト」で激しい論調で行政批判をする人たちに対して警戒心をいだいてしまい，三宅島の避難者支援のための各地域での諸施策の実施に際して，民間側との連携に消極的にならざるをえなくなった．

　例えば,「三宅島災害対策メーリングリスト」に加入し，しばしば批判の矢面に立っていたある東京都の幹部職員は,「三宅島災害対策メーリングリスト

に入っていると，いろいろと激しく非難され，狂信的な宗教団体に付け狙われたようで，非常につらく精神衛生上よくなかった．メーリングリストから脱けたら，精神的にすっきりした」と漏らしていた．

そこで，民・官・学・産・メディア間の「顔の見える信頼関係」に基づく「地域に根ざした」連携が，東京都を中心として各地に分散して避難している三宅島住民に対する支援活動を効果的に展開するために必要不可欠であることが明らかになった．

4 「三宅島と多摩をむすぶ会」と「アカコッコ——三宅・多摩だより——」

平常時からの「顔の見える信頼関係づくり」が災害対応に役立った例としては，火山災害による三宅島から多摩ニュータウン地区への島民避難を契機にした，「多摩・未来」から「三宅島と多摩をむすぶ会」(以下,「むすぶ会」)への活動展開があげられる．

多摩ニュータウン地区で福祉・環境・産業振興などの諸活動に携わっている人々がメーリングリストを通じて地域の諸課題について情報や意見交換を行う場である「多摩・未来」のメンバーは，三宅島火山災害を契機にして，阪神・淡路大震災以来の国内各地の大災害において被災者支援活動を行ってきた人たちと協力して，2000年9月6日に「むすぶ会」を結成し，多摩ニュータウン地区での三宅島避難者に対する支援活動という「地域に根づいた」活動をメーリングリストを通じて展開してきた．

その主な活動として，著者が編集責任者として携わっていた，多摩ニュータウン地区の三宅島避難者への情報提供を目的とした情報紙「アカコッコ——三宅・多摩だより——」の編集・作成・配付活動があげられる（図5-2・図5-3）．

そして，「アカコッコ」を発行していた「むすぶ会」は，2005年2月1日の全島避難指示解除により三宅島住民が避難先から帰島するのに伴い，同年1月16日に解散し，「アカコッコ」は大妻女子大学人間関係学部干川研究室が発行を引き継ぎ，配付を希望する三宅島住民や支援者に郵送で配付されることになった．

ここで，「むすぶ会」を中心とした三宅島火山災害におけるデジタル・ネットワーキングの構造を示せば，DNM 5 - 1のようになる．

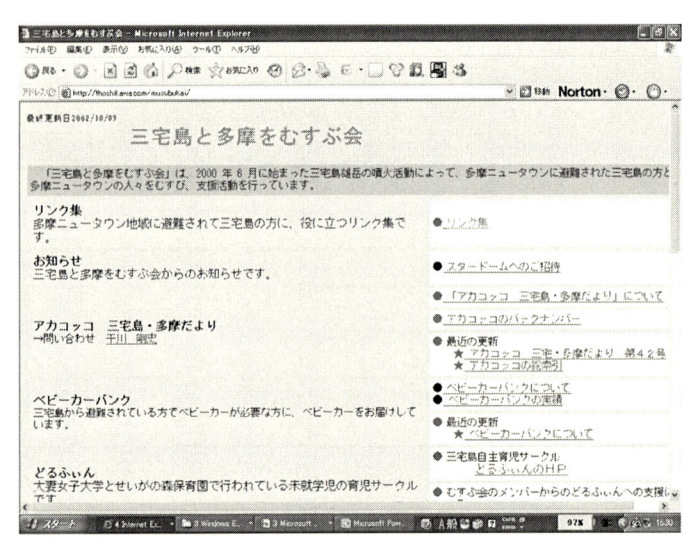

図5-2 「三宅島と多摩をむすぶ会」のWebページ
(出典) 干川 (2009：140).

　すなわち，「むすぶ会」の初代の代表者であったI氏は，東京都立大学の教員であり，都立大学の学生や大学院生ともに，また，I氏が代表をしている「多摩・未来ML」のメンバーとともに，「むすぶ会」の活動に参加することで，I氏を介して，「むすぶ会」，都立大学，「多摩・未来ML」が，公式リンクで結びつくことになった．
　2代目の「むすぶ会」の代表者であった著者は，大妻女子大学の教員であり，Inter C netと「静岡県災害情報支援システム研究会」のメンバーであり，また，「日本災害情報学会」の学会員・広報委員長であり，東京いのちのポータルサイトの副理事長であり，これらの団体とは，公式リンクで結びついていた．なお，「静岡県災害情報支援システム研究会」の代表者とその事務局を担当している静岡県危機管理局の幹部職員は，日本災害情報学会の学会員であり，著者とは，学会を通した公式リンクでの結びつきもあった．
　そして，著者は，「有珠山ネット」の周辺的メンバーとして，「島魂　三宅島ネット」と関わることで，この2つの情報支援グループとは，非公式の架橋型・協力的相互協信頼関係とデジタル・メディア・リンク（有珠山災害対策ML・三宅島

第5章　有珠山火山災害と三宅島火山災害におけるデジタル・ネットワーキングの展開と課題　　81

図 5-3　情報紙「アカコッコ——三宅・多摩だより——」の紙面
(出典) 干川 (2009：141).

災害対策 ML 等) で結びついていた．さらに，支援対象である八王子市内の三宅島住民の避難先団地島民会とそれらの首都圏の連合体である「三宅島島民連絡会」と非公式の架橋型・協力的相互協信頼関係で結びついていた．

このような結びつきによって，著者は，これらの諸団体の間を媒介する位置

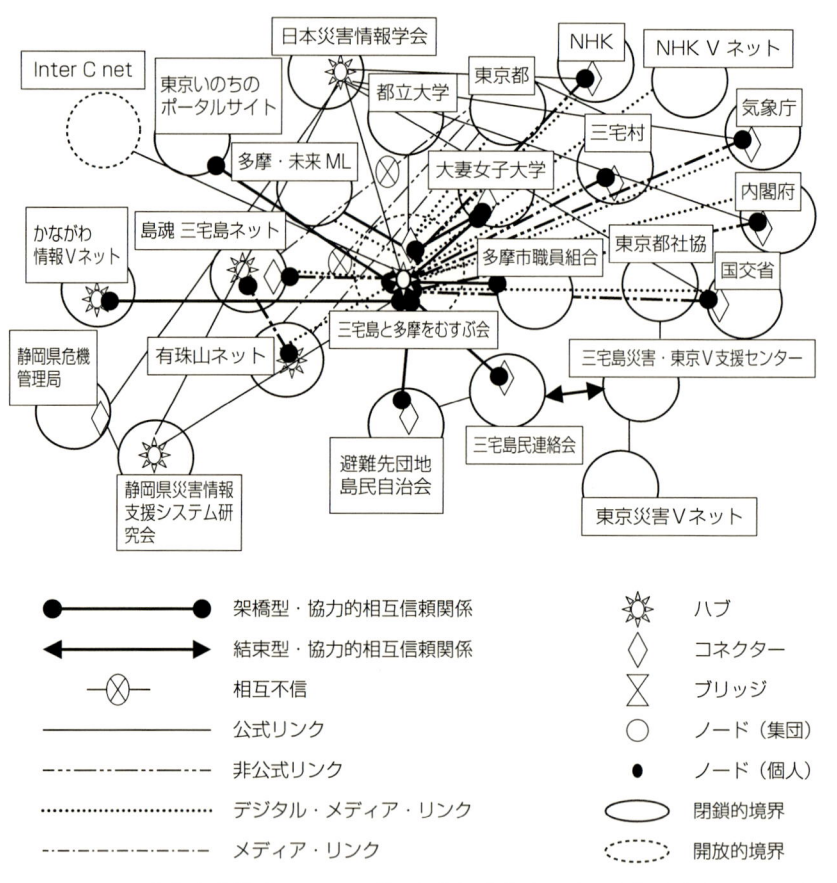

DNM5-1 三宅島火山災害における「三宅島と多摩をむすぶ会」を中心とするデジタル・ネットワーキングの構造
(出典) 著者作成.

を占めていた.

　他方で，著者は，気象庁，内閣府，国交省，東京都，三宅村，NHK ボランティアネットとは，それぞれの Web ページに掲載されている情報の「アカコッコ」への転載を依頼し承諾を得ると言う形で，非公式の架橋型・協力的相互協信頼関係とデジタル・メディア・リンク（Web 及びメール）によって結びついていた. なお，気象庁，内閣府，国交省それぞれの担当者は，日本災害情報学会の会員

であり，この学会のルートを通じて，情報提供を依頼する場合も多々あった．

また，NHKとは，日本災害情報学会の会員である災害担当解説委員のY氏の取材協力や番組出演などを通じて，非公式の架橋型・協力的相互協信頼関係とデジタル・メディア・リンク（主にメール）によって著者は，結びついていた．

そして，「むすぶ会」の事務局を担当していた多摩市職員組合と著者は，主に「アカコッコ」の印刷・配付作業を通じて，非公式の架橋型・協力的相互協信頼関係とデジタル・メディア・リンク（むすぶ会MLとメール）によって結びついていた．

他方で，三宅島島民連絡会は，東京都社協と「東京災害ボランティアネットワーク」を構成団体とする「三宅島災害・東京V支援センター」の支援を受けて運営されると言う形で，これらの団体と非公式の結束型・協力的相互信頼関係で結ばれていた．

5 三宅島復興に向けてのデジタル・ネットワーキングの展開

2000年6月に発生した三宅島の火山災害では，住民が4年5カ月にわたる長い期間，北海道から沖縄までの各地でバラバラになって避難生活を送ることを余儀なくされた．

これによって，住民の生活が疲弊し，住民同士の絆が解体し，帰島後の住民の生活や地域社会の再建が困難になっている．

このような状況の改善を目指して，2006年から三宅島内外の志をもった様々な立場の人々が，互いにアイディアを出し合い，協力し合うことによって三宅島の復興への取り組みが進展してきた．

首相官邸「都市再生本部」の平成18（2006）年度『都市再生モデル調査事業』「三宅島の火山等の現状を活かした地震・火山，危機管理，防災まちづくり等の学習拠点としての観光立島」は，NPO法人「海洋研修センター」が構想・企画し，三宅村の推薦の下に，首相官邸「都市再生本部」に申請して採択され，三宅島の観光協会・商工会・漁協・農協等と連携して実施された．

このモデル調査事業の目的は，過去4回にわたる噴火経験の語り手を見つけることなどにより，三宅島を企業や自治体等の危機管理者の研修の場にして，島外から研修者が年間を通じて来島するようにし，観光業を中心とした島内の経済活性化を図ろうというものである．そして，以下のような内容でモデル調

査事業が実施された（NPO法人海洋研修センター 2007：1-4）．

① 大型ヨットによる横浜〜三宅島間のクルージング調査モデルツアー
② 島内調査及び島民ヒアリングの実施
③ ワークショップ（ミニフォーラム）の開催

2006年に実施したモデル調査事業の中心メンバーが，東京都と三宅村の承諾を得た上で，三宅島内の経済団体や島内外の有志と「三宅島人材受け入れ連携協議会」（略称，「三宅島人連協」）を立ち上げ，2007年度に国土交通省「地域における人材の受け入れ体制の整備支援モデル事業」を実施した．

「地域における人材の受け入れ体制の整備支援モデル調査事業（東京都三宅村）仕様書」によれば，このモデル事業の内容は，以下の通りである．

① 住居等人材受け入れ環境の整備に関する調査
② 観光客誘致のための専門的人材の受け入れ
③ 地域資源の生産・加工・流通・販売の活性化
④ 地震・火山等の自然環境を活かした専門的人材の受け入れ
（三宅島人材受け入れ連携協議会 2007：1）

観光や産業，福祉などの各分野で，島の現状を改善したいと考え，いろいろな努力を始めている三宅島の人々が，今最も必要としている人材は，新しい発想力や斬新な企画力をもって，島内の人々の思いや努力をつないで，新しい仕組みやネットワークを作り出し，地域活性化につなげていく，コーディネーター的な人材である．

これから大量に退職する団塊世代の中で，これまでの経験を活かして地域で何か役に立ちたいという人たちに，こうした取り組みについての情報を提供して働きかけていけば，三宅島で必要とされる能力や知識・技能を持った人材を見つけ出すことができるのではないか．

他方で，長期的な島の将来の担い手づくりを考えた場合に，学校の生徒や大学生などの若者の受け入れ機会を様々な形で作り出していくことは，将来の島の人材育成という観点から重要である．

例えば，各種のマリンスポーツなど自然豊かな環境を資源とした体験教室の開設や，大学で社会福祉を専攻する学生をボランティアや実習という形で，人手不足に悩む三宅島の介護・福祉施設で短期的に受け入れていくことなどが考

えられる．
　このような教育や体験学習を経て育った若者が，全国各地で地域の活性化の担い手となって貢献し，その何％かが三宅島に帰ってくることも期待される．
　自然豊かな島の環境を魅力と感じて島で暮らしてみたい，何かやりたいと思っている若者はたくさんいる．実際に，最近，三宅島に移り住んできた若者もいる．
　そこで，住宅や就労の場の確保など，このような若者が島に定住していく条件を整備することは，島の将来を考えれば必要不可欠である．
　このような人材受け入れモデル事業の成果を踏まえて，平成20（2008）年度から「三宅島人連協」による，三宅島復興に向けて新たなプロジェクトが展開されることになった．

6　三宅島「灰干しネットワークプロジェクト」

1）「灰干しネットワークプロジェクト」の概要

　三宅島においては，離島という困難な立地条件と高齢化の影響で漁業も厳しい衰退の波を受けており，それに2000年の火山災害が追い打ちをかけ，漁獲量は，激減し，全島帰島後の平成19（2007）年の漁獲量は，噴火前の平成11（1999）年の漁獲量の数量換算で4割程度，金額換算で7割程度にしか過ぎない．
　2007年6月に，三宅島漁業協同組合（漁協）による定置網漁が復活したが，東京までの運搬費用の面で採算に合わないゴマサバ等の魚種は沖でそのまま捨てている状態であり，獲れるにも関わらず使用量が少ないために獲らないトビウオなどの未利用魚種がたくさんある．
　この豊富な未利用魚種を，三宅島の火山灰によって「灰干し」に加工して付加価値をつけて，島内民宿やレストランの特色ある料理や土産として活用するだけでなく，東京や全国にも出荷できる．
　このような新たな事業が創出されることで，高齢化の進む漁師の後継者確保を通じて漁業や水産加工業復活が可能となり，また，島外の若者や退職者のUJIターンの人材を受け入れ島内の産業を活性化させるきっかけともなる（三宅島人材受け入れ連携協議会 2008：2）．
　このような目的をもって，三宅島「灰干しネットワークプロジェクト」が企画され，首相官邸「地域活性化統合本部会合」平成20（2008）年度「地方の元

気再生事業」に申請し，採択され，平成20 (2008) 年度からプロジェクトが実施された．

このプロジェクトの契機となったのは，2008年2月に伊豆半島の稲取温泉において国土交通省主催で開催された「地域の担い手育成フォーラム」で，「三宅島人連協」の関係者と瀬戸内海の笠岡諸島で地域振興に取り組む人たちが知り合ったことである．

このフォーラムにおいて，瀬戸内海の笠岡諸島でも，三宅島と同じく，漁業者の高齢化と多くの魚種が採算に合わないため捨てられるか獲られない状況にある．また，笠岡諸島は，中世からの花崗岩の産地・加工地として大阪城の築城でも活躍した歴史を持つ島々である．そして，産業廃棄物として捨てられている三宅島の火山礫や火山灰を，灰干し加工に使用しうる細粒に加工するためには，石材加工の技術が必要であり，三宅島と笠岡諸島が連携し相互補完できることが判明した．

さらに，三宅島の魚と火山灰で，三宅島の漁業や水産加工産業を活性化させるという当初の考え方から，同じ悩みを持つ離島が連携して，それぞれの技術や資源を，連携して相互補完し，加工製品化するとともに，季節による魚種の違いや地域の違いを利用して，全国に販売ルートを構築することが話し合われた．

そして，2008年3月中旬に，三宅島人連協の主要メンバーが，笠岡諸島を訪問し，三宅島の火山灰（工事現場の残土や砂防ダムの排出土における火山礫，スコリア，火山灰地層）を石材加工場がある笠岡諸島に送り，桜島の火山灰やシラスのサンプルとともに，三宅島の灰干し用火山灰を実験試作することを打ち合わせた．笠岡諸島の各島の水産物加工所，冷蔵庫，冷凍設備も視察し，灰干し加工に適していることが確認された．

数年前から三宅島人連協の主要メンバーが，地域再生やグリーンツーリズム等で関係のある島根県地域振興部，浜田市や浜田漁協，隠岐の島町地域振興課等と連絡を取り，太平洋の三宅島と，瀬戸内海の笠岡諸島と，日本海の飛島が，ネットワークを形成してそれぞれの島のそれぞれの季節の魚を，高級干物「灰干し」としてそれぞれが加工し，共同で販売ルートを構築する方策を検討した．

販売のための新しいルートは，三宅島人連協や島根県浜田漁協等が連携を構築中の自然食品を取り扱っている自然派の全国各地の生協や，全国商店街エコステーション・ネットワークが，各島各地と連携して構築する．

自然派の生協や全国の商店街は，大手のスーパーに代表される全国主力物流

ルートが取り扱っていない安全で安心な特長ある商品を販売することで，大手スーパーに対抗して生き残ることができる．離島などの小さな生産者と，商店街や独自商品の生協などの小さな販売者とが，直接連携して（共働），相互補完して製品化し（共創），販売ルートをいっしょに構築する．生産者と販売者と地域の住民が，生産から消費までのルートと情報を共有するシステムを構築する（三宅島人材受け入れ連携協議会 2008：2-3）．

以上が，三宅島「灰干しネットワークプロジェクト」の目的である．

このような目的の達成を目指して，2008年度において，三宅島「灰干しネットワークプロジェクト」が実施されたが，その結果は以下の通りである．

2）三宅島「灰干しネットワークプロジェクト」の展開

平成20（2008）年度 地方の元気再生事業事業実施調書「『灰干しネットワークプロジェクト』による地域再生全国ネットワーク構築」によれば，2008年度のプロジェクトは，3つの取り組みに集約され，それぞれの取り組みの成果は，次の通りである（http://www.kantei.go.jp/jp/singi/tiiki/genki/090306/045-jisshi.pdf（2013年9月4日閲覧））．

取組①　産業実態調査と日本灰干し協会の設立

実施内容としては，島の産業実態調査（漁種・設備・人材等の調査）が，2008年9月～11月に3島において各島2回，計6回の実態調査が行われた．

つまり，各漁協の漁獲漁種等を調査して，灰干しの対象漁種を洗い出すとともに，今期の試作漁種を選び出した．また，加工や冷凍保存の設備を調査し，担い手について各島で話し合いの場を設定した．さらに，灰干し以外の各島の地域資源も調査して，食用草花など島の特長ある特産物を連携して販売し集客する方法について島民と話し合った（http://www.kantei.go.jp/jp/singi/tiiki/genki/090306/045-jisshi.pdf（2013年9月4日閲覧））．

この取り組みの成果としては，まず，産業実態調査の結果，3島共に未利用資源としての漁種が多く，海苔や焼きアゴだし（トビウオ節）など島の繁忙期が2カ月くらいと短く，10カ月分の人材と施設が活用されていないため，灰干しへの関心と期待が高い．

灰干し以外にも，食用草花や海藻類など，それぞれの島の特色を活かした商品化できる資源はたくさんあり，また，灰干しの販売ルートに順次乗る可能性がある．これらのことが明らかになった．

取組② 火山灰加工テスト・灰干し製品化実験と試作研修・交流料理講習

実施内容としては，灰干し製品化材料試験・試作・試食が，三宅島，笠岡諸島の北木島，白石島，高島，真鍋島の4島で2008年10月～2009年2月まで実施された．

その結果，飛島と酒田の山形県漁協において，製法の概要マニュアルを作成して灰干しの試作研修を行い，三宅島，北木島，白石島，酒田で試作を行った．

その際に，セロハン紙や布や不織布の材質についての試用実験を失敗も重ねながら繰り返した．また，塩分濃度も各地で伝統的な干物作り製法が違うため試行錯誤しながらも，笠岡においては市民70名を対象に試食会を開催した．また，酒田や三宅島においても，先発メーカーの灰干しを取り寄せて，自分たちの試作品と食べ比べてみるなどの実験を重ねた (http://www.kantei.go.jp/jp/singi/tiiki/genki/090306/045-jisshi.pdf（2013年9月4日閲覧))．

この取り組みの成果として，三宅島の火山灰を，笠岡諸島で灰干し用に加工する加工実験に成功し，その火山灰で灰干し試作も成功した．

しかし，生協の専門的管理者による生産現場視察により，灰干し加工予定場所の衛生管理が指摘されているので，その対策を講じなければならないことが明らかになった (http://www.kantei.go.jp/jp/singi/tiiki/genki/090306/045-jisshi.pdf：2 (2013年9月4日閲覧))．

取組③ 事業を継続して行うための「灰干しネットワークプロジェクト」のネットワーク実施体制の検討と構築

実施内容としては，2008年11月～2009年2月にかけて，情報発信の為のホームページとメーリングリストの作成が行われ，事業継続母体としてのLLPの設立準備と，各島・各現場への説明と参加推進が実施された．

具体的には，実態調査や試作研修や試作実験等の場を活用して，生産体制・品質管理・販売ルート等の話し合いを3諸島で行った．つまり，各島が孤立して生産や販売を行うのではなく，各島が連携して，しかも販売側とも協働して，生産から販売までのネットワークをいっしょに構築するという目標について話し合った．

2008年12月～2009年1月の試作や試食を通じて，生産者と販売者が，「顔の見える関係」を築き始めた．

また，顔の見えるアナログのネットワークを基礎として，その上にホームページやメーリングリストのデジタルのネットワークを2月中旬に構築した．

このように，顔の見える関係を作りながら，デジタル・ネットワークを媒介にして，事業を継続的に行うための連携協働事業母体であるLLPへの理解と主体的参加をいっしょに作り上げる段階に入った (http://www.kantei.go.jp/jp/singi/tiiki/genki/090306/045-jisshi.pdf：2（2013年9月4日閲覧))．

この取り組みの成果としては，「灰干し」に関する関心は，各島の漁師や地元各層においても大変高く，島の未利用資源の商品化と，付加価値化について理解が得られた．試作実験を通じて，品質の安定や衛生管理等を理解しながら，繁忙期以外の時期に，空いている施設と人材を活用するという「できる時期に，できる人で，できる量だけ生産する」という無理をしない生産体制の構築に向かって1歩を踏み出した．販売側でも，灰干しに関する関心は高く，生産者と販売者との協働の場の設定は可能となった．

今後は，今まで島の中で孤立していた生産者を，販売者と専門家がいっしょになって島間でネットワークしていく外部との「顔の見える関係づくり」が第一の目標である．本土の商店街と島の生産者がいっしょになって試食会を行った笠岡の実例を拡大実行して，山形でも，飛島と酒田の商店街との連携，三宅島と東京のレストランとの連携などの連携活動を積み重ねて，協働事業体LLPへの道筋をつけていくことが課題であることが明らかになった (http://www.kantei.go.jp/jp/singi/tiiki/genki/090306/045-jisshi.pdf：3（2013年3月13日閲覧))．

以上のような取組の実施を踏まえた反省点としては，小さな島や地域では，新しい試みや早急な取り組みは排除されやすいことである．

灰干しは準備が比較的簡単でわかりやすく試作できるため，島の人たちが参加しやすい取り組みであり，3〜5カ月で試作から試食，そして生産を考える段階まできた．

しかし，このような事例は珍しく，3島以外に展開する時も，慎重に取り組む必要がある．3島でも，漁業関係者とそれ以外の人たちとの間で，温度差がまだまだあり，慎重に実験を繰り返しながら確実な前進を図る必要がある．

ところで，このような事業結果に対する所管官庁からの総合的な評価は，以下の通りである (http://www.kantei.go.jp/jp/singi/tiiki/genki/090306/045-hyouka.pdf（2013年9月4日閲覧))．

幸いなことに，全ての評価項目において評価が高く，「地方の元気再生事業」の趣旨に鑑みて優れた取組であると評価され，次年度の継続への道が開かれることになった (http://www.kantei.go.jp/jp/singi/tiiki/genki/090306/045-hyouka.pdf：2

（2013年9月4日閲覧））．

3）「灰干しネットワークプロジェクト」の成果

　平成21（2009）年度の「灰干しネットワークプロジェクト」の活動計画によれば，平成21（2009）年度は，三宅島・笠岡諸島・飛島の3島だけではなく，全国各地の離島をはじめ，高齢化と遠隔地という不利な条件にある地域の小さな漁協や生産者と連携して，共同のノウハウによる加工と共同の販売ルートを，3地域から15地域程度に拡大した．

　また，LLP（Limited Liability Partnership：有限責任事業組合）によって，自然派生協や「全国商店街エコステーション・ネットワーク」等の販売ルートの「灰干し」販売を本格稼働し，初年度の実験販売実績により販売計画を策定する．そして，「灰干し」だけではなく，同じ悩みを持つ離島が連携して，それぞれの技術や資源を，連携し相互補完し共有して，加工し「再商品化」して，各島の特産物を流通させるとともに，相互に交流して研修を行い，新たな商品開発も共同で行った（干川 2009：178）．

　このような「灰干しネットワークプロジェクト」の新たな展開も含めて，著者は，現地調査と参与観察を行い，その実態と課題が以下のように明らかになった．

　まず，2008年から「灰干しネットワークプロジェクト」による三宅島・笠岡諸島北木島・飛島の三島の技術交流が行われた結果，北木島では，2008年9月から灰干しの試作を開始して，2009年7月9日に「株式会社 島のこし」が設立され，「灰干し工場」が2009年11月18日に完成し落成式が行われた（株式会社ラフ・三宅島人材受け入れ連携協議会・灰干しネットワークLLP 2010：89）（図5-4）．

　その後，人材育成と生産体制を確立して，パッケージ等のデザイン等の商品化を行い，出荷を開始した．大理石づくりの灰干し工場が大きな反響を呼び，NHKテレビで全国放送されたのをはじめ，多数の新聞や雑誌にも取り上げられた．

　その結果，工場オープンからすぐに，生産が注文に追い付かない状態となり，1セット3000円で販売し，1日30万円の売り上げを記録した．

　ちなみに，灰干し工場の生産能力は，女性従業員4名が1日当たり最大400匹を加工するので，4匹入りセットで100セットである（株式会社 ラフ・三宅島人材受け入れ連携協議会・灰干しネットワーク LLP 2010：89）．

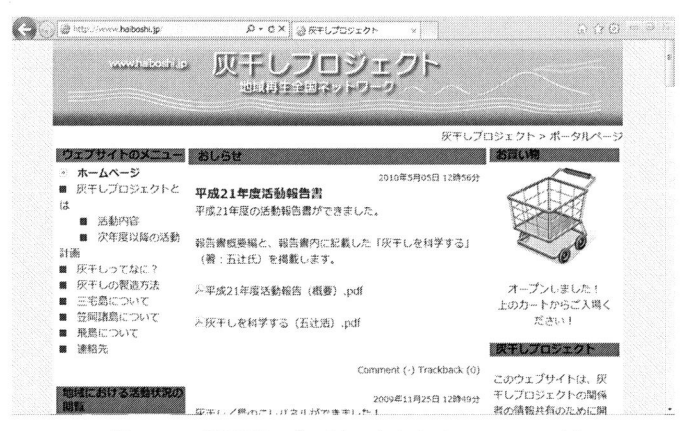

第5章 有珠山火山災害と三宅島火山災害におけるデジタル・ネットワーキングの展開と課題 *91*

図5-4 「灰干しプロジェクト」のWebページ
(出典) http://www.haiboshi.jp/ (2013年9月4日閲覧).

　また，生産者と販売者と専門家を組合員とするLLPとLLC (Limited Liability Company：合同会社) を設立・登記して事務局機能を立ち上げ，同時に灰干し販売のための受発注システムを稼働させた（株式会社 ラフ・三宅島人材受け入れ連携協議会・灰干ネットワーク LLP 2010：89).
　また，「株式会社 島のこし」も独自に「楽天市場」と提携してインターネットを通じて灰干しの販売を行っていた.
　それと並行して，山形県酒田市，宮城県南三陸町，大阪市，笠岡市，鹿児島市等の商店街と神戸市に拠点を置く「コープ自然派」生協等が連携して，広報及び販売実験を8回行い，価格体系構築等のためのマーケティングを実施した.
　さらに，灰干しネットワークプロジェクトは，灰干しの試作や講習会や調査の実施を通じて，三宅島・笠岡諸島北木島・飛島の三島から北海道から鹿児島までの全国15地域へ，すなわち，北海道釧路市，宮城県南三陸町，石川県輪島市，静岡県伊東市，笠岡諸島白石島・真鍋島，愛媛県上島町弓削島・三瓶町，島根県出雲市・浜田市・飯南町，福井県小浜市，宮崎県五ヶ瀬町，鹿児島市の地域へと展開した.
　各地域での灰干しの試作や研修・講習では，さんま（北海道釧路市），ホタテ・サケ（宮城県南三陸町），金目鯛（静岡県伊東市），鯛・きす・太刀魚（愛媛県上島町弓削島及び笠岡諸島白石島・真鍋島），ノドグロ（島根県浜田市），ヤマメ（島根県飯南町）が灰干しの材料として使用された.

そして，笠岡諸島北木島では，灰干しの販売の段階に至り，南三陸町，伊東市，浜田市では，試作から販売の段階に入る状況となった（株式会社ラフ・三宅島人材受け入れ連携協議会・灰干しネットワークLLP 2010：89-90）．
　また，笠岡諸島北木島では，灰干しづくり体験を中心とした「北木島おこしツアー」を2010年2月より開始し，週末に多数の人びとが参加する盛況を見せている（株式会社ラフ・三宅島人材受け入れ連携協議会・灰干しネットワークLLP 2010：66）．
　そこで，著者は，「北木島おこしツアー」の実態を把握するために，2010年8月6日と同年11月3日に，このツアーに参加し，参与観察による現地調査を行った．
　8月6日のツアーでは，午前9時発の水上タクシーで笠岡港を出発し北木島豊浦港に着岸し，送迎車で「株式会社 島のこし」の灰干し加工場に到着する．そこに荷物を置いて，チャーターした漁船に乗って流し網による漁獲体験ツアーを行う．この日は猛暑で，網にはクラゲが大量に入っていたが，タコと真鯛やキスなどが十数匹獲れた以外に収穫はなかった．
　その後，灰干し加工場見学と灰干しづくり（火山礫を石製工具と石臼を使ってすり潰して火山灰を作る．真鯛等の魚を二枚に開いて血抜きをし，塩水につけ灰干しの下ごしらえをする）体験ツアーを行い，昼食で灰干しのチラシ寿司や魚各種の灰干し焼きを食べる．
　食後に，灰干しプロジェクトについて説明を聞き，北木島島内を見学し，石材採掘場などの観光スポットを回る．
　そして，水上タクシーで笠岡港に到着し，ツアー終了となる．11月3日のツアーは，笠岡港―北木島豊浦港間は水上タクシーではなくフェリーでの往復であったことと，漁獲体験ツアーと北木島島内ツアーが無かったこと以外は，8月6日のツアーと同様であったが，昼食の際に，灰干しチラシ寿司は無くて，魚各種の灰干し焼の食事とマトン・イノシシ・タイラギ貝の灰干し焼の試食が行われたことが，新たに付け加わった体験であった．
　ちなみに，2014年2月22日現在，株式会社 島のこしは，「魚々干（とっとほし）」という名称で瀬戸内海で獲れる魚介類の灰干しの製造販売を行っている．
　この経緯について，かさおか島づくり海社のWebページに，「現在，特産品として開発し販売しているものは北木島の『灰干し』です．この灰干しは，火山の噴火で大きな被害を受けた三宅島の復興を支援する目的で，北木島の石材

加工技術を使い大きな火山礫をきめ細かい灰状にし，瀬戸内海の豊富な魚を使い作られています．北木島の『灰干し』はブランドとしての付加価値をつけるため，『灰干し』から『魚々干（とっとほし）』と商品名を改め，販売しております」と記載されている（かさおか島づくり海社：http://www.shimazukuri.org/（2014年2月19日閲覧））．

そして，「魚々干（とっとほし）」は，笠岡「道の駅ベイファーム」の笠岡諸島特産品コーナーで目玉商品として販売されている．

4）「灰干しネットワークプロジェクト」の課題

今後の課題としては，まず，漁師や漁業協同組合（漁協）という生産者が，自ら漁獲・加工・販売するという方式は，非常に難しいということがわかった．つまり，漁師や漁協は，漁獲専業であり，加工や新しい販路の開拓にはきわめて消極的であることがわかった．

したがって，漁師や漁協は原材料調達先としてのみの関わり方に限定して，加工と販売は，地域の別な人たちが，商店街や販売者や専門家と連携しながら加工・販売ネットワークを作り上げ，事業を展開していくことが有効であることがわかった．

灰干しの試作から販売実験までの段階は，このネットワークを通じて事業を展開することは可能であるが，しかし，灰干しの生産体制構築の段階では，大型冷蔵庫・冷凍庫などの設備を含めた加工所が必要となり，それを建設するための設備投資を助成し，起業を支援する仕組みが必要である．

また，灰干しの販路の構築についても，生産者側の立場と販売者側の立場を両方考慮した価格体系や取引条件の設定に，加工生産者も販売者の双方で苦慮している．この問題の解決には，1つ1つ具体的な事例をこなしながら，情報を共有し合って販売実績を伸ばすことが必須であろう．

そして，LLPやLLCについての認知度が皆無に等しく，生産者にも販売者にも，LLPへの参加を要請するのにかなりの時間と手間が必要であった．

生産者と販売者と専門家が一緒に連携して，自ら一員として全国的なネットワークを構築・運営していくという新しいビジネスモデル，いわゆる「6次産業」モデルでは，作って売る，仕入れて販売するという従来の販売ルートとは違って，生産者，卸売販売者，販売者という流通ルート全体に関わりながら，生産者や販売者という自分の立場もわきまえて主張する，という広い視野に

立った思考・行動様式が参画者に求められる．

　しかしながら，生産者にしてみれば，販売先の相手と一緒に考えながら価格体系を決めなければならないので，利害関係が複雑で厄介だと考える参画者と，目先の利害にとらわれず将来を見据えた広い視野で考える参画者との間で，しばらくは，互いにせめぎ合いながら試行錯誤が続くことが予想される．

　さらに，灰干しネットワークプロジェクトにおける情報通信技術の活用については，「灰干しネットワークプロジェクト」のWebサイトのショッピングサイトを各地域の生産者が，地区ごとに自ら構築し，商品情報を日々更新できるようにするために，各地でショッピングサイトの構築・運営のための講習会が開催されたが，大部分の生産者は，ショッピングサイトを構築・運営するのに必要な水準の知識・技能がなく，個別のショッピングサイトを運用することができなかった．

　そこで，ショッピングサイトを作動させるプログラムを簡略化し，各地で生産者対象の講習会を再度行い，懇切丁寧な個別技術指導・支援体制をつくることが不可欠である（株式会社ラフ・三宅島人材受け入れ連携協議会・灰干しネットワークLLP 2010：91-92）．

　このような三宅島「灰干しネットワークプロジェクト」においては，3地域の実施主体間の連絡・調整には，メールやメーリングリストが常時活用されており，また，図5-4のように地図情報システムと連動したWebページが設置され，このプロジェクトの目的や成果などが公表されており，まさに，最新の情報通信技術を駆使した「デジタル・ネットワーキング」が展開されているといえるであろう．

　以上の三宅島の復興支援を目的として展開された，著者を代表とする「三宅島人材受け入れ連携協議会」を中心としたデジタル・ネットワーキングの構造は，DNM5-2のように描き出されるであろう．

　すなわち，「三宅島人連協」の会長である著者は，その構成団体（都立三宅高校，三宅村，三宅村商工会，三宅島観光協会，三宅島漁協，三宅島森林組合，三宅島ふるさと再生ネットワーク，株式会社ラフ，NPO法人海洋研修センター）それぞれの代表や担当者と公式リンクで結ばれている．

　また，著者は，Inter C netの中心的メンバー，日本災害情報学会の理事と東京いのちのポータルサイトの会員，LLP（有限責任事業組合）灰干しネットワークの代表組合員，LLC（合同会社）灰干しネットワークプロジェクトの執行社員

第 5 章　有珠山火山災害と三宅島火山災害におけるデジタル・ネットワーキングの展開と課題　95

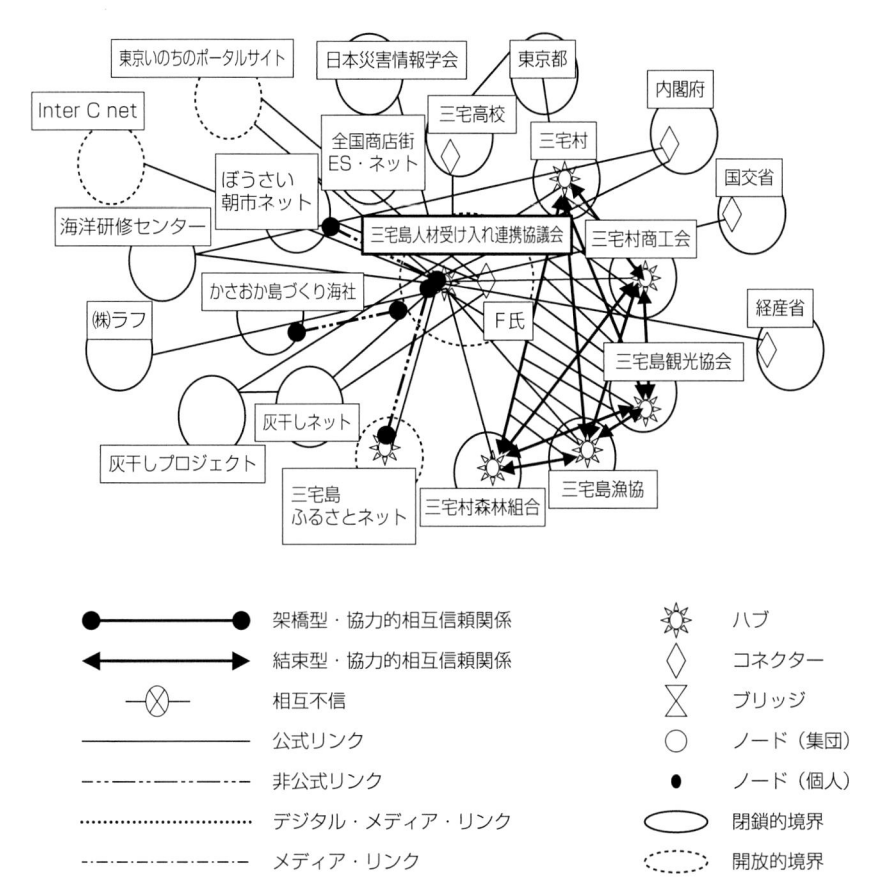

DNM5-2　三宅島火山災害における「三宅島人材受け入れ連携協議会」を中心とするデジタル・ネットワーキングの構造
(出典) 著者作成．

（役員）であり，これらの団体とも公式リンクで結ばれている．また，灰干しネットワークプロジェクトを含む三宅島復興支援のための政府の補助事業を展開する上で，それらの事業の委託元である内閣府，国交省，経済産業省（関東経済産業局）のそれぞれの担当者と契約に基づく公式リンクによって結ばれている．

さらに，著者は，三宅島ふるさと再生ネットワークとは，その情報紙「三宅島新報」の印刷・送付活動への参加を通じて，非公式の架橋型・協力的相互信

頼関係にあり，また，灰干しネットワークプロジェクトを展開して行く中で，NPO法人かさおか島づくり海社とぼうさい朝市ネットワークと連携する形で，非公式の架橋型・協力的相互信頼関係で結ばれている．

他方で，「三宅島人連協」の事務局長であるF氏は，全国商店街エコステーション・ネットワークとぼうさい朝市ネットワークおよびNPO法人海洋研修センターの代表者，東京いのちのポータルサイトの中心メンバー，LLP（有限責任事業組合）灰干しネットワークの組合員，LLC（合同会社）灰干しネットワークプロジェクトの代表執行社員（社長）であり，これらの団体と公式リンクで結ばれている．

その一方で，「三宅島人連協」の構成団体のうち，三宅島内の三宅村と，その事実上の外郭団体である三宅村商工会，三宅島観光協会，三宅島漁協，三宅村森林組合とは，制度・規則や利害関係に基づく，公式の結束型・協力的相互信頼関係にある．

斜線で示したような三宅島内の主要団体間の閉鎖的な関係が，島外の支援者による新規の事業展開や新たな事業者の参入を妨げることも多々あり，三宅島の復興の足かせとなっている面があることも否めない事実である．

第 6 章
災害デジタル・ネットワーキングにおける
情報通信技術（ICT）活用の実態と課題

　第 6 章では,「平成19（2007）年新潟県中越沖地震」と「平成20（2008）年岩手・宮城内陸地震」及び「平成21（2009）年佐用町水害」における「地理情報システム（GIS：Geographical Information System）」等の情報通信技術（ICT：Information and Communication Technology）を活用した情報支援活動の実態と課題を明らかにする.

1　情報通信技術を活用した災害情報共有システムの研究開発

　著者は,文部科学省「大都市大震災軽減化プロジェクト」（大大特）（平成14（2002）年度〜平成18（2006）年度）や国土交通省「建設技術研究開発助成制度」（平成19（2007）年度〜平成20（2008）年度）の研究助成を受けて,情報工学等の研究者と一緒に「広域災害情報共有システム」（WIDIS：WIde area Disaster Information Sharing system）の研究開発と構築を行いつつ,「平成16（2004）年新潟県中越地震」,「平成19（2007）年能登半島地震」,「平成19（2007）年新潟県中越沖地震」,「平成20（2008）年岩手・宮城内陸地震」の被災地で実証実験を行い,システムの改良・拡張と運用方法の考案・改善に取り組んできた（干川　2009：186；干川　2007：116-121）.
　また,「平成21（2009）年台風 9 号による大雨」を原因とする兵庫県佐用町の水害（以下,「平成21（2009）年佐用町水害」）においては,佐用町からの依頼で,「独立行政法人 防災科学研究所」と連携して「罹災証明発行支援GISシステム」を構築し,被災住民に対する災害対応業務の情報支援を行った.
　そこで,本章では,まず,第 2 節で平成19（2007）年新潟県中越沖地震と第 3 節で平成20（2008）年岩手・宮城内陸地震,それぞれの被災地の災害ボランティアセンターでの被災者支援活動におけるWIDISの活用事例を取り上げ,また,第 4 節で佐用町での罹災証明発行支援でのICTの活用事例をとりあげ,

第5節で大規模災害時のICTを活用した情報支援活動の実態と課題を明らかにする．

2 「平成19（2007）年新潟県中越沖地震」における「広域災害情報共有システム」（WIDIS）を活用した情報支援活動

著者らWIDIS研究開発チームのメンバーは，2007年7月16日に「平成19（2007）年新潟県中越沖地震」が発生した4日後の7月20日に柏崎市西山地区（旧西山町）の保健福祉センター「いきいき館」に設置された「柏崎市災害ボランティアセンター西山支所」（以下，「西山VC」）で情報担当ボランティアとして「WIDIS―地図情報システム」を活用した情報支援活動を行った．

その内容としては，①「WIDIS―Webシステム」による毎日のVC活動状況の報告，②「WIDIS―地図情報システム」によるボランティア・コーディネーション，③「WIDIS―地図情報システム」によるボランティアニーズの記録・分析があげられる．

以上のような新潟県中越沖地震におけるWIDIS研究開発チームを中心とするデジタル・ネットワーキングの構造は，DNM6-1のように示される．

すなわち，著者は，専任教員として大妻女子大学と，役員（広報委員長・理事）として日本災害情報学会と，WIDIS研究開発チームの研究代表者として事業委託元の文科省と公式リンクで結ばれている．

WIDIS研究開発チームのメンバーである工学院大学，岩手県立大学，静岡県立大学，星稜女子短期大学のそれぞれの専任教員と，消防科学総合センターと株式会社レスキュウナウのそれぞれの担当者と，研究開発プロジェクトを通じて，公式の結束型・協力的相互信頼関係とデジタル・メディア・リンクによって結ばれている．

そして，中越沖地震での支援対象である西山災害ボランティアセンターと柏崎市災害ボランティアセンターとそれらを設置・運営している柏崎市社協とは，WIDISを活用した支援活動を通じて，非公式の架橋型・協力的相互信頼関係とデジタル・メディア・リンクで著者は，結ばれ，著者を介して，WIDIS研究開発チームのメンバーは，この支援活動に参加している．

西山災害ボランティアセンターと柏崎市災害ボランティアセンターの設置・運営団体の柏崎市社協は，長岡市社協と新潟県社協と平常時からの本来業務で

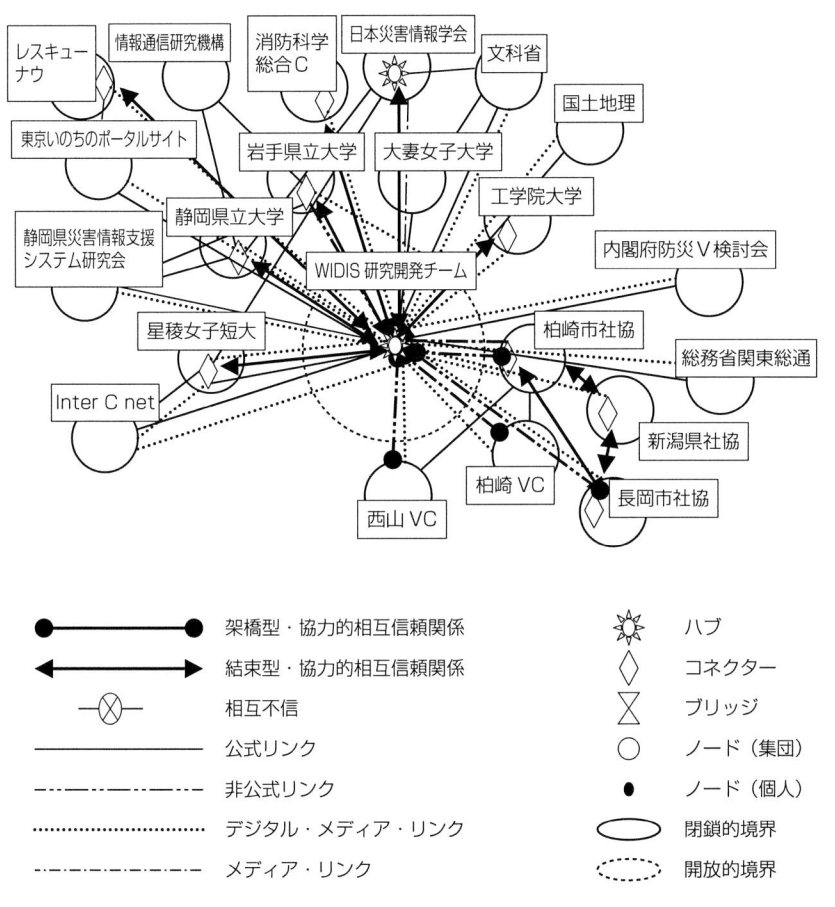

第6章 災害デジタル・ネットワーキングにおける情報通信技術(ICT)活用の実態と課題 99

DNM6-1 新潟県中越沖地震における WIDIS 研究開発チームを中心とするデジタル・ネットワーキングの構造
(出典)著者作成.

の連携を通じて災害時に後方支援を受けるという形で，公式の結束型・協力的相互信頼関係で結ばれている．なお，著者は，2004年に発生した「新潟県中越地震」において長岡市社協が設置・運営した「長岡市災害ボランティアセンター」で情報ボランティアとして活動したことを通じて，長岡市社協と非公式の架橋型・協力的相互信頼関係とデジタル・メディア・リンクで結ばれており，新潟県中越沖地震では，迅速に長岡市社協を通じて西山災害ボランティアセンター

の WIDIS を活用した支援活動を展開することができた．

　WIDIS 研究開発チームのメンバーの星稜女子短期大学の専任教員の S 氏は，著者と同様に有力なメンバーとして Inter C net と公式リンクで結ばれている．

　WIDIS 研究開発チームのメンバーである静岡県立大学の専任教員の Y 氏は，座長として静岡県災害情報支援システム研究会と，公式リンクで結ばれている．

　WIDIS 研究開発チームのメンバーである岩手県立大学の専任教員の SB 氏は，委員として静岡県災害情報支援システム研究会と，また，Y 氏と同様に，実験用高速情報通信システム「JGN Ⅱ」の研究開発プロジェクトのメンバーとして独立行政法人 情報通信研究機構と公式リンクで結ばれており，SB 氏と Y 氏を介して，JGN Ⅱ を WIDIS の研究開発に活用することができた．

　その一方で，著者は，委員として国地理院の基盤地図情報を活用した災害対策関連委員会と，学識者委員として内閣府防災ボランティア活動委員会と，委員として総務省関東通信局の無線 LAN を活用した防災情報ネットワーク開発委員会と，中心メンバーとして Inter C net と，委員として静岡県災害情報支援システム研究会と，会員として東京いのちのポータルサイトと，それぞれ，公式リンクで結ばれている．そして，これらの結びつきが，新潟県中越地震での WIDIS を活用した支援活動に必要な情報の入手や便宜を得るのに役立っていた．

3　「平成20（2008）年岩手・宮城内陸地震」での WIDIS を活用した情報支援活動

　平成20（2008）年 6 月14日に発生した「平成20（2008）年岩手・宮城内陸地震」において，我々，研究開発チームのメンバーは，被災地の栗原市社会福祉協議会が設置・運営していた「栗原市ボランティアセンター」で，現地の情報を「GEO-Quick」（WIDIS の改良版）（図 6 - 1 ）に集約して発信し，また，「ボランティアニーズ Web データベース（DB）システム」（図 6 - 2 ）に改良を加えて，栗原市ボランティアセンターと避難所 2 カ所（花山地区「石楠花センター」，栗駒地区「みちのく伝創館」）の間のボランティアニーズ情報の共有化を試みた．

　しかしながら，石楠花センター避難所とみちのく伝創館避難所で，ボランティ

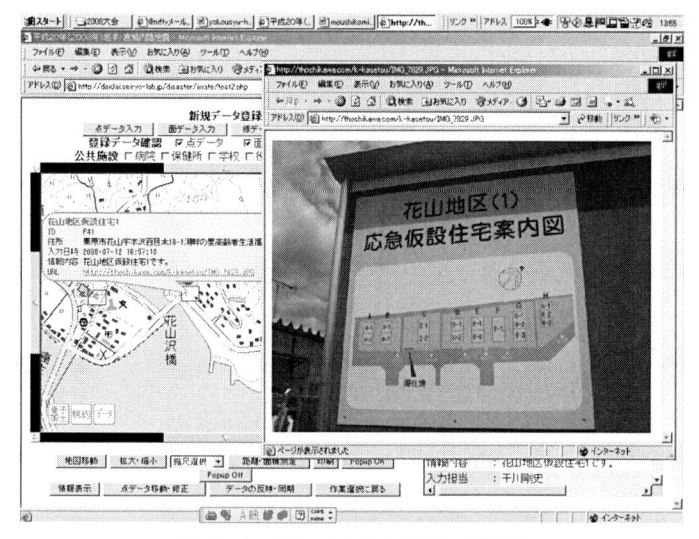

第6章　災害デジタル・ネットワーキングにおける情報通信技術（ICT）活用の実態と課題

図6-1　GIO-Quick と Web の連携
（出典）特定非営利活動法人 基盤地図情報活用研究会.

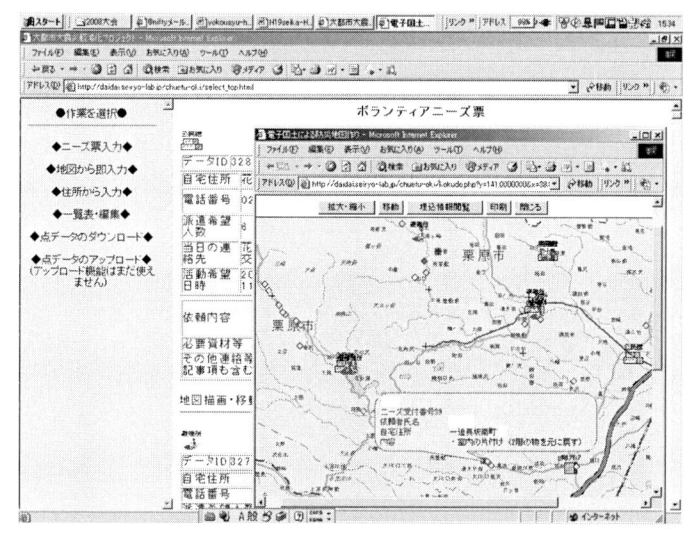

図6-2　ボランティアニーズ WebDB システムの画面
（出典）特定非営利活動法人 基盤地図情報活用研究会.

アニーズWebDBシステムへ情報入力等を行う情報担当スタッフの確保と運用体制を構築することができなかったため，ボランティアニーズのシステムへの入力は，栗原市ボランティアセンターにおいて著者一人で行うことになり，避難所とボランティアセンター間のボランティアニーズ情報の共有化を行うことができなかった．ちなみに，著者がデータベースに入力したボランティアニーズに関する情報は，約270件であった．

また，避難者が仮設住宅に入居する時期に，新潟県中越沖地震の際に開発・構築した仮設住宅入居者生活支援Webデータベースシステムの導入を試みたが，システムを保守・管理するのに必要な資金の調達が確保できなかったため，新潟県中越沖地震と同様に，使用されずに終わった（干川 2009：195-199）．

以上のように発展的に開発・構築されたWIDISが，大規模災害時における緊急対応期から復旧期を経て復興期にいたる局面の変化に応じて，災害ボランティア活動を情報面で支援するためには，より一層の技術開発と運用方法の改善・考案が必要であることが明らかになった．

なお，岩手・宮城内陸地震における「特定非営利活動法人 基盤地図情報活用研究会」（以下，「研究会」）を中心としたデジタル・ネットワーキングの構造は，DNM 6-2で示される．

すなわち，「研究会」の会員である著者は，WIDIS研究開発プロジェクトを通じて「研究会」の会員となった，岩手県立大学の専任教員SB氏，静岡県立大学の専任教員Y氏，株式会社 ナブラ・ゼロの社長のK氏・取締役で星稜女子短期大学の専任教員のS氏とは，公式の結束型・協力的相互信頼関係とデジタル・メディア・リンクで結ばれている．

他方で，著者は，岩手・宮城内陸地震発生直後に，（2003年の宮城県北部連続地震と2004年の新潟県中越地震での現地調査や支援活動で非公式の架橋型・協力的相互信頼関係にあった）宮城県社協を通じて，栗原市ボランティアセンターと栗原市内の2つ避難所（花山地区「石楠花センター」・栗駒地区「みちのく伝創館」）の情報支援に入り，その設置・運営主体の栗原市社協と，（著者が阪神・淡路大震災以降，被災地支援活動を通じて非公式の架橋型・協力的相互信頼関係にあった）「震災がつなぐ全国ネット」の構成団体として現地の支援に入った「特定非営利活動法人レスキュー・ストックヤード」と「特定非営利活動法人NPO愛知」，それぞれと非公式の架橋型・協力的相互信頼関係およびデジタル・メディア・リンクで結ばれている．

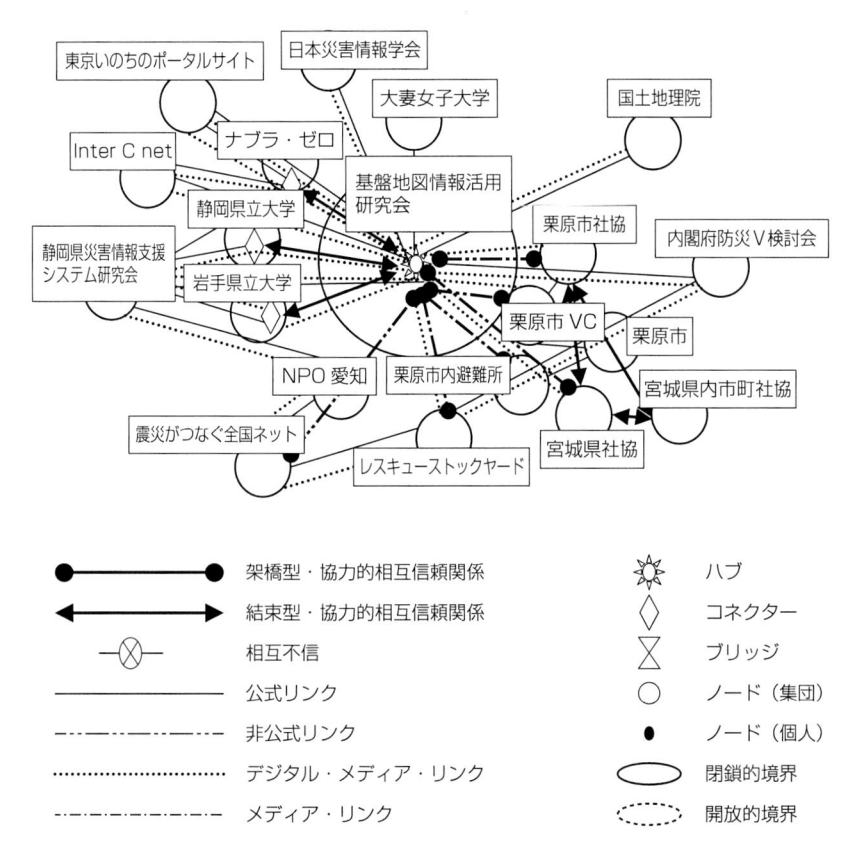

第6章　災害デジタル・ネットワーキングにおける情報通信技術（ICT）活用の実態と課題　　*103*

DNM6-2　岩手・宮城内陸地震における「基盤地図情報活用研究会」を中心とする
　　　　デジタル・ネットワーキングの構造
（出典）著者作成．

　なお，著者は，大妻女子大学の専任教員，日本災害情報学会の理事，東京いのちのポータルサイトの会員，Inter C net の中心メンバー，静岡県災害情報システム研究会の委員，内閣府防災ボランティア活動検討会の学識者委員，国土地理院の基盤地図情報を活用した災害対策関連委員会の委員であり，それらの団体とは，公式リンクとデジタル・メディア・リンクで結ばれていることで，特に，国土地理院の委員会からは，情報支援活動に不可欠な現地の被害状況などの詳細な情報を得ることができた．
　その一方で，栗原市ボランティアセンターを運営する栗原市社協は，宮城県

社協と宮城県下の市町社協と平常時からの本来業務での連携を通じて災害時に後方支援を受けるという形で，公式の結束型・協力的相互信頼関係で結ばれている．

また，レスキュー・ストックヤードの代表は，著者と同じく，内閣府の防災ボランティア活動検討会の委員であり，また，NPO愛知と同じく，震災がつなぐ全国ネットの構成団体であり，公式リンクとデジタル・メディア・リンクで結ばれている．

そして，NPO愛知の代表者は，著者や岩手県立大学のSB氏，静岡県立大学のY氏と同様に，委員として，静岡県災害情報支援システム研究会と公式リンクおよびデジタル・メディア・リンクで結ばれている．

4 「平成21（2009）年佐用町水害」におけるICTを活用した支援活動の展開

1）「平成21（2009）年佐用町水害」での地域SNSを通じた情報発信と支援活動の展開

2009年8月9日に発生した「平成21（2009）年佐用町水害」において，日頃から地域SNS「さよっち」（図6-3）を活用して佐用町の地域づくりに取り組んできた町内外の有志たちと一緒に，日頃から地域SNS「さよっち」とその連携地域SNSである「ひょこむ」及び「E-宍粟」等を活用して佐用町の地域づくりに取り組んできた町内外の有志たちが，被災地・被災者支援活動を展開した．

地域SNS「ひょこむ」の運営代表者の和崎宏氏によれば，この水害での地域SNSを活用した支援活動の展開は，以下の通りである．

この水害では，佐用町役場が浸水して，防災無線や町のホームページが使用不能となり，全町に敷設した光ファイバーによるケーブルテレビ網も断線し，また，町内のほぼ全域が停電してテレビやラジオも役に立たず，佐用町は，陸の孤島と化した．

しかし，被災地から40km離れた姫路市内でホスティング（利用者の居住地から離れた場所で，サーバーのハードディスクの記憶スペースや情報処理機能などを運営管理するサービス）されている佐用地域SNS「さよっち」のサーバーは，水害の影響を受けることなく通常通り稼働していたので，佐用町内の利用者も，被災当

第6章　災害デジタル・ネットワーキングにおける情報通信技術（ICT）活用の実態と課題

図6-3　「さよっち」の「【公認】さよ姫ひろば」のWebページ
(出典) 干川 (2011：153).

日から未明まで，被災状況や安否確認などの情報を「さよっち」のブログに書き込んでいた（和崎 2010：219-220）．

災害発生から3週間の間に，「さよっち」ではブログを通じて，写真73点，地図情報15件，動画13点が公開された．ブログでは，佐用町の女性職員が，派遣された被災地から災害ボランティアの重要な参考情報となる現状報告をほぼ毎日行い，刻々と変化する現場のニーズを外部に伝えることで支援活動を間接的に支えるなどの効果的な役割を担った．

他方で，同じ豪雨で被災した佐用町の隣の宍粟市では，交通途絶した宍粟市福知地区の状況を把握しようと，兵庫県庁から被災翌朝に防災ヘリが飛ばされたが，悪天候による視界不良のため状況不明のまま引き返すということがあった．その日の午後，第一報が福知地区の消防団員から地域SNS「E-宍粟」によって発信され，初めて安否確認ができたという事例も報告されている．

また，「さよっち」では，マスコミから報道されなかった各被災地の被害状況を，地域住民が携帯端末で撮影した動画を使って即時に報告していたり，「住民ディレクター」として活躍している住民が中心となって，各地の被害・復旧

状況について番組を制作し，インターネットTVやケーブルTVから続々と放映するなど，これまでの災害現場から整理されて発信されることのなかった情報が，ほぼリアルタイムで発信された．

ちなみに，災害発生5日後の「さよっち」へのアクセスは，訪問数とページビュー（サイトを訪問した利用者が，どれだけの情報ページを閲覧したかを集計した指標）ともに，災害発生前の2倍から3倍に達しており，特に，災害発生直後には，情報伝達・入手手段として活発に利用されていたことがわかる．また，月別の推移をみても，被災3カ月間のアクセスログが，災害発生前の実績を上回っており，「さよっち」が災害関連情報の伝達・入手手段として継続的に利用されていたことが窺える（和崎 2010：222-223）．

その一方で，地域SNS「ひょこむ」を中心とした支援活動として「古タオルプロジェクト」が展開された．

このプロジェクトは，水害発生翌日の午後に，「ひょこむ」のメンバーが，断水で困窮する「さよっち」のメンバーに届けるために，飲料水を満載した車両で佐用町中心部に入ったことをきっかけにして始まった．

彼は，アスファルトの道路があちこちで破断し，道路沿いの民家が軒並み崩壊しているという，未曾有の大惨事に見舞われた佐用町の情景を見て，「（救援・復興のために）何かを始めなければ」という思いに駆り立てられた．

そして，彼が中心となって，「1万枚」という目標を立てて，2009年8月12日から15日までの4日間，姫路市内の「ひょこむ」事務局を受取先に指定して，「古タオルプロジェクト」が立ち上がった（和崎 2010：227）（図6-4）．

まず，その前日の11日午前に，「ひょこむ」の全メンバーと「ひょこむ」と連携する地域SNSサイトの運営主催者宛に，協力依頼のメッセージが送付された．

善意善行のメッセージは，インターネット上でチェーンメール化しやすいため，制御不能なメールリレーに陥らないように，募集期間を短く設定し，協力依頼のメールには活動の内容の伝達に関する依頼は書き込まれなかった．

しかし，上記のメッセージを全文引用する形で，所属するメーリングリストで依頼したり，個人のブログで支援を呼び掛けたりする人が続出した．そして，佐用町へ古タオルを送ろうという活動は，影響力の強い人の呼び掛けに呼応した善意の人の鎖を経由して拡大して行った．

例えば，北海道赤平市では，「ひょこむ」ユーザーの兵庫県内の自治体職員

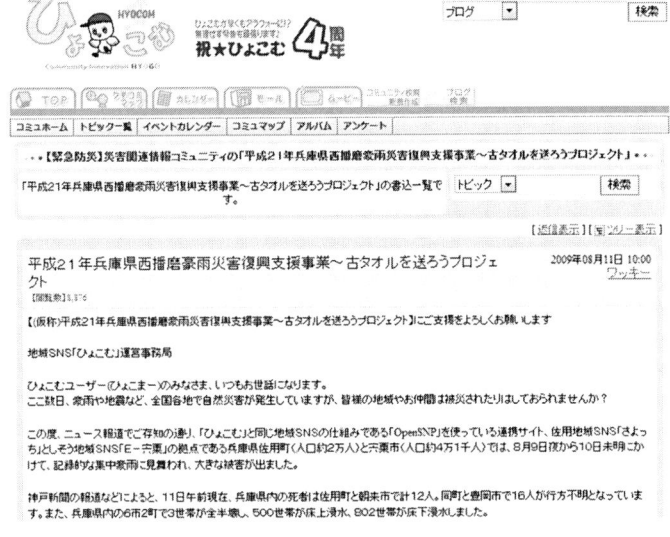

第6章　災害デジタル・ネットワーキングにおける情報通信技術（ICT）活用の実態と課題　107

図6-4　「ひょこむ」の「【緊急防災】災害関連情報コミュニティの「平成21年兵庫県西播磨豪雨災害復興支援事業〜古タオルを送ろうプロジェクト」のWebページ
（出典）http://hyocom.jp/bbs/bbs_list.php?root_key=102810&bbs_id=506（2013年9月4日閲覧）．

からの呼び掛けに呼応して，一人の市職員が古タオル集めを始めた．それが偶然，市長の耳に入り，説明したところ，市長自らが旗振り役となって活動が市内のあちこちに拡大した．そして，赤平市は約1000枚のタオルを佐用町に送った．

他方で，伊丹市内では，夏休み中にも関わらず，高校生たちがタオル集めに奔走した．それぞれ教師や生徒の家庭から学校に持ち込まれたタオルは約7000枚，お盆休みのラッシュに巻き込まれながらも，伊丹―姫路間を二往復して，若者たちの善意は無事，事務局に届けられた．

松江SNSで集められた古タオルは，メンバーの手で直接佐用町の被災地に運び込まれた．尾道SNSでは，お寺に集められたタオルを，メンバーの主婦が一人だけで，高速道路を経由して，自動車を運転して事務局に持ち込んだ．

個人はもちろんのこと，全国各地の地域SNSや社会福祉協議会，役所，企業，ボランティアグループなどからも，それぞれに取りまとめられたタオルが宅配便で到着した．

1万枚を目標としてスタートしたプロジェクトであったが，期間中に計2万6495枚ものタオルが事務局に届けられることになった（和崎 2010：227-228）．
　「ひょこむ」の事務局に届いたタオルは，ボランティアの手で開封されたあと，新品タオル（大・小）と古タオル（大・小），およびその他のタオルに分類され，再度段ボール箱に入れられた（写真6-1）．
　これは，被災地での仕分けの手間を省くための作業である．支援物資集積センターで担当者が分かりやすいように，内容のラベルを箱に貼り付けてから，現地入りする作業ボランティアの人たちの手も借りながら，順次，被災地に搬入した．現地搬入に際しては，役場の担当者と緊密に連絡をとり合って，必要とされる数だけを指定された集積施設に運び込むように心がけた．
　結局，ひょこむの事務局には，約1万3000枚の古タオルが仕分けされた状態で残った．これらの古タオルは，次に災害が発生した被災地の支援のために活用するべく保管されている（和崎 2010：228）．
　その一方で，地域SNS「さよっち」では，水害直後に被害状況を知った「ひょこむ」に参加している愛知県の災害ボランティアのメンバーが，災害発生4日後の8月13日に防災バスで現地入りし復興センターの運営などについて支援活動を行ったり，阪神間の大学生たちが地域SNSを通じてつながりのあった集落に常駐して被災家屋の復旧作業を行ったり，Webサイトでボランティアを

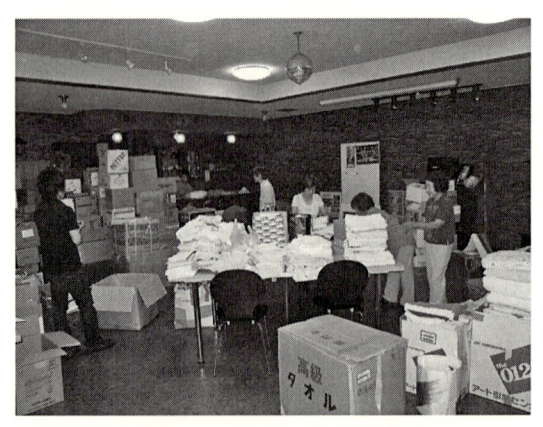

写真6-1　地域SNS「ひょこむ」事務局でのタオルの開封・仕分け・梱包作業の様子
2009年8月22日，著者撮影．

第6章　災害デジタル・ネットワーキングにおける情報通信技術（ICT）活用の実態と課題　109

募り，グループで何日も被災地復興に加わったり，各地のメンバーが多数，復興支援バザーや復興イベントのサポートを行うなど，様々な場面で地域SNSのネットワークが活用された．

　２）佐用町役場における罹災証明発行支援での地図情報システム活用と課題
　著者ら「研究会」のメンバーは，この水害において，水害発生後12日が経過した同年8月21日に佐用町役場を訪れ，Web-GIS「GEO-Quick」（図6-5）を活用した支援を申し入れたところ，罹災証明の発行業務でそれを活用したいという依頼を受け，GEO-Quickを罹災証明発行用に再構築しようと試みたが，その作業を行うための人手と時間を確保することができなかった．
　そこで，研究会のメンバーが，研究開発プロジェクトに関わっていた「独立行政法人 防災科学技術研究所　災害リスク情報プラットフォームプロジェクト」と連携して，「eコミュニティ・プラットホーム」をベースとした「罹災証明発行支援GISシステム」（図6-6）を開発・構築した．
　そして，このシステムは，2009年11月下旬より佐用町役場の庁内LANにサーバーを組み込む形で実運用されることになった．

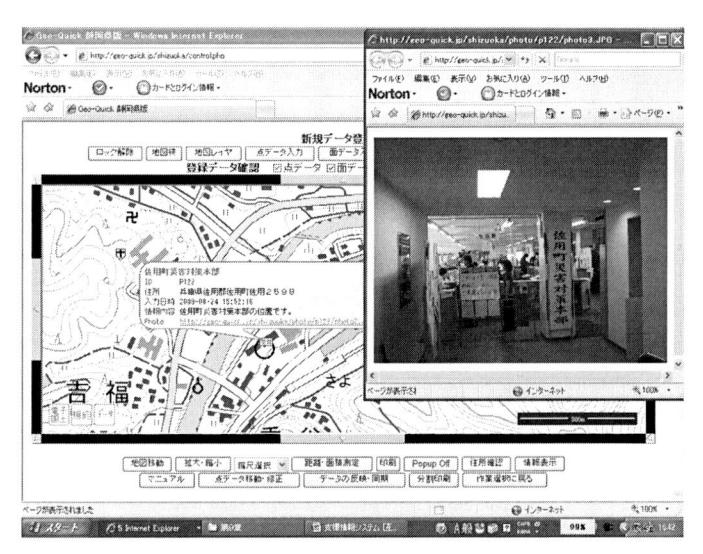

図6-5　「GEO-Quick」に入力・表示した佐用町災害対策本部の様子
（出典）特定非営利活動法人 基盤地図情報活用研究会．

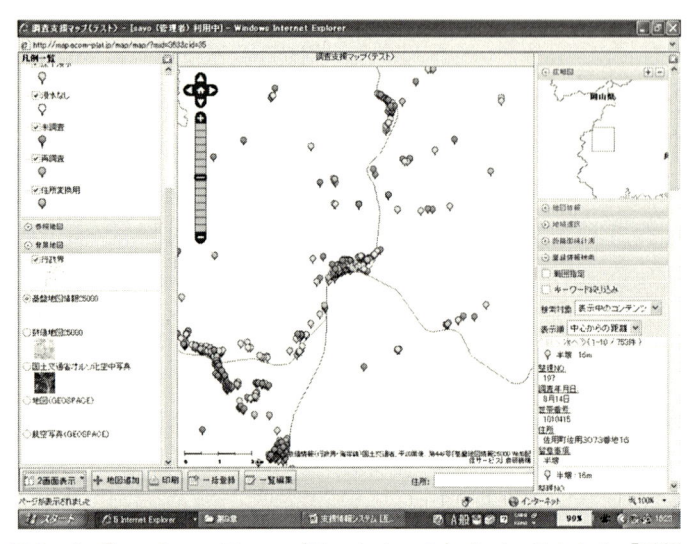

図6-6 「eコミュニティ・プラットホーム」をベースとした「罹災証明発行支援GISシステム」(テスト版)
(出典) 独立行政法人 防災科学技術研究所.

　以上のような佐用町水害における「基盤地図情報活用研究会」を中心とするデジタル・ネットワーキングの構造を示せば，DNM 6-3のようになる．
　すなわち，著者は，「研究会」の佐用町支援活動の中心メンバーとして，Inter C netの中心的メンバーとして，大妻女子大学の専任教員として，それぞれの団体とは，公式リンクで結ばれている．
　地域SNS「ひょこむ」の代表のW氏は，著者と同じくInter C netの中心的メンバーであるという関係から，著者とは，公式の結束型・協力的相互信頼関係にある．また，近隣の地域SNS「さよっち」は，ひょこむと同様の地域SNS全国フォーラムの構成団体として，ひょこむと公式の結束型・協力的相互信頼関係にある．
　そこで，水害発生後，著者は，W氏を通じて，さよっちの代表者で佐用町まちづくり推進課の幹部職員であったKB氏を支援するという形で，佐用町と非公式の架橋型・協力的相互信頼関係とデジタル・メディア・リンクで結ばれることになった．
　そして，社長としてナブラ・ゼロと公式リンクで結ばれている研究会のメン

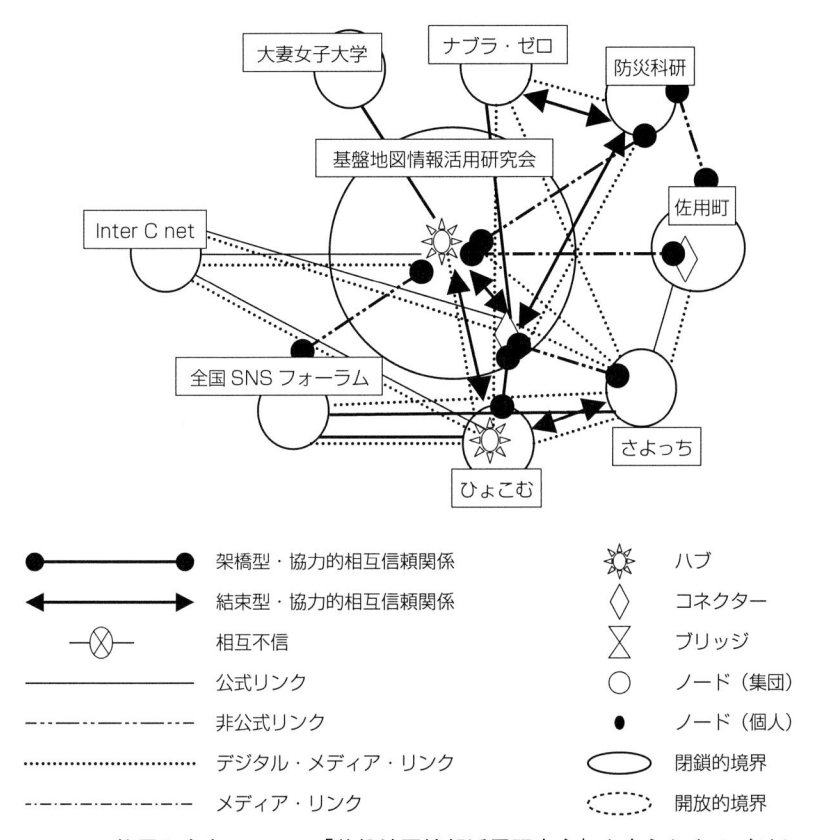

第6章 災害デジタル・ネットワーキングにおける情報通信技術 (ICT) 活用の実態と課題　*111*

DNM6-3　佐用町水害における「基盤地図情報活用研究会」を中心とするデジタル・ネットワーキングの構造
(出典) 著者作成．

バーであるK氏は，水害発生以前から「さよっち」に参加しているという形で，KB氏とは，非公式の架橋型・協力的相互信頼関係とデジタル・メディア・リンクで結ばれ，また，佐用町支援の連携団体である「独立行政法人 防災科学技術研究所」(以下,「防災科研」)とは，日常的な委託業務を通じて公式の結束型・協力的相互信頼関係で結びつき，研究会と佐用町・防災科研の間の実務的な連絡・調整を行った．

ところで，佐用町水害の事例からわかるように水害等により被災した地方自治体では，発災直後から被害情報等の各種情報の収集・集約・発信を行うだけ

でなく，被災住民への罹災証明発行・義捐金配分・固定資産税減免等の災害対応業務を効率よく行うための災害情報システムへのニーズが高いことが，今回の佐用町に対する支援活動を通じて改めて痛感された．

5　大規模災害時におけるICTを活用した情報支援活動の実態と課題

　これまで論じてきた中越沖地震および岩手・宮城内陸地震におけるWIDISを活用した情報支援活動の中から浮かび上がってきた問題点として，まず，災害ボランティアセンターの運営主体の社会福祉協議会（以下，「社協」）と連携してICTを活用する際の組織と資金面の問題があげられる．
　すなわち，新潟県中越沖地震の事例においては，柏崎市社協の依頼を受けて我々の研究開発チームが開発・構築した「仮設住宅入居者生活支援Webデータベースシステム」を実運用する際には，不正アクセスを防止し個人情報の保護を徹底して行うことができる保守管理体制を社協と研究開発チームとの間で構築する必要があったが，我々の研究開発チームは，大学教員や大学院生等から構成される任意団体であり，社会福祉法人である社協と対等な法人格を持った団体ではなかったため，個人情報の守秘義務を含んだ保守管理契約を結ぶことができず，また，最短2年間の保守管理に要する資金の調達ができず，結局，このデータベースシステムが被災者支援に活用されることはなかった．
　そこで，我々の研究開発チームのメンバーは，このような組織上の問題に対処すべく，「特定非営利活動法人（NPO法人）　基盤地図情報活用研究会」（2008年9月石川県により認証）を創設し，また，WIDISの災害対応分野以外への多用途化を図り収益事業を行うために「株式会社ナブラ・ゼロ」を設立した．
　これによって，組織上の問題は解消されることになったが，しかし，岩手・宮城内陸地震の事例においては，仮設住宅入居者生活支援Webデータベースシステムを運用する際に必要な資金を調達することができず，このシステムの実運用には至らなかった．
　確かに，新潟県中越沖地震や岩手・宮城内陸地震といった数千人，数百人という規模の地震災害における被災者対応においては，用紙への記入やパソコンの表計算ソフトでの記録・保管で対応可能であると考えられるので，このような被災者支援のためのWebデータベースシステムの必要性が小さいというこ

とは否定できない．

しかし，今後30年間の発生確率が60 ～ 70％の「南海トラフで発生する地震」(Ｍ８～９クラス)（http://www.jishin.go.jp/main/yosokuchizu/chubu/chubu.htm（2013年9月4日閲覧）），同70％の「首都直下地震」（Ｍ7クラス）（http://www.jishin.go.jp/main/yosokuchizu/kaiko/k20_minamikanto-m7.htm（2013年9月4日閲覧））等の広域にわたる大規模被害が想定される大災害では，数万・数十万人という被災者の様々なニーズに対応しなければならない事態が生じ，その際には，大量のデータを記録・保存・共有・分析できるWebデータベースシステムは，必要不可欠となるであろう．

そこで，我々の研究開発チームが研究開発してきたWIDISを災害ボランティア活動支援のための情報収集・共有・コーディネーションシステムとして発展的に再構築し，より実戦的かつ効果的なものとするためには，まず，WIDISの新たな運用方法の考案・改善と技術的開発・改良を行い図6-7のような「ボランティア・コーディネーションシステム」を開発・構築することが必要であり，すでに，それを，著者らの研究開発チームが試作している（図6-8・図6-9・

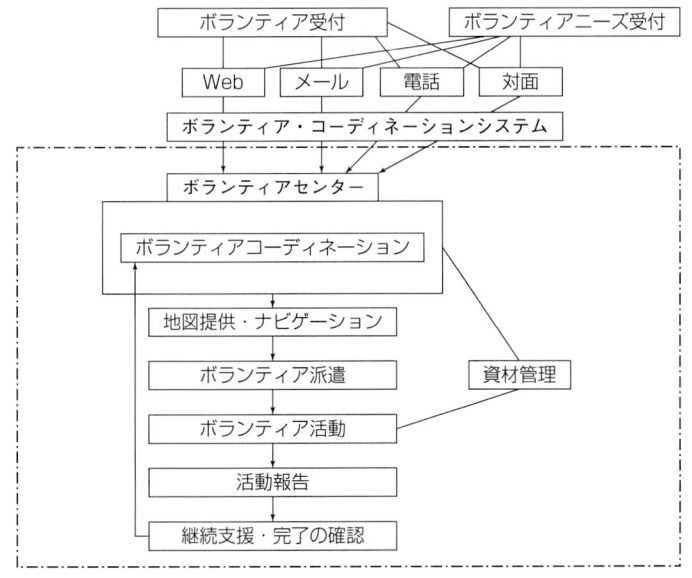

図6-7　ボランティア・コーディネーションシステムの概念図
（出典）干川（2009：200）．

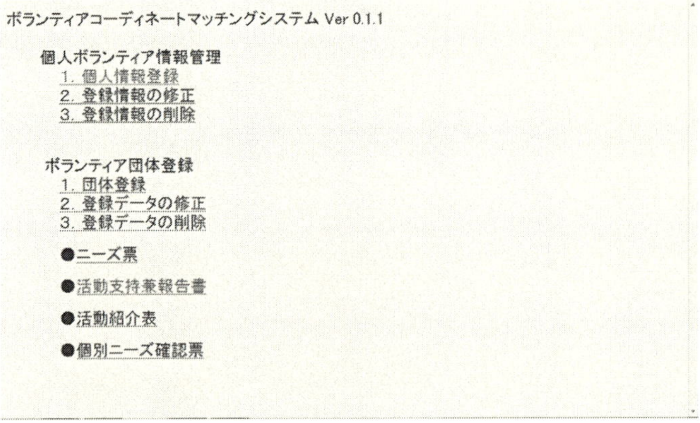

図6－8　ボランティア・コーディネーションシステム（試作版）の TOP 画面

（出典）特定非営利活動法人 基盤地図情報活用研究会.

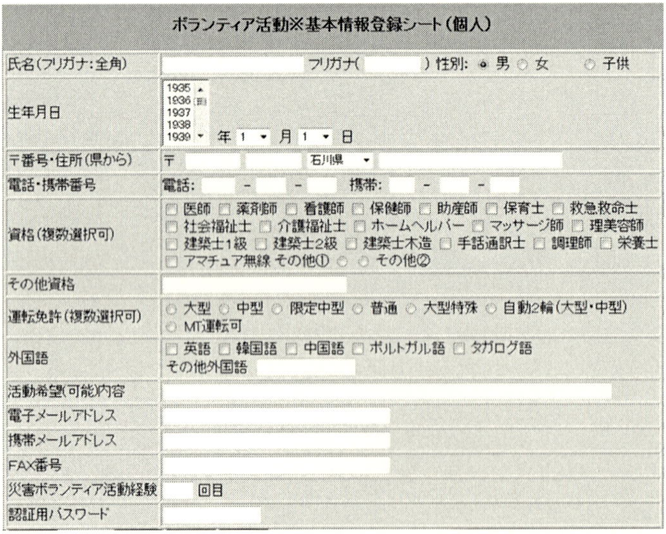

ボランティア活動※基本情報登録シート（個人）	
氏名(フリガナ:全角)	フリガナ(　) 性別: 男 女 子供
生年月日	1935 1936 1937 1938 1939 年 1 月 1 日
〒番号・住所(県から)	〒 石川県
電話・携帯番号	電話: - - 携帯: - -
資格(複数選択可)	医師 薬剤師 看護師 保健師 助産師 保育士 救急救命士 社会福祉士 介護福祉士 ホームヘルパー マッサージ師 理美容師 建築士1級 建築士2級 建築士木造 手話通訳士 調理師 栄養士 アマチュア無線 その他① その他②
その他資格	
運転免許(複数選択可)	大型 中型 限定中型 普通 大型特殊 自動2輪(大型・中型) MT運転可
外国語	英語 韓国語 中国語 ポルトガル語 タガログ語 その他外国語
活動希望(可能)内容	
電子メールアドレス	
携帯メールアドレス	
FAX番号	
災害ボランティア活動経験	回目
認証用パスワード	

図6－9　ボランティア・コーディネーションシステム（試作版）の 個人登録画面

（出典）特定非営利活動法人 基盤地図情報活用研究会.

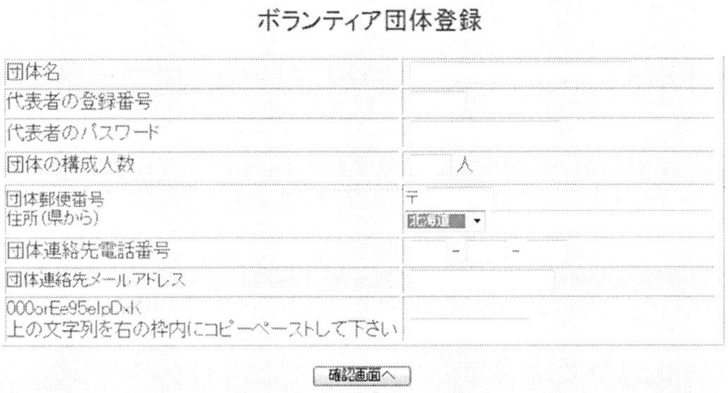

第6章　災害デジタル・ネットワーキングにおける情報通信技術（ICT）活用の実態と課題　　115

図6-10　ボランティア・コーディネーションシステム（試作版）の
　　　　 団体登録画面
（出典）特定非営利活動法人 基盤地図情報活用研究会．

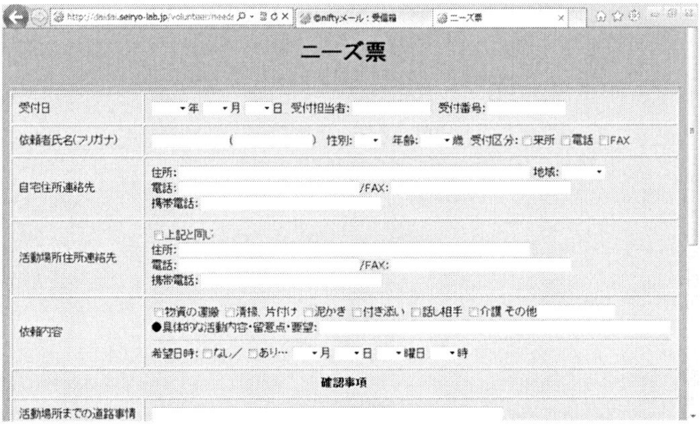

図6-11　ボランティア・コーディネーションシステム（試作版）の
　　　　 ボランティアニーズ入力画面
（出典）特定非営利活動法人 基盤地図情報活用研究会．

図6-10・図6-11）．

　このようなシステムの開発・構築をすることによって，最大避難者数約700万人（そのうち避難所生活者は約460万人）と想定される首都直下地震等の大規模災害の避難者の様々なニーズに対応するために，膨大な数の災害ボランティアの

多様なシーズ（自発的参加意欲・労力・技術・知識・創造力等）を活かすことが可能となるであろう（干川 2009：199-201）．

　他方で，被災自治体では，発災害直後から被害情報等の各種情報の収集・集約・発信を行うだけでなく，被災住民への罹災証明発行・義捐金配分・固定資産税減免等の災害対応業務を効率よく行うための災害情報システムへのニーズが高いことが，今回の佐用町に対する支援活動を通じて改めて痛感された．

　以上のような課題が「新潟県中越沖地震」と「岩手・宮城内陸地震」及び「佐用町水害」におけるICTを活用した支援活動から明らかになった．

　この課題が，2011年3月11日に発生した「東北地方太平洋沖地震」による「東日本大震災」における情報支援活動においてどのように解消されたのか，また，新たにどのような課題が現れたのかについて，第7章で論じることにする．

第7章
東日本大震災における
デジタル・ネットワーキングの展開

　総務省『平成23年版　情報通信白書』によれば，東日本大震災においては，通信インフラに対する被害も甚大であったため，発災直後は，情報伝達の空白地域が広範囲で発生したが，このような中で，「情報空白域」を最小化しようとする取組が行われた．また，今回の震災においては，被害が広域的かつ甚大であったこともあり，マスメディアでは限界のある，きめ細やかな情報を送ることが可能なTwitterやSNSなどのソーシャル・メディアなどの新たなメディアも用いられた．さらに，インターネットなどを活用して，震災直後から様々な情報発信が行われるとともに，ボランティアなどの後方支援を行う取組も行われた（総務省 2011：14）．

　以下では，東日本大震災におけるインターネットを活用した主な被災者・被災地支援活動を概観する．

1　情報通信技術を活用した多様な支援活動の取り組み

1）各種安否確認システムの実態

　阪神・淡路大震災を教訓にして，NTT東日本・西日本が提供する「災害用伝言ダイヤル（171）」と「災害用ブロードバンド伝言版（Web171）」や携帯電話5社が連携した「災害用伝言版」などが設置・運用され，東日本大震災でも活用され，それらの運用実績は，表7-1の通りである（村上 2011：21）．

　その中で，Googleパーソンファインダーは，Googleが開設した，被災した家族や友人の安否を確認できるサイトで，震災当日からサービスを開始した．2011年5月18日時点で，約62万3700件の記録が登録された．同サイトは，2010年1月のハイチ地震，同年2月のチリ中部沿岸の地震や2011年2月のニュージーランド南島の地震等過去の外国での大地震でも運用された実績を有する．また，同サイトには，避難所名簿共有サービスとして，ケータイのカメラ等で

表7-1 東日本大震災で活用された主な安否情報システム（初動期スタート）

ツール	システム名称	提供者	システム開始	今回の対応開始時間	利用数	(3月11日)	(12日)	(13日)	(1カ月累計)	中越地震時実績
固定電話	災害用伝言ダイヤル	NTT東日本・西日本	1998年～	11日17時47分	登録 再生	367,500 139,500	674,700 114,900	525,800 85,000	2,726,300 551,200	112,700 241,900
携帯電話	災害用掲示板 (5社一括検索)	NTTドコモ	2004～	11日14時57分	登録 確認	708,334 745,018	230,343 508,544	112,215 291,554	1,479,702 2,615,328	106,216 145,520
		KDDI(au)	2005～	11日15時21分	登録 確認	558,300 2,145,853	166,916 1,344,515	81,314 561,913	1,067,315 5,378,492	なし
		ソフトバンクモバイル	2005～	11日14時55分	登録 ページビュー	448,724 1,807,177	113,162 787,993	46,090 317,846	904,498 4,289,793	なし
		ウィルコム	2006～	11日14時56分	登録 確認	3,162 14,741	1,884 22,565	937 14,545	9,632 87,082	なし
		イーモバイル	2008～	11日14時57分	登録 確認	約150 約79,000	約70 約65,000	約50 約36,000	約450 約347,000	なし
		5社計			登録	約1,720,000	約512,400	約24,600	約3,462,000	
インターネット	災害用ブロードバンド伝言板(web171)	NTT東日本・西日本	2006～	11日15時46分	登録 確認	24,900 27,600	14,500 24,200	14,600 30,100	83,800 165,900	なし
	ファミリーリンク	赤十字国際委員会	1999～(海外) 2010～(国内)	12日1時49分	登録者(のべ)	145	711	920	5,914	なし
	パーソンファインダー	グーグル	2010～(海外) 今年～(国内)	発災約2時間後	登録者(のべ)	3,000	(16日) 約20万	(29日) 約59万	60万超	なし
放送	NHK安否情報放送	NHK	1964～	受付:11日18時～ 放送:11日18時45分～	無情報(※) 総数	約70 約1,900	約700 約11,000	約1,000 約6,500	約5,700 約31,000	86 17,102

(注) 1.（※）岩手，宮城，福島県からの登録数（無事情報以外も含む）（各社からのヒアリングを元に作成）．
2. NTT東日本の報道発表資料「東日本大震災等に伴う「災害用伝言ダイヤル(171)」等のサービス運用終了について」(http://www.ntt-east.co.jp/release/detail/20110809_01.html) によると，「災害用伝言ダイヤル(171)」は，2011年3月11日～8月8日の運用実績は，録音606,000件，再生2,853,000件，合計3,459,000件であり，再生件数が，録音件数の約4.6倍となっていることから推測して，表の黒枠内の災害用伝言ダイヤルの利用者数の「登録」と「再生」は，「中越地震時実績」を除いて，上下が逆であると考えられる．
したがって，本表では，次のような修正を加えることにする．

139,500	114,900	85,000	551,200
367,500	674,700	525,800	2,726,300

(出典) 村上 (2011：21).

撮影されメールにて送付された避難所の名簿画像がボランティアによって順次テキストに打ち替えられ，データベース化の上，登録された．また，警察庁，地方公共団体や一部マスコミ等から提供されたデータも併せて登録された．さらに，3月18日からはYouTubeにおいて，消息情報チャンネルが公開され，震災で被災された人からの動画メッセージが紹介された（総務省 2011：19）．

2）各種機関・団体が構築・運営する支援者支援ポータルサイト

「独立行政法人 防災科学技術研究所」が構築・運営する「ALL311：東日本大震災協働情報プラットフォーム」(以下,「ALL311」)（図7-1），震災の支援に取り組むNPO・NGOを中心とした全国の組織・団体から構成される民間ネットワーク「東日本大震災支援全国ネットワーク（JCN）」が構築・運営するWebサイト,「内閣官房震災ボランティア連携室　連携プロジェクト」が構築・運営する「3.11救援情報サイト　助けあいジャパン」(http://tasukeaijapan.jp/ (2013年9月4日閲覧))，主に政府機関・自治体を支援対象として各種の地図情報を提供することを目的にして結成された「東北地方太平洋沖地震　緊急地図作成チーム（Emergency Mapping Team）」によって構築・運営されている「EMT」Webサイト (http://www.drs.dpri.kyoto-u.ac.jp/emt/index.html (2013年9月4日閲覧))などがある．

3）地域SNSの全国連携による「大震災『村つぎ』リレープロジェクト」

岩手県盛岡市にある地域SNS「モリオネット」では，震災前から日常的にネット上の活動のみでなく,「モリオネット・デイ」等の活動を通じた地域住民間等での対面的な交流が行われていた．

図7-1　「ALL311　東日本大震災協働情報プラットフォーム」
(出典) http://all311.ecom-plat.jp/ (2013年9月4日閲覧)．

今回の震災においても，地震発生直後から，モリオネットのメンバー有志によって，各種の情報の蓄積，整理，構造化が試みられ，SNS外部からの閲覧者も多数に上った．また，全国の地域SNS上においても，震災直後から，被災地支援の動きが起こっていた．このような中で，「モリオネット」では集中的な議論を通じて，被災地の子どもたちのために学用品を集めるという計画がなされ，3月17日に「学び応援プロジェクト」が立ち上げられた．同プロジェクトには，兵庫，尾道，春日井，宇治，掛川，葛飾など全国約20の地域SNSが賛同し，これらの地域SNSが連携して，各地で集めた支援物資を，「モリオネット」側で準備した特設会場に一旦集約し，被災地まで送り届けることとなった．特筆されるのは，広島から，兵庫，愛知，静岡，東京の地域SNS事務局を経由して盛岡まで，荷物を積み増しながら引き渡していく，「村つぎ」と呼ばれるリレー方式で送り届けられたことである（図7-2）（総務省 2011：18）．
　このように，各地のSNSが支えあいながら，盛岡に手渡しされた支援物資

「大震災【村つぎ】リレー」プロジェクト輸送隊

図7-2 「大震災【村つぎ】リレー」プロジェクトの地図
（出典）http://hyocom.jp/img/image/bbs/i/89828_1738_1302805098.jpg（2013年9月4日閲覧）．

は,「モリオネット」メンバーや県内の学生等のボランティアによる仕分け作業を経た上で,岩手県庁,陸前高田市,釜石市等まで直接届けられた(総務省 2011：18).

なお,「モリオネット」と連携して支援活動を展開した上記の地域 SNS は,平成19 (2007) 年8月から半年ごとに開催されている「地域 SNS 全国フォーラム」などを通じ,ゆるやかなネットワークが構成されていた(地域 SNS 全国フォーラム：http://forum.local-socio.net/ (2013年9月4日閲覧)).

また,そのような一連の活動においては,第6章で論じたように,平成21 (2009) 年8月に兵庫県佐用町等を襲った台風9号による集中豪雨の際に,全国の地域 SNS が連携して古タオルを送るなどの支援を行った経験が活かされたと言えるであろう(干川 2010：152-156).

ちなみに,総務省の委託を受け株式会社 三菱総合研究所が実施した「災害時における情報通信の在り方に関する調査」の「属性別質問集計結果」によれば,被災地におけるインターネットの活用状況に関しては,図7-3のように,最も活用が多かった団体・個人は NPO・ボランティアの84.0%であった.活用の場面として,NPO・ボランティアでは,ボランティアの募集や被災地の情報発信,などの活用方法がなされていた(株式会社 三菱総合研究所 2012：40).

さらに,SNS・Twitter 等の活用についても,図7-4のように,NPO・ボランティアによって物資に関する情報収集や支援要請の場面で活用されていた.また,インターネット活用における課題としては,NPO・ボランティアではインターネット上の誤情報・デマ情報によって業務に支障を来した例もあった(株式会社 三菱総合研究所 2012：41).

このように,東日本大震災において,ICT を積極的に情報の受発信や被災者支援に最も活用しているのは,被災地の NPO・ボランティアであるということがわかる.

したがって,被災地において,NPO・ボランティアが,ICT を活用して,自治体と連携しながら,また,必要に応じて,中央共同募金会や日本赤十字などの助成・支援団体,企業,大学,農協・漁協・商工会などの団体,専門家と関わりながら,避難所や仮設住宅の被災者リーダーを支援しつつ,活動を展開すること,すなわち,「災害デジタル・ネットワーキング(災害時におけるインターネット等のデジタル・メディアを活用した支援活動)」を実践することによって,被災地の復興が効果的に達成されると期待できるであろう.

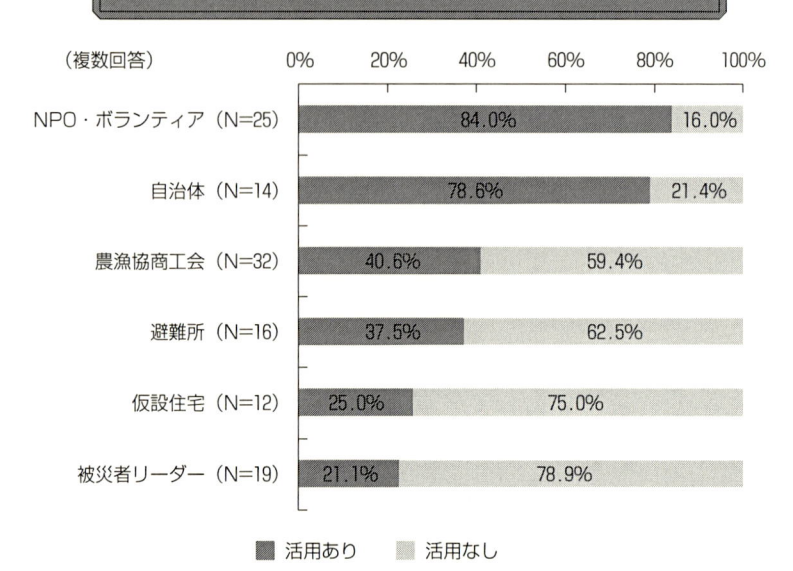

インターネットの活用状況

（複数回答）

属性	活用あり	活用なし
NPO・ボランティア（N=25）	84.0%	16.0%
自治体（N=14）	78.6%	21.4%
農漁協商工会（N=32）	40.6%	59.4%
避難所（N=16）	37.5%	62.5%
仮設住宅（N=12）	25.0%	75.0%
被災者リーダー（N=19）	21.1%	78.9%

具体的な活用状況

NPO・ボランティア	・ボランティアの募集をブログで行い，途中からTwitterを使うようになった．いずれも情報発信用に活用した．問合せはメールや電話で行った． ・被災地の現状などを紹介したり，手作り品の販売の情報を掲載した．コメントはあまりないが，閲覧数は1日7000に上った． ・ブログで情報を発信することにより，細かい問合せへの対応が不要になった．
自治体	・遠隔地の避難所に対しても，市のHPから情報提供を行った． ・3～4日後にインターネットが復旧し，それからは通行止めや避難所，ゴミ処理等の情報をホームページで公開した．
農漁協商工会	・メールで職員向け，支店向けの震災に関する情報や組織の方針等の情報を提供した．
避難所	・Twitterは安否情報に役立った．写真をアップしたことによって，安否確認できたケースがあった． ・避難者の人が情報の検索や支援情報の収集などに利用されていた．
仮設住宅	・ホームページで，仮設住宅の入居希望者向けに，入居可能時期，申し込み手続き方法等について情報提供した．
被災者リーダー	・ブログを早期に立ち上げたので，ブログを通して，こういう支援をしたいという声がきた．被災地の外に出ている人が，被災地の状況を知りたいということで，コメント欄に情報を書き込むということがあった． ・各避難所に貼りだされている名簿を写真に撮り，地域の安否情報を確認発信するためのブログを立ち上げた．

図7-3　被災地の機関・団体・個人の属性ごとのインターネットの活用状況について
（出典）株式会社 三菱総合研究所（2012：40）．

第7章 東日本大震災におけるデジタル・ネットワーキングの展開

SNS・Twitter等の活用

（複数回答）

- NPO・ボランティア（N=25）： 32.0%
- 被災者リーダー（N=19）： 21.1%
- 自治体（N=14）： 14.3%
- 農漁協商工会（N=32）： 6.3%
- 避難所（N=16）： 6.3%
- 仮設住宅（N=12）： 0.0%

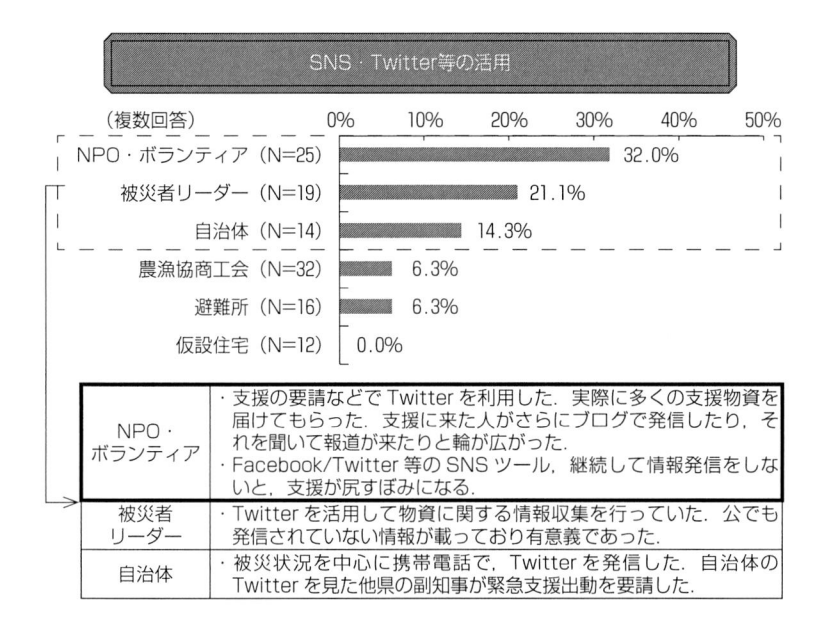

NPO・ボランティア	・支援の要請などでTwitterを利用した。実際に多くの支援物資を届けてもらった。支援に来た人がさらにブログで発信したり、それを聞いて報道が来たりと輪が広がった。 ・Facebook/Twitter等のSNSツール、継続して情報発信をしないと、支援が尻すぼみになる。
被災者リーダー	・Twitterを活用して物資に関する情報収集を行っていた。公でも発信されていない情報が載っており有意義であった。
自治体	・被災状況を中心に携帯電話で、Twitterを発信した。自治体のTwitterを見た他県の副知事が緊急支援出動を要請した。

インターネット活用における課題

誤情報・デマ情報による業務への支障	自治体	Twitter等で流れている噂を真に受けてしまった方から、頻繁にメールが送られてきた。本部ではほとんど把握している情報だった。メールが増える要因になってしまった。
	NPO・ボランティア	情報が拡散する過程で情報の出元がわからなくなる中、ネット上で起きた誹謗中傷が街の住民の目に止まり、ボランティア団体が謝罪、支援撤退する事態に至った。
利用者が限定される	自治体	情報弱者に対して、うまく働かない。
	農漁協商工会	農家のおじいちゃんおばあちゃんはインターネット使える人が少ないので、あまり活用できなかった。
	NPO・ボランティア	インターネットを利用する余裕が被災者になく、インターネットを利用できない被災者が不利になる。
	被災地リーダー	情報収集、共有という点では、同じ地域の人全員が使っているツールであれば意味があるが、他の人が使っていないと収集できる情報が少なく利用する意味がない。
	避難所	インターネットを使ったのは、限られた若い人のみであった。
	仮設住宅	入居者の高齢者率が高く、インターネットに慣れてない人が多いので、あまり利用されていない。
その他	自治体	電気と回線がないと情報発信できない。今回の情報発信も被災地ではないところには十分に情報を伝えることができたが、本当に情報を届けたかった被災地には届かなかった。

図7-4 SNS・Twitter等の活用と課題ついて

（出典）株式会社 三菱総合研究所（2012：41）.

この被災地復興に向けた災害デジタル・ネットワーキングの概念図は，DNM7-1のように示すことができる．

すなわち，災害デジタル・ネットワーキングの中心となるNPO・ボランティア団体のハブとなる人物が，連携して支援活動を展開するNPO・ボランティア団体，助成・支援団体，企業，大学・研究機関，専門家，都道府県，中央省庁，市区町村，商工会・農協・漁協などの団体，避難所や仮設住宅の代表者，支援者，個人ボランティアと非公式の架橋型・協力的相互信頼関係とデジタル・メディア・リンクで結ばれ，さらに，中心となるNPO・ボランティア団体を取り巻く上記の諸団体・諸個人相互が非公式（一部で公式）の架橋型（一部で，結束型）・協力的相互信頼関係とデジタル・メディア・リンクで結ばれていると

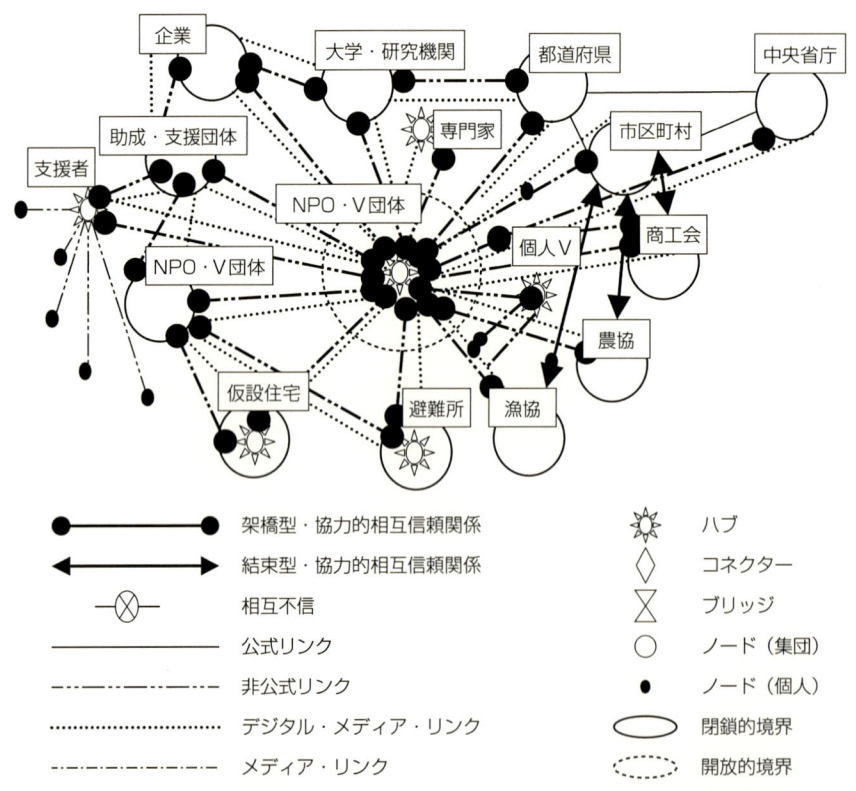

DNM7-1　被災地復興に向けた災害デジタル・ネットワーキングの概念図
（出典）著者作成．

いう構造である．

そこで，著者が，東日本大震災の発生前から発生直後を経て現在まで関わっている事例に基づいて，NPO・ボランティアや非営利組織を中心とするICTを活用した被災地の情報支援活動と復興支援活動の実態と課題について考察する．

2　東日本大震災の宮城県内被災地における ICTを活用した情報支援活動

1）防災科学技術研究所の災害情報ボランティア活動の実態と課題

平成23（2011）年3月23日付の「独立行政法人 防災科学技術研究所」（以下，「防災科研」）のプレス発表資料「『ALL311：東日本大震災協働情報プラットフォーム』Webサイトの開設と各種情報の協働発信～研究成果の社会還元の一環として～」の「1．趣旨」によれば，防災科研は，「平成23（2011）年3月11日に発生した東日本大震災（東北地方太平洋沖地震等）において，被災地の災害対応や復旧・復興に役立つ信頼できる情報を，全国のさまざまな機関や個人の方々と協働して集約・作成・発信する『ALL311：東日本大震災協働情報プラットフォーム』を開設」し，防災科研が「開発した『eコミュニティ・プラットフォーム』を活用し，各種地図・地理空間情報の配信や利用，地震動や土砂災害等の災害情報，震災疎開・避難の受け入れ活動支援等を行」う．「今後，国，自治体，民間事業者，NPO，学術団体，個人など多くの方々の参加・協力」を得て，「社会全体が協働して被災地及び被災地を受け入れている地域や団体の情報支援に継続的に取り組んで」ゆくということである（独立行政法人 防災科学技術研究所 2011：http://www.bosai.go.jp/press/pdf/20110323_02.pdf（2013年9月4日閲覧））．

そして，著者は，この趣旨に賛同し，防災科研が募集している「ALL311」の「災害情報ボランティア」に応募して，2011年4月6日～10日，4月16・17日，5月1・2日の3回にわたり，宮城県内の災害ボランティアセンター（以下「VC」）の支援活動に参加した．

ちなみに，「ALL311」の「災害情報ボランティア募集のお知らせ」によれば，防災科研では，「東日本大災害の被災地の情報支援を目的として，（宮城）県社会福祉協議会及び（宮城県内の）市町村社会福祉協議会，NPOほかと協働して，被災地各地の災害ボランティアセンターの活動を情報面で支援する取組を行って」いる（（　）は，著者による補足）．「具体的には，被災地の災害ボランティア

センター内にて，ボランティアの方々が収集した被害状況や復旧状況，避難所等の被災者の支援ニーズなどの信頼できるフレッシュな情報を，インターネットに接続されたパソコンから入力し，公開用ホームページやインターネットの地図システムを用いてわかりやすく整理し，被災地内外に情報発信を行って」いる．「この活動に用いている情報ツールは，市民協働や公民の協働を支える『eコミュニティ・プラットフォーム』と呼ばれる防災科研が開発したウェブシステム」である．「特に，地図については，行政や民間企業から提供されている道路情報や被災前後の航空写真などの情報をインターネットを介して標準的な仕組みで収集し，重ね合わせて，その上に被災地の情報を登録し，インターネット上に再配信することや，配布用資料や掲示用の大型ポスターとして印刷すること」ができる(図7-5)．「上記の一連の災害ボランティアの情報支援活動を，現地のボランティアセンターで手伝っていただける『災害情報ボランティア』を募集して」いる(干川 2012：42)(( )は，著者による補足)．

そこで，著者は，防災科研の情報支援チームの災害情報ボランティアの一員として，宮城県自治会館2階に「宮城県社会福祉協議会」が開設・運営していた「宮城県災害ボランティアセンター」(現「宮城県災害・被災地社協等復興支援ボランティアセンター」)(宮城県災害・被災地社協等復興支援ボランティアセンター http://msv3151.c-bosai.jp/（2013年9月4日閲覧))を主な拠点として，宮城県内の山元町・亘理町・利府町・東松島市・石巻市・女川町・南三陸町・気仙沼市の各VCを

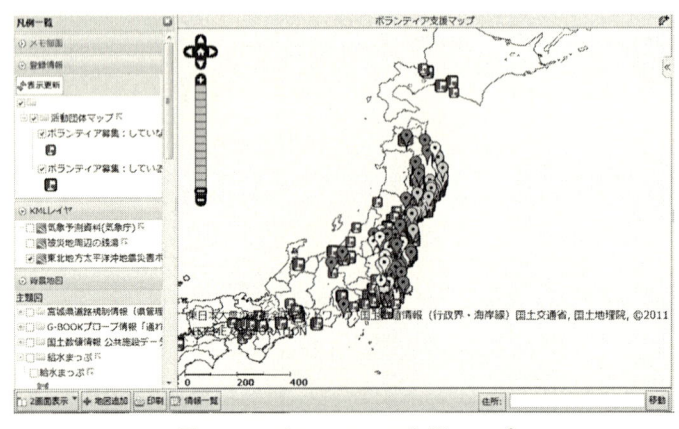

図7-5 ボランティア支援マップ

(出典) 干川 (2012：43)．

情報支援チームの運営スタッフや災害情報ボランティアと一緒に回り，各VCの事務局スタッフの話を聞いて状況を把握しながら，防災科研の情報支援チームとして支援可能なメニューを提示し，各VCの要望にしたがって，地図情報の提供や情報通信環境の整備，「eコミプラットフォーム」及び「eコミマップ」の利用指導を中心とした支援活動に参加した（写真7-1・写真7-2）。

この活動を通じて，著者の経験に基づいて明らかになったのは，各VCによって活動環境や状況が大きく異なっているため，それに応じて，防災科研の情

写真7-1　利府町VCへの地図情報提供
2011年4月16日，著者撮影．

写真7-2　南三陸町VCでの「eコミマップ」の利用指導
2011年4月7日，著者撮影．

支援チームは，各VCの事務局スタッフときめ細かく意思疎通を図りながら要望を把握し，適時・的確に支援活動を展開して行くことが必要であるということである．

また，防災科研の「ALL311」の災害情報ボランティアとして応募し活動に参加している様々な職業や経歴をもつ人たちに対しては，彼ら／彼女らの参加動機や目的意識，専門的な知識・技術を把握しながら，防災科研の情報支援チームの運営スタッフが活動に必要な的確な指示・助言を与えることが不可欠である．

これらのことが可能になるためには，運営スタッフが，相互に意思疎通を行いつつ，各VCを回りながら，阪神・淡路大震災以来の災害時に情報支援活動を積み重ねてきた経験者と意思疎通を図り助言を受けながら，経験を積んでいくことが求められることが明らかになった．

2）気仙沼市本吉地区におけるWebデータベースシステムを活用した応急仮設住宅生活支援活動の現状と課題

著者は，長年活動を共にしてきた災害ボランティア仲間のM氏と一緒に，2011年5月上旬より，「気仙沼市社会福祉協議会本吉支所」が設置・運営する「気仙沼市災害ボランティアセンター本吉支所」（以下，「本吉VC」）に対する情報支援及び運営支援を行ってきた．

具体的には，「本吉VC」に対して，「防災科研」や「シャンティ国際ボランティア会」（以下，「SVA」）と連携して，著者は，主にホームページの開設・運用などの情報支援を，M氏は，主にボランティア・コーディネーション等の運営支援を行ってきた．

同年5月から気仙沼市本吉地区に建設・設置された応急仮設住宅では，同月中旬より被災者の入居が始まり，入居者に対する生活支援が必要な段階となった．

そこで，阪神・淡路大震災で約4年間にわたって応急仮設住宅入居者の生活支援を行った実績を持つM氏と，阪神・淡路大震災以来の大規模災害で情報支援活動を行ってきた著者が，その活動経験に基づいて，「応急仮設住宅生活支援Webデータベースシステム」（以下，「DBシステム」）を活用して関係機関や支援団体と情報共有・連携しながら，気仙沼市本吉地区の応急仮設住宅の入居者に対する生活支援活動を応急仮設住宅解消まで実施することになった．

ちなみに，宮城県土木部住宅課によれば，気仙沼市内での応急仮設住宅の建設戸数は，3504戸であり，平成24（2012）年1月8日の時点で，完成戸数は3504戸となっている（宮城県土木部住宅課 2011：http://www.pref.miyagi.jp/uploaded/attachment/46022.pdf（2013年9月4日閲覧））．

また，同課が公表している「宮城県応急仮設住宅　建設一覧表」本吉地区の仮設住宅は，表7-2のように14カ所523戸であり，その地図上の位置は，「宮城県応急仮設住宅建設地（気仙沼市）」の地図情報（図7-6）の通りである．

このように，宮城県が応急仮設住宅の詳細な一覧や位置をWeb上で地図も用いて公開するということは，著者の知る限り，過去の災害ではなかったことである．

なお，M氏の阪神・淡路大震災での応急仮設住宅入居者に対する生活支援の経験によれば，今回の震災での応急仮設住宅支援活動は，5年以上の長期にわたる可能性が高いということである．

そこで，著者とM氏は，長期にわたる活動に必要な資金を調達するために，「特定非営利活動法人 基盤地図情報活用研究会」（以下，「研究会」）のメンバーとして，中央共同募金会の赤い羽根「災害ボランティア・NPO活動サポート募金」に応募し，平成23年度末（2012年3月末）までの活動資金として150万円の助成

表7-2　気仙沼市本吉地区の仮設住宅一覧

NO	名　称	建設場所	戸数
気仙沼市03	小泉中学校グラウンド	気仙沼市本吉町平貝	93
気仙沼市10	大谷中学校グラウンド	気仙沼市本吉町三島	186
気仙沼市12	津谷小学校グラウンド	気仙沼市本吉町津谷松岡	20
気仙沼市19	津谷高岡住宅跡地	気仙沼市本吉町高岡	17
気仙沼市20	旧小泉中学校跡地	気仙沼市本吉町外尾	21
気仙沼市24	はまなす台住宅団地	気仙沼市本吉町字長根	15
気仙沼市27	蔵内地区	気仙沼市本吉町字蔵内	18
気仙沼市45	山田大名広場	気仙沼市本吉町宮内	35
気仙沼市47	旧本吉農業改良普及センター跡地	気仙沼市本吉町津谷松岡	27
気仙沼市50	天ヶ沢地区	気仙沼市本吉町天ヶ沢	50
気仙沼市59	今朝磯地区	気仙沼市本吉町字今朝磯	9
気仙沼市60	外尾地区	気仙沼市本吉町外尾	8
気仙沼市61	卯名沢地区	気仙沼市本吉町字卯名沢	14
気仙沼市70	小泉小学校駐車場	気仙沼市本吉町平貝	10
計			523

（出典）宮城県応急仮設住宅 建設一覧表（気仙沼市追加着工分含む）平成24年1月18日　土木部住宅課：http://www.pref.miyagi.jp/uploaded/attachment/46022.pdf（2013年9月4日閲覧）より作成．

図7-6　宮城県土木部住宅課「宮城県応急仮設住宅建設地(気仙沼市)」
の地図情報における本吉地区の仮設住宅の位置
(出典) http://maps.google.co.jp/maps/ms?msa=0&msid=215745803993886684394
.0004a8796a9b9d4853c88&brcurrent=3,0x5f8894fefe9963bb:0x87e2b297778a77,0
&ie=UTF8&z=11 (2013年9月4日閲覧).

を受けることができるようになった.
　また，M氏が，気仙沼市本吉地区に活動拠点の確保と関係団体との調整を行って，応急仮設住宅支援活動の準備態勢を整え，2011年10月より，支援活動を開始し，実験用サーバーに設置され試験運用中の「DBシステム」にM氏が入力を行いながら，著者と「研究会」の技術スタッフとが連携して，改良し再構築して完成させる予定であった.
　このような予定で，「研究会」の現地駐在員としてM氏が，現地に常駐し，また，著者が「研究会」のコーディネーターとして，必要に応じて現地に入り，2011年12月から2012年3月末まで「本吉VC」の運営支援を行った.
　それと並行して，M氏も，情報紙「すきまかぜ」(図7-7)を編集・作成し，本吉地区内の応急仮設住宅14カ所を定期的に巡回して配付しながら，生活支援を必要とする入居者の生活状況を把握した(写真7-3).
　このような情報紙配付・巡回活動から得た情報を入力し，関係機関や団体と情報共有を行うためにDBシステムを研究会の技術開発チームが構築し，情報の入力態勢を整えた.
　また，M氏は，気仙沼市社会福祉協議会やSVA等の気仙沼市内で活動する支援団体で構成される「仮設住宅支援連絡会議」に定期的に出席し，これらの

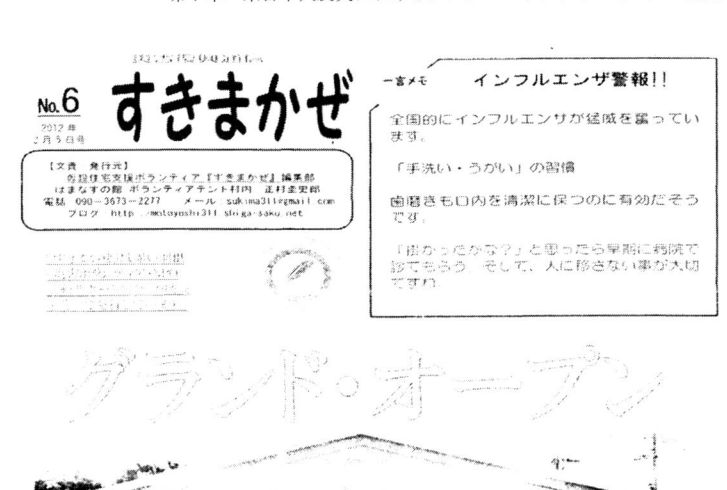

第7章　東日本大震災におけるデジタル・ネットワーキングの展開　　131

図7-7　情報紙「すきまかぜ　No.6」の紙面
(出典) 正村圭史郎氏作成.

団体との情報共有・連携態勢づくりを行った.

なお，活動拠点については，賃貸住宅等を事務所として確保できなかったので，気仙沼市災害ボランティアセンター本吉支所が設置されていた「気仙沼市はまなすの館」敷地内で，M氏が寝袋やテントで寝泊まりして常駐し活動を行った.

M氏が，常駐して，本吉VCの運営支援を行うことによって，信頼関係を

写真7-3　M氏の仮設住宅巡回活動の様子
2012年2月24日，著者撮影．

築きつつ同VCの運営スタッフとボランティアに対する支援を効果的に行うことができた．
　また，M氏が，情報紙を配付しながら本吉地区内の応急仮設住宅を定期的に巡回することで，入居者との信頼関係が形成され，生活支援を必要とする入居者の生活状況を把握することができた．
　さらに，M氏が，仮設住宅支援連絡会議に定期的に出席することで，気仙沼市社会福祉協議会等の関係機関やSVA等の支援団体との情報共有・連携態勢づくりを行うことができた．
　しかし，DBシステムによる上記の関係機関・団体との情報共有については，M氏が，本吉VCの運営支援の合間に，本吉地区の自治会連合会や気仙沼市本吉総合支所との信頼関係と協力関係を築きながら応急仮設住宅の巡回態勢を整えるのに多くの時間を費やさなければならなかったため，応急仮設住宅の巡回開始が遅れ，その結果，DBシステムを「研究会」の技術開発チームが構築し，情報の入力態勢を整える段階にとどまった．
　このような結果となったため，平成24（2012）年以降の中央共同募金会の赤い羽根「災害ボランティア・NPO活動サポート募金」からの「研究会」への継続的な助成は得られず，気仙沼市本吉地区でのDBを活用した「研究会」としての応急仮設住宅生活支援活動は，中断されることとなった．
　ところで，著者は，東日本大震災の被災地支援の一環として，南三陸町「福

興市」等の支援活動への参加を通じて，現地の水産加工業者や支援者に対して，2011年1月19日に噴火した霧島連山新燃岳の火山灰と三陸の魚介類を使用した灰干しづくりを提案している．

そこで，次に，霧島連山新燃岳火山災害から東日本大震災に至る灰干しづくりを中心とした支援活動の経緯を示し，著者が震災前から現在まで関わってきた「ぼうさい朝市ネットワーク」から南三陸町「福興市」を経て「南三陸復興まちづくり機構」へと至る復興支援活動の流れをとらえた上で，ICTを活用したデジタル・ネットワーキングによる被災地復興の可能性と課題を考察する．

3　デジタル・ネットワーキングによる被災地復興に向けて

まず，「内閣府地域活性化本部会合」の平成20 (2008) 年度・21 (2009) 年度「地方の元気再生事業」の三宅島復興を目的としてはじまり，霧島連山新燃岳火山災害と東日本大震災によって新たな展開を見せている「灰干しプロジェクト」と南三陸町「福興市」を経て「南三陸復興まちづくり機構」へと至るデジタル・ネットワーキングの経緯を示すことにする．

第5章で論じたように，2000年6月下旬に発生した「平成12 (2000) 年三宅島火山災害」では，災害発生直後から現在に至るまで，著者は，継続して支援活動に関わってきたが，2005年2月からの三宅島への住民の帰島を契機にして，2008年から仲間たちと一緒に，魚介類と火山灰を活用した「灰干しづくり」を中心とした三宅島の「地域再生」に取り組むことになった．

さらに，著者は，その成果に基づいて，2011年1月19日に発生した「平成23 (2011) 年霧島連山新燃岳火山災害」では，現地で地域づくりや被災地支援活動に取り組んでいるNPOに，灰干しづくりを提案した．このことがきっかけとなって，このNPOが率先して肉類を食材とした灰干しづくりに取り組み，成果をあげている．

そこで，霧島連山新燃岳火山災害での灰干しプロジェクトの新たな展開をたどり，南三陸町を中心とする東日本大震災の被災地での灰干しプロジェクトの今後のあり方を展望する．

1）霧島連山新燃岳火山災害と灰干しプロジェクト
2011年1月19日に霧島連山の新燃岳が噴火を始め，同月27日には52年ぶりに

爆発的噴火を起こし，噴出した火山灰などの量は，推計4000万～8000万トンとされている（『朝日新聞』2011. 2. 4：21）．

　新燃岳の麓の都城市や高原町などの地域では，断続的に降り注ぐ大量の火山灰の除去作業に追われ，自宅の屋根に上って作業をしていた高齢者が屋根から滑り落ちて重軽傷を負うという事故が多発していた．

　ちなみに，「宮崎県新燃岳火山災害対策本部」の発表によれば，同年6月29日現在で，重傷者23名・軽傷者19名であり，また，噴石による自動車や家屋の被害は730件に及んでいる（宮崎県新燃岳火山災害対策本部 2011：http://www.pref.miyazaki.lg.jp/parts/000161736.pdf（2013年9月4日閲覧））．

　現在，霧島山麓の宮崎県高原町では，新燃岳から噴出した火山灰を利用して，食肉（鶏・豚・イノシシ・シカ）や川魚（ニジマス）の「灰干し」づくりの取り組みが盛んに行われている．その様子は，「NPO法人たかはるハートム」のブログに掲載されている（図7-8）（http://kobayashitakaharuheartom.blogspot.com/2011/04/blog-post_08.html（2013年9月4日閲覧））．

　ここで，灰干しとは，図7-9のように，肉・魚介類・野菜などの食材を，火山灰と直接触れないように布と透水性のセロハンに包んで，火山灰で上下か

図7-8　「たかはるハートム」のブログに掲載されている灰干しの試食会の様子
(出典) http://kobayashitakaharuheartom.blogspot.com/2011/04/blog-post_08.html（2013年9月4日閲覧）．

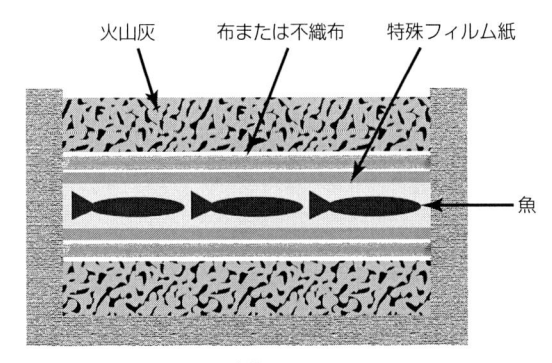

灰干しの製造方法

図7-9 「灰干しプロジェクト」Webサイトに掲載された灰干しの製造方法の模式図
(出典) http://www.haiboshi.jp/group.php?gid=10013 (2013年9月4日閲覧).

らサンドイッチ状に挟んで冷蔵庫で乾燥熟成させた高級干物であり，食材の臭みが取れ，味が濃縮されておいしくなる．

その作り方については，「灰干しプロジェクト」Webサイト（図7-10）（再掲）に掲載されているが，灰干しの作り方を高原町の人たちに紹介したのは，三宅島の復興支援活動としてこのプロジェクトに取り組んできた著者である．

その経緯は，以下のようである．著者は，まず，2011年2月5日から9日にわたって，都城市・高原町・宮崎市の市役所・町役場・県庁と災害ボランティアセンターを訪れ，現地調査を行いながら，これまでの災害での支援活動経験に基づく支援の申し出を行った．

その詳細については，「平成23 (2011) 年霧島連山新燃岳火山災害」(http://jpgis.jp/user.php?uid=1005 (2013年9月4日閲覧)) に掲載してあるが，高原町役場の了承を得て，灰干し試作用に「霧島美化センター」に集積されていた火山灰数十kgを提供してもらい，この火山灰を石川県内で灰干しづくりに取り組んでいる星稜女子短期大学准教授のS氏に宅配便で送り，鶏もも肉と鶏レバーの灰干しを試作してもらうことができた．

そして，また，著者は，同年3月20日〜24日にかけて現地を訪れ，高原町

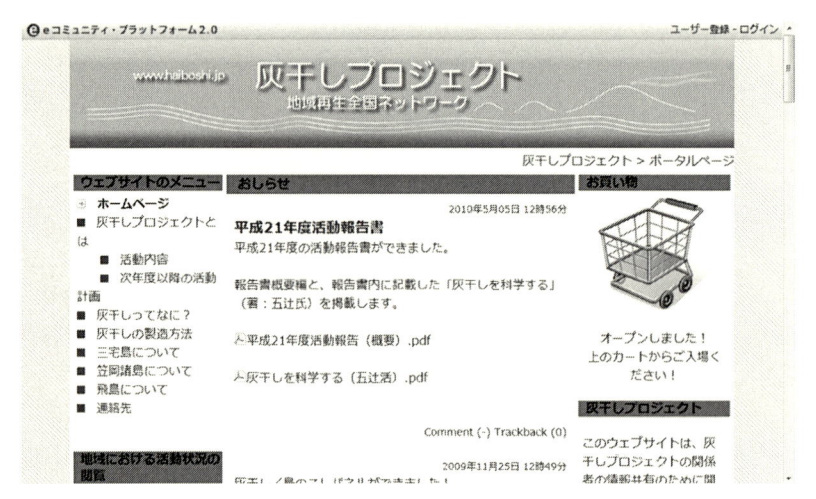

図7-10　灰干しプロジェクトのWebページ
（出典）http://www.haiboshi.jp/（再掲）（2013年9月4日閲覧）.

で支援活動をしていた災害ボランティアの知り合いである「被災地NGO協働センター」のY氏から，高原町で地域づくりや被災地支援活動に取り組む「特定非営利活動法人 たかはるハートム」を紹介してもらい，新燃岳の被災地復興のために灰干しづくりを提案し，灰干しの試食会と講習会が開催された（写真7-4）．その様子は，「テレビ宮崎」（2011年3月24日夕方6時台のニュース番組）や『宮崎日日新聞』（2011.3.25：http://www.the-miyanichi.co.jp/contents/index.php?itemid=36803&blogid=16（2013年9月4日閲覧））で紹介された．

　そして，それが功を奏し，高原町の人たちが，2010年以来の口蹄疫・鳥インフルエンザ・新燃岳噴火の三重苦から脱すべく，熱心に灰干しづくりに取り組んでいる．

　その取り組みは，宮崎県内の新聞・テレビで何度も取り上げられ，宮崎県を中心とする九州南部では，日に日に灰干しに対する人々の関心が高まり，鹿児島県では高原町の事例を模倣して桜島の火山灰を使用して鶏肉や魚で灰干しを製造・販売する業者も出現し，著者に業者から直接電話で，灰干しに関する問い合わせも来るようにまでなっている．

　そして，著者が，高原町の灰干しを初めて食べたのは，2011年8月24日に開催された「たかはるハートム」の試食会においてである（写真7-5）．

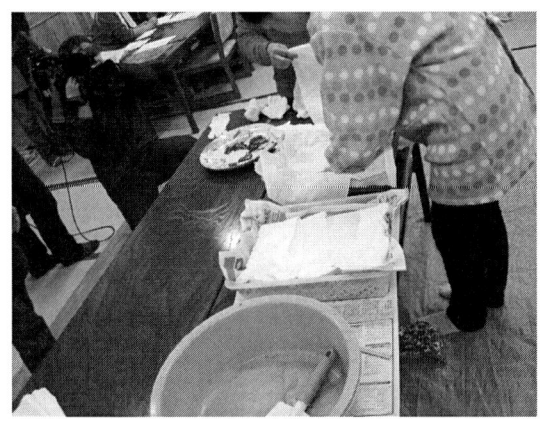

写真7-4 2011年3月23日に高原町光明寺の慈光会館・門徒会館で開催された灰干し講習会・試食会の様子
2011年3月23日，著者撮影．

写真7-5 2011年8月24日に高原町光明寺の慈光会館・門徒会館で開催された灰干し試食会の様子
2011年8月24日，著者撮影．

そこで出されたシカとイノシシの肉や鶏の内臓肉は，それぞれ，未加工のものは独特の臭みがあるが，灰干し加工すると，臭みが抜け，味も凝縮され，パリッとふっくらと焼きあがり，非常に美味しかった（写真7-6）．

この試食会は，長年にわたって著者と研究活動や災害情報支援活動，灰干しづくりで行動を共にしている星稜女子短大のS氏と一緒に，「都城圏域地場産業振興センター」での灰干し講習会（同月25日開催）（写真7-7）の講師を都城市工業振興課から依頼されたことをきっかけに，著者から開催をたかはるハートムに依頼して実現した．

また，同月27日に開催された「MRT宮崎放送」（TSB系列局）主催の「MRT感謝祭」の「ご当地グルメ大集合 みやざきご当地グルメ選手権」に，たかはるハートムが，「熟成たかはる灰干し」500食を携えて初出場し，準優勝するという好成績を収めた．

そして，「熟成たかはる灰干し」は，宮崎県や鹿児島県を中心に九州全域でテレビ・新聞・ラジオで頻繁に取り上げられ，高原町の目玉の特産品として徐々に知名度を高めていき，注文が生産を上回り常に品薄状態となっている．

さらに，高原町の特産品Webページのトップに高原町NO.1の特産品として「熟成たかはる灰干し」が掲載されている（図7-11）．

そして，著者は，高原町で開催される灰干し関連のイベント（講演会・試食販売会等）に参加し，また，現地の実態把握を行いながら，「熟成たかはる灰干し」の品質改良とブランド化について提案と助言を行ってきた（写真7-8・写真7-9・写真7-10）．

その一方で，著者は，南三陸町を中心とする東日本大震災の被災地でも，新燃岳の火山灰と三陸の魚介類を使用した灰干しづくりを提案してきた．

2）「ぼうさい朝市ネットワーク」から南三陸町「福興市」を経て「南三陸復興まちづくり機構」へ

2011年4月29・30日から2013年5月まで，毎月末に南三陸町で開催されている「福興（復興）市」で（2013年6月からは，不定期開催），同年9月25日に，著者が，物品販売の手伝いを毎回している「酒田市中通り商店街」の協力を得て，三宅島と高原町で作られた灰干しを試食販売することになった（写真7-11）．

三宅島の灰干しは，灰干しプロジェクトのメンバーである村会議員で漁師のA氏が，自ら漁船で獲った魚等と三宅島の火山灰を使って製造し，三宅島漁

第7章 東日本大震災におけるデジタル・ネットワーキングの展開　139

写真 7-6　試食のためホットプレートで加熱中のシ
　　　　　カ・イノシシ・鶏レバーの灰干し
（味を比較するため，向かって左1～3列の肉は，灰干し加工
していないもの）
2011年8月24日，著者撮影．

写真 7-7　「都城圏域地場産業振興センター」での
　　　　　灰干し講習会の様子
2011年8月25日，著者撮影．

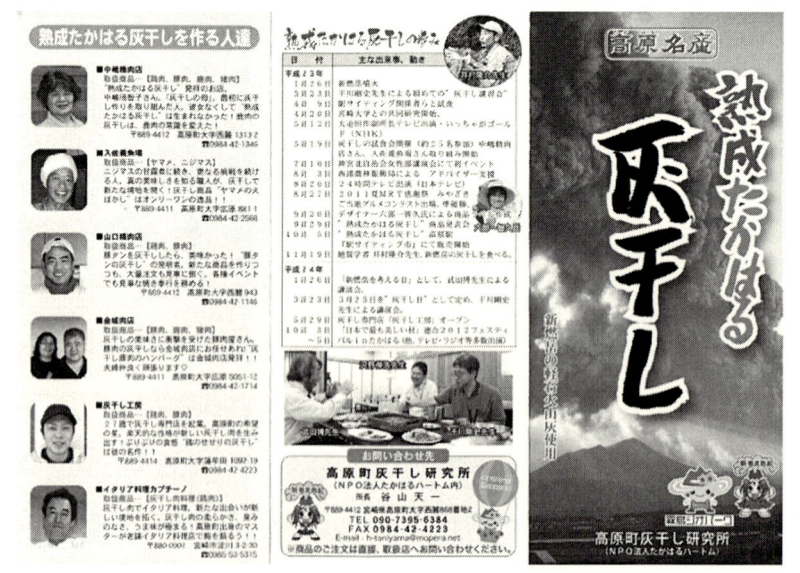

図7-11　「熟成たかはる灰干し」を紹介する高原町「町の特産品」Webページ
(出典) http://www.town.takaharu.lg.jp/modules/contents07/index.php?content_id=18 (2014年2月19日閲覧) (上) とそのWebページからダウンロードした「熟成たかはる灰干し」のパンフレット (下).

宮崎県と宮崎県内市町村が復興支援を行った宮城県山元町の「ふれあい産業祭」における高原町物産コーナー（左）(2011年11月23日) での「熟成たかはる灰干し」の宣伝販売の様子（右）(2012年11月23日)

高原町「神武の里たかはる皇子公園花まつり」（左）(2012年3月25日) 及び姶良市「あいらん家うまいもんフェスタ」（右）に出店した「たかはる灰干し研究所」の「熟成たかはる灰干し」の宣伝販売の様子 (2012年12月1日)

写真7-8　灰干し関連のイベント

著者撮影.

写真7-9　高原町光明寺の信徒会館で2012年3月23日に開催された著者による灰干し講演会の様子(2012年3月23日)

著者撮影.

写真7-10　高原町の商工会館で2013年3月23日に開催された灰干しシンポジウム（左）と灰干し試食会の様子（右）

著者撮影.

写真7-11 南三陸町福興市での灰干し販売コーナー（左）(2014年4月25日) 及び福興市関係者と著者（右）(2012年5月27日)

著者撮影.

協の鮮魚販売所「いきいいお魚センター」に卸しているもので，特に，サメの灰干しは，三宅島の人たちの間でおいしいと評判になっている（図7-12・図7-13・写真7-12）．

他方で，高原町の灰干しは，上記のように，たかはるハートムが，地元の精肉店の協力を得て現地の食材（鶏・豚・シカ・イノシシ）と新燃岳の火山灰を使って製造している（写真7-13）．

ところで，南三陸町では，水産加工業者が，灰干しプロジェクトのメンバーとして，東日本大震災の前からサケとホタテで三宅島の火山灰を使った灰干しの試作をしていた．

ところが，2011年3月11日に発生した東日本大震災による津波で，それらの水産加工業者の店舗や工場ごと灰干しの試作で使用していた火山灰も道具も流された．

ちなみに，「南三陸町『株式会社 ヤマウチ 山内鮮魚店』店長ブログ」では，地震発生後9日後から，南三陸町と会社の状況を伝えている（http://yamatsuhan.blog73.fc2.com/blog-date-201103.html（2013年9月4日閲覧））．

そして，水産加工・販売業の「株式会社 ヤマウチ」社長の山内正文氏が実行委員長となり，2011年4月29・30日から毎月最終日曜日に開催されている「南三陸町 福興市」は，「福興市公式サイト」の「福興市とは」によれば，「南三陸町の地元商店街と町が手を取り合って再び幸せを取り戻すため」の「祈りを込めて『福が興る市』と命名して復興のシンボルとなる市」であり，「この『福

三宅島「灰干し」特産に

「厄介者」で高級干物

2000年の火山噴火で大きな被害を受けた伊豆諸島・三宅島で、火山灰を活用した高級干物「灰干し」を売り出すプロジェクトが進んでいる。今年4月には近海でとれたサメの商品化に成功した。全島民約3800人が避難生活を余儀なくされ、避難指示が解除された今も微量ながら火山ガスの噴出が続く三宅島。島民を苦しめた火山灰を逆手に取った町おこし策だ。

灰干しは食材を熟成加工する製法の一つ。細かく砕いた灰を敷き詰めた容器に特殊な布で包んだ魚などを入れ、灰をかぶせて挟み込み、冷蔵庫で寝かせる。浸透圧によって余分な水分や臭みが抜け、うまみが閉じ込められる。贈答用の高級干物や酒のツマミにもぴったりという。

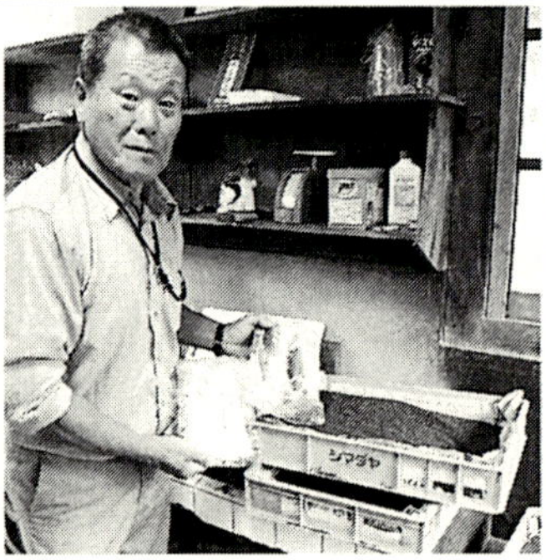

自宅の納屋にある加工場で灰干しに取り組む浅沼さん＝三宅村伊豆

プロジェクトの発案者は被災地の地域再生などを専門にする千川剛史・大妻女子大学教授(50)。全島避難が解除されたのを機に「島の特色を生かした地域再生をしよう」と漁協や商工会などと協力し、三宅村が保管していた火山灰を使って08年から事業化の準備を始めた。近海でとれるツムブリやゴマサバなどで試作を重ね、島民らに試食してもらった。

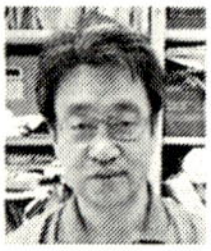

千川剛史教授

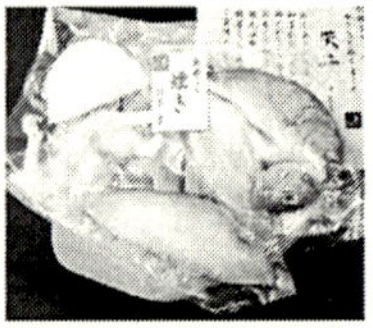

三宅島の火山灰を使った北木島の灰干し商品

元漁協専務理事で漁師の浅沼徳広さん(73)がサメの商品化に成功したのは今年4月。これまでサメは捕獲しても輸送費などで採算が合わずに廃棄していたという。

「サメの灰干し」は島内の市場や年5回開催される「島市」などで1袋600円で販売。来年以降は竹芝桟橋（港区）にある伊豆諸島のアンテナショップでの販売も計画している。

「ともに厄介者だった火山灰とサメを使った商品を、復興に向けた島の特産品に育てたい」と浅沼さんは意気込む。

三宅島の火山灰は岡山県笠岡市の北木島でも活用されている。仕掛け人は千川教授だ。09年、地元NPOが株式会社を設立。石材加工場の設備を活用し、三宅島から運び込んだ火山灰1～2トンで瀬戸内海産のタチウオなどを商品化した。従業員5人ほどで1日当たり約400匹を加工。道の駅などで1袋600～1200円で販売している。

灰干しに使う火山灰は繰り返し使えるのが特徴。離島では輸送コストがかさんで漁獲されなかった魚も、灰干しで付加価値を付けることができる。北木島では現在、島観光と加工体験を合わせたツアーも開かれている。

新燃岳では鶏・豚肉

生産量安定・販路確保課題

■ 地元産品を使った灰干しによる町おこしの事例

地域	事業主体	使用火山灰	活用例（試作中も含む）
三宅島	地元漁師など	三宅島	サメ・ツムブリなど三宅島近海産の魚介類
北木島（岡山県）	地元ＮＰＯ設立の株式会社	三宅島	タチウオ・タイなど瀬戸内海産の魚介類
都城市・高原町（宮崎県）	地元ＮＰＯなど	新燃岳	鶏肉・豚肉・野菜など宮崎産の農畜産物
南三陸町（宮城県）	地元水産加工業者など	三宅島・新燃岳	サケ・ホタテなど三陸沖産の魚介類

灰干し商品の開発は、三宅島と北木島にとどまらない。

今年1月にあった霧島連山・新燃岳の噴火後、宮崎県都城市や高原町でも三宅島の取り組みをモデルに地元NPOなどが県産の鶏肉や豚肉を商品化。10月から駅構内の物産店での販売を始めたが、「肉の臭みがない」「軟らかくておいしい」などと好評という。

漁業が盛んな東北地方でも、三宅島や新燃岳の火山灰と三陸沖産のホタテやサケを使った灰干しの試作が進んでいた。が、東日本大震災による津波で地元水産加工業者が被災し、計画は中断。加工用に保存していた三宅島の火山灰も流されてしまった。

「地元産品を生かした町おこしとして、復興の起爆剤になれば」。9月に宮城県南三陸町であった「復興市」で、千川教授らが用意した試作品を地元住民に食べてもらったところ、地元業者からは「施設の復旧が一段落すれば、商品化に再挑戦したい」と前向きな反応を得たという。

一方、各地の灰干し事業を軌道に乗せていくには、漁獲から加工、販売までを一括して手がける事業体をつくるなど、生産数量の安定や販売ルートを確保する必要があるという。千川教授は「三宅島や新燃岳の火山灰という希少性をいかしたブランド化を進めつつ、火山や津波といった被災地同士を結ぶネットワークをつくって灰干しを各地に広めていきたい」と話す。

（仲田一平）

図7－12　『朝日新聞』東京多摩版2011年12月6日付に掲載された三宅島の灰干しに関する記事

第7章 東日本大震災におけるデジタル・ネットワーキングの展開　145

図7-13 「三宅島火山灰干し」のパンフレット
（出典）三宅島火山灰干し研究会.

写真7-12 「三宅島火山灰干し」のサメ（左）（2011年11月27日）（著者撮影）と第13回三宅島産業祭での販売の様子（2012年12月2日三宅村役場駐車場で開催）
（出典）『三宅島新報43号』http://www.miyake-furusato.net/zyohou/sinpou2/shimpou43.pdf（2014年2月19日閲覧）4面より転載.

写真7-13　高原町の中嶋精肉店が製造・販売する「熟成たかはる灰干し」各種（左）と灰干し製造・販売専門店「灰干し工房」（右）（2014年3月23日）
著者撮影．

興市』は単に一商店街だけの為のものではなく，行政機関である町と地元企業の方々，地元小中学校の子供たち，母親など家族の方々，町外から応援する市町村，NPO，ボランティアの方々が一丸となって手をつなぎあい，創り上げているイベント」である（福興市公式サイト：http://fukkouichi-minamisanriku.jp/about/about.html（2013年9月4日閲覧））．

　『日本経済新聞』2011年4月30日付の記事によれば，「大きな津波被害が出た宮城県南三陸町で29日，地元や全国の商店街が名産品を販売する『福興市』が開かれた．地元商店街が町民の元気を取り戻そうと企画したイベント．約5千人の町民が配られた商品券を使い，できたての食べ物を手に久々の活気を楽しんだ」，「イベントは地元商店街が，全国でつながりのあった自治体の商店会と協力して実施．避難所となっている同町の志津川中学校を使い，岡山産の牛肉，福井産のこんにゃくなど約30店が出店した．ただ南三陸町からの出店は，高台にあった弁当屋，野菜販売店など4店のみ．実行委員長の山内正文さん(62)は，『まともに商売できる店がほとんどない．参加者を募るのは難しかった』と話す．商店会加盟業者約560のうち，約8割の460事業者で事務所や工場が全半壊した」（『日本経済新聞』2011.4.30：30）．

　このように，第1回目の福興市は，大きな困難の中から出発したが，『朝日新聞』2011年8月5日付の「ひと」欄に掲載された記事によると，福興市が開催されるきっかけと同年7月末の第4回福興市までの様子は，以下のようであった．

　南三陸町で福興市を開く藤村望洋氏（67）は，「『闇市をやろう』．宮城県南

三陸町の避難所に，知り合いの商店主らを訪ねた．4月のことだ．店も家も失い，うちひしがれた商店主らは『残ったのは借金だけ』『自己破産しかない』．それを聞いて，日が暮れて真っ暗な体育館で叫んだ．『あなたたちが頑張る以外，町は復興しない』『闇市』は，全国の商店街が特産品を南三陸町に持ち寄り，テントで売る『福興市』．7月末に4回目を開くまで回を重ねてきた．かまぼこやウニ飯などの食料品，衣類や陶器などの生活雑貨……．初回に出店した大半は県外だったが，今や約60店の半分が地元の店に．誘われるように来場者も増え，1日で1万人を超える」（『朝日新聞』2011.8.5：2）．

　ちなみに，福興市公式サイトによれば，同年8月28日に開催された第5回福興市の来場者は2万人弱となり，出店数は65で，そのうち地元の商店が約半分の32店を占めている（干川編 2014：6）．

　福興市が開催されるに至る活動基盤となったのは，藤村氏が内閣府の平成20年度・21年度「地方の元気再生事業」の「『大阪蔵屋敷ネットワーク』による北前船ルート地域活性化ビジネスモデル構築」事業の一環として企画・実施した「ぼうさい朝市」である．

　『旬刊 旅行新聞』第1419号（2011年5月21日付）の記事によれば，「『ぼうさい朝市』は2008年10月内閣府の『地方の元気再生事業』を活用してスタートした．いざというとき，隣から支援できるように商店街を中心とした地域間ネットワークを構築．平時から，ヒトとモノの交流を促す」，「『全国から美味しい救援物資がやってくる』．ぼうさい朝市の告知ポスターに書かれてある通り，朝市の会場には，山形県酒田市の芋煮や，鹿児島県鹿児島市の豚汁，長野県飯山市のりんご豚まんなど，救援物資にみたてた全国各地の特産品が並ぶ．この美味しい食べ物にひかれて多くの人が集まってくる．地元商店街のメンバーが中心となり販売．町内会や，自治会なども協力する．さらにイベントの趣旨に賛同する，全国の商店街ネットワークのメンバーも参加．イベントはネットワークの商店街の持ち回りで開催し，お互いのまちを行き来しあう．イベントを通して商店街のメンバー同士が交流．顔の見える人間関係を築くことができる．平時のイベントは，各地の特産品を美味しい救援物資として提供．商品を販売するテントは災害時にも使えるもので，この設置，片付けも災害時を意識して行う」，「地域をつなぐ隣ネットワークを考えたときに，大阪・船場出身の藤村氏は，かつて大阪を中心に栄えた北前船ルートに着目した」，「『防災には，地域と地域のつながりが大切．かつて北前船ルートで結ばれた地域間の交流を復

活させたい」と，北前船ルート上の商店街に参加を呼び掛ける」，「ぼうさい朝市は2008年度山形県酒田市や大阪市，岡山県笠岡市など6カ所で開催．2009年は，鹿児島市，宮城県南三陸町，兵庫県佐用町など8カ所で開催された．2年間で延べ18万人が参加．2010年度も自立した活動として継続されている．(2011年5月)現在，20市町村のネットワークに拡大する」(旅行新聞社 2011.5.21：1)(( )は，著者による補足)．

このようにして，内閣府の地方の元気再生事業を契機にして全国20カ所を結ぶ「ぼうさい朝市ネットワーク」が構築されていったが，それが，東日本大震災発生直後に，南三陸町に対する支援活動として，以下のように展開して行く．

「3月11日，東日本を襲った大地震・津波災害．ぼうさい朝市ネットワークの1つのまち，宮城県南三陸町も壊滅的な被害を受けた．すぐに藤村氏は，ネットワークの中で南三陸町に最も近いまち，山形県酒田市に向かう．ここを拠点に全国の仲間にメールで支援を呼びかけた．ぼうさい朝市の参加者を中心にして，供給体制が立ち上がり，救援物資や義援金が続々と集まった．南三陸町に第1便の救援物資が届けられたのは，3月18日．トラックで片道6時間かかった．その後も酒田からのピストン輸送は続いている」，「被災側が求める物資は日々変わっていく．現地のニーズを迅速かつ的確に把握するのに，ぼうさい朝市で築いてきた普段からの顔の見える関係，信頼関係が活きた．最初の要望は，水や燃料，炊き出し用の大きなガスコンロ，プロパンボンベなど．日が経つにつれてストーブ，灯油，食料，消毒剤，下着などへと変わっていった」(旅行新聞社 2011.5.21：1)．

その一方で，ぼうさい朝市ネットワークの構成団体の「特定非営利活動法人かさおか島づくり海社」のメンバーの守屋基範氏によれば，「平成23(2011)年東北地方太平洋沖地震」発生の翌日の2011年3月12日に「『ぼうさい朝市』のコーディネーター・藤村望洋さんに連絡し，朝市でつながる宮城県南三陸町への支援の話がまとまった．

2002年から島の空き家対策事業に取り組んでおり，これまで32世帯の移住者を受け入れている．大地震の翌日，高島の妹尾陌正(せのう みちまさ)さんから『島の空き家を用意するから，南三陸の漁師を迎え入れよう』という提案がされた．

そこで，島づくり海社は3月14日に会合を開き，笠岡諸島4島(高島，北木島，白石島，真鍋島)の空き家での受け入れを決定．笠岡市の陸地部や近隣からの空

き家提供の申し出もあって，約20世帯分の空き家を確保することができた．

行政の受け入れとは異なり，島の空き家は建物だけではない．冷蔵庫や洗濯機といった生活用品がそのまま残されているので，被災者は身1つでこれる．また，近所のつながりも強く，移住後のきめ細かな生活サポートもできるので疎開の要件に合っていた．さらに，三陸沿岸の漁業は瀬戸内とおなじように，カキやワカメ，ホタテなどの養殖が盛んなことから，笠岡諸島での再起も呼びかけようと考えていた．

こうして震災の復興支援は，『ぼうさい朝市』と『空き家活用』という2つの柱を中心に『笠岡希望プロジェクト』として動き出した」（農文協 2011：10）．

ちなみに，「かさおか島づくり海社」の「東日本大震災支援プロジェクト（疎開プロジェクト）」Web ページによれば，表7-3のように，2011年3月23日の時点で，空き家23件（白石島11件，高島5件，真鍋島2件，笠岡市内3件，市外2件）である．

「3月24日，南三陸町へ救援物資を積んで4名の支援隊が派遣された」，「笠岡市から南三陸町までは車で17時間，片道1300kmの道のり．午後2時に笠岡を

表7-3 「かさおか島づくり海社」の東日本大震災支援プロジェクト（疎開プロジェクト）の空き家リストかさおか島づくり海社

物件番号	区分	住所	間取り	物件の状態
1	笠岡諸島	高島	8/8/K/B/T	即入居可
2	笠岡諸島	高島	6/6/6/6/4.5/4.5/B/T/K	即入居可
3	笠岡諸島	高島	18/6/K/B/T	物件補修要
4	笠岡諸島	高島	4.5/4.5/4.5/6/6/3/K/B/T	即入居可
5	笠岡諸島	真鍋島	4/6/7.5/7/K/B/T	即入居可
6	笠岡諸島	高島	8/8/6/10/K/B/T	即入居可
7	笠岡諸島	白石島	3/3/4.5/3/5 5/6/4.5/K/T/B	即入居可
8	笠岡諸島	白石島	6/6/8/10/6/6/6/6/K/T/B	即入居可
9	笠岡諸島	真鍋島	6/6/4.5/4.5/K/B/T	物件補修要
10	笠岡諸島	白石島	6/6/K/シャワー	即入居可
11	笠岡諸島	白石島	6/6/K/T/B	保留
12	笠岡諸島	白石島	8/8/6/6/K/T?シャワー	即入居可
13	笠岡諸島	白石島	6/6/8/6/K/B/T	即入居可
14	笠岡諸島	白石島	6/6/4/4/K/T/B	即入居可
15	笠岡諸島	白石島	4.5/4.5/4/B/K/T	物件補修要
16	旅館等	白石島	2部屋	即入居可
17	旅館等	白石島	2部屋	即入居可
18	旅館等	白石島	2部屋	即入居可
19	笠岡市内	その他	6/6LDK/T/B	家財道具要
20	笠岡市内	その他	10/10/T/K	家財道具要
21	市外	その他	6/6/6/4.5/6/4.5/K/B/T	即入居可
22	市外	その他	3世帯受入れ可（倉敷）	即入居可
23	笠岡市内	その他	6/4.5/K2/6/K2	家財道具要

（出典）https://spreadsheets.google.com/pub?key=0Aq6MzKOiEzP2dG9sNzVGaDJV
MjV3czdaekFlYm4tWmc&output=html（2013年9月4日閲覧）．

出発して，4人で運転を交代しながら夜通し車を走らせ続けた．給油事情が悪いため途中でこまめに給油して，翌日朝7時ごろ現地に到着した．移動も含め現地での滞在は3日間．避難所を回って被災者の話を聞いたり，食料や衣類などの物資の仕分け，風呂用の薪割りを手伝った」，「これまで『笠岡希望プロジェクト』で3回，南三陸町へ支援隊が派遣され」た，「笠岡諸島では現在，宮城県気仙沼市から被災家族1世帯．原発の影響で東京から被災された家族2世帯を受け入れている」（農文協 2011：10；http://kikanchiiki.net/contents/?p=814（2013年9月4日閲覧））．

そして，「南三陸町で4月29・30日，『福興市』が開かれた．『小さな店の商店主たちがやる気にならないとまちは復興しない，応援する気持ちを具体的に見せたい』と，ぼうさい朝市ネットワークが企画した．とはいえ地元の商店は，津波に店も工場も流され，売る商品は何もない．全国から届けられた特産品などを，南三陸町の商店の看板をテントに掲げ，全国の商店街から駆けつけた仲間たちが協力して販売した．『店が立ち直ったときは，今度は自分の商品を全国のネットワークの商店街で売ってもらえばいい』」（旅行新聞社 2011.5.21：1）．

そして，今後の南三陸町の復興まちづくりについて，藤村氏は，以下のように述べている．「避難所には，家族のきずな，地域のコミュニティが見事に復活している．阪神大震災でもいわれた『災害ユートピア』．こうした状況が持続するうちに早く，町全体をどう立ち直らせるか，住民の基本的合意を取っておいたほうがいい．遅くなるほど，利害調整が難しくなると力説する」（旅行新聞社 2011.5.21：1）．

以上にように，藤村氏を中心に「ぼうさい朝市ネットワーク」を基盤にして南三陸町の「福興市」が展開してきたが，この展開を可能にしたのは，ぼうさい朝市ネットワークのメーリングリスト「kitamae ML」の中でのメールのやり取りであった．

そして，このメーリングリストで行われたメールのやり取りを通じて，「ぼうさい朝市ネットワーク」から南三陸町「福興市」へ，そして，「一般社団法人 南三陸福興まちづくり機構」へと南三陸町の産業復興を中心とした被災地復興活動が展開していったのである．

ところで，「一般社団法人 南三陸福興まちづくり機構」（以下，「まちづくり機構」）は，2012年3月末に設立された．

「まちづくり機構」のWebページの「組織について」によれば，まちづく

り機構は,「南三陸町の復興期から本格復興に至る持続的な公と民のサポート役,コーディネート役を地元に組織することを目的とした一般社団法人」であり,「今まで活動してきた地域の商業,水産加工,漁業,林業,農業等の地元企業や団体に,専門家を加えて,公民をサポートする中間支援組織として設立され」た.事業内容は,「公民をサポートする中間支援組織として,スマートグリッド,環境都市や健康都市,地産地建の住宅,コミュニティーハウス等のまちづくりサポート企画支援およびコーディネート事業」を行い,コーディネート事業の具体的な内容は,「(1)国等の各種支援施策の情報の活用支援,(2)外部専門家のコーディネート,(3)南三陸支援を指向する企業や団体・ファンド等の技術や資金を復興に活用するためのコーディネート」である.いわば,まちづくり機構は,南三陸における,外部専門家や外部企業等に対する「産業ボランティア・センター」である(南三陸まちづくり機構 : http://m3m-kikou.com/?page_id=43(2013年9月4日閲覧)).

著者が入手した「一般社団法人 南三陸福興まちづくり機構『概要&設立趣意書』」によれば,まちづくり機構の地域社会の中での位置づけと組織構成は,図7-14・図7-15のように示される(南三陸福興まちづくり機構 2012:1).

また,まちづくり機構のWebページの「福興プロジェクト一覧」によれば,設立当初に計画されていたプロジェクトは,以下の17があげられている(南三

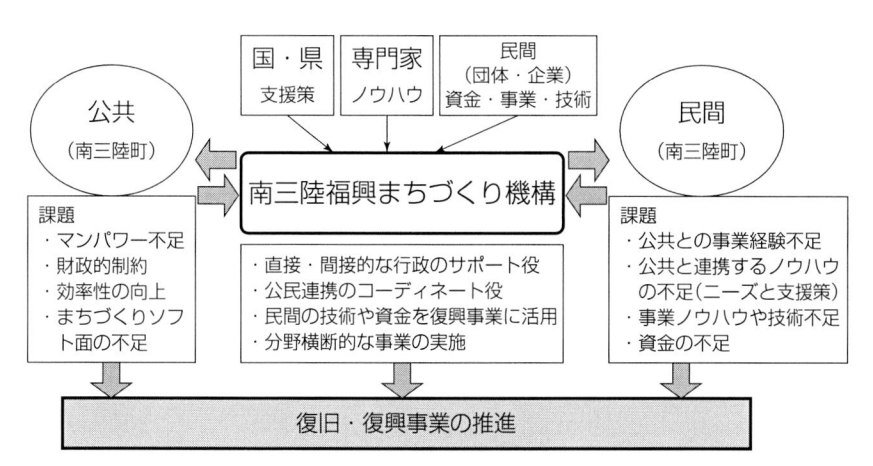

図7-14 地域社会における南三陸福興まちづくり機構の位置づけ

(出典)一般社団法人 南三陸福興まちづくり機構「概要&設立趣意書」2012,1.

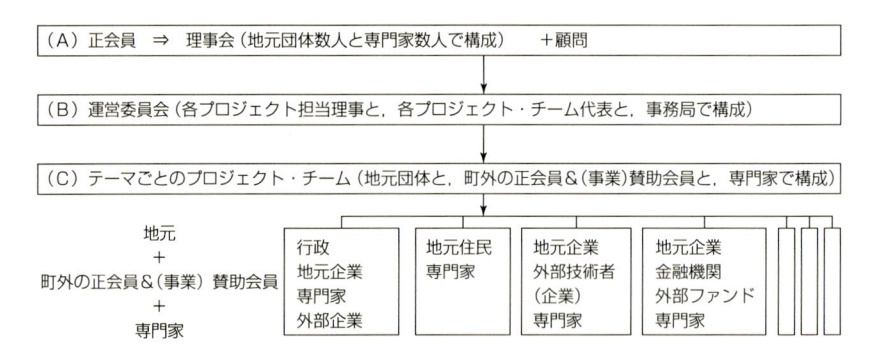

```
┌─────────────────────────────────────────────────────────────────────┐
│ （A）正会員 ⇒ 理事会（地元団体数人と専門家数人で構成）　＋顧問      │
└─────────────────────────────────────────────────────────────────────┘
                              ↓
┌─────────────────────────────────────────────────────────────────────┐
│ （B）運営委員会（各プロジェクト担当理事と，各プロジェクト・チーム代表と，事務局で構成）│
└─────────────────────────────────────────────────────────────────────┘
                              ↓
┌─────────────────────────────────────────────────────────────────────┐
│ （C）テーマごとのプロジェクト・チーム（地元団体と，町外の正会員＆（事業）賛助会員と，専門家で構成）│
└─────────────────────────────────────────────────────────────────────┘
```

地元　　　　　　　行政　　　　地元住民　　地元企業　　地元企業
＋　　　　　　　　地元企業　　専門家　　　外部技術者　金融機関
町外の正会員＆（事業）賛助会員　専門家　　　　　　　　（企業）　　外部ファンド
＋　　　　　　　　外部企業　　　　　　　　専門家　　　専門家
専門家

図7-15　南三陸福興まちづくり機構の組織構成
（出典）一般社団法人 南三陸福興まちづくり機構「概要＆設立趣意書」2012.1.

陸まちづくり機構：http://m3m-kikou.com/?cat=3（2013年9月4日閲覧））．

　まちづくり機構が当初計画した17のプロジェクトのうち，著者の知る限りで，「1）漁業・水産加工業の6次産業化支援」については，内閣府「復興支援型地域社会雇用創造事業」に関する「6次産業化による復興まちづくり支援事業」に以下のプロジェクトが採択された（南三陸まちづくり機構：http://m3m-kikou.com/?p=370（2013年9月4日閲覧））．

1．「オクトパス君せんべい：南三陸町入谷地区の「復興ダコ」の会と山形県酒田市中通り商店街が連携して，南三陸町産のタコを原料としたタコせんべいを試作・製造し，販売ルートを構築する（採択事業費150万円）．
2．「タコソーメン」：南三陸町歌津地区の「マルアラ株式会社及川商店」を中心に商品開発と「料理の鉄人」古庄シェフ等と連携して，南三陸町産のタコの胴体部分を原料とし細長く裁断したタコソーメンを試作・製造し，販売ルートを構築する（採択事業費260万円）．
3．「地域連携販売チーム」：山形県酒田市中通り商店街・長野県下諏訪町・岡山県笠岡市それぞれの商店街に南三陸の特産物の販売コーナーを設置し，販売ルートを構築する（採択事業費150万円）．
4．「塩害杉のEMA＆木彫りJIZOチーム」：薪ストーブ製造・販売会社「フォレストサイクル元樹」が2012年10月中に南三陸町内の木工所をオープンし，塩害杉の絵馬を作って，南三陸町戸倉地区の二渡神社佐藤泰一神主から全国の神社へ販売し奉納を受ける．

木彫りの地蔵を作り，南三陸福興まちづくり機構の「木の事務所」の敷地の入り口に設置した流木ケヤキの根っこの周辺に安置する（採択事業費260万円）．

ところで，著者は，「1）漁業・水産加工業の6次産業化支援」プロジェクトの一環として，2012年9月14日に南三陸町の水産加工業者等を対象とした灰干しづくりの講習会を開催した．

これを契機にして，2013年中に南三陸町内の水産加工業者が，2.「タコソーメン」が事業化でき採算がとれるようになった段階で，灰干しの試作を行う見込みであった．

しかしながら，震災発生後2年11カ月が経った2014年2月11日時点で，このプロジェクトに関わる南三陸町内の水産加工業者の現状は，メールの文面によれば，次の通りである．

「震災によって5棟の工場の内4棟が被災，残る1棟も床上2mの浸水大きな被害を受け，復旧に向けて頑張っているが加工・作業スペースは，極めて少なく30％程度．スペースが無い為に機械設備も設置出来ず，野ざらし状態．

原料は復旧率平均50％程度であるが，売上は100％まで戻した．これは，人員，工場をフル稼働させ，また商品の改良，高付加価値化と販売先の工夫によって，少ない原料しか確保できないにも関わらず，売上額を高めることができたからである．

また，震災前の社員数45名に対し，現時点では27名と人材不足の状態である．

この様な状況のため，火山灰の保管場所が無く，また灰干しの開発，作業スペース，人材がいないという状況である」．

他方で，このような状況のために，タコソーメン事業についても事業計画通りに進めることができない．

以上のように，震災発生から3年が経とうとする時点で，南三陸町内ではトップクラスの実績のある水産加工業者でも，現状は，非常に厳しいことがわかる．

このような状況を踏まえながら，著者は，東日本大震災発生後，ぼうさい朝市ネットワークの南三陸町に対する支援活動拠点になっていた山形県酒田市中通り商店街と連携して，酒田市近海で獲れるハタハタなどの魚介類を活用した特産品としての灰干しの開発・普及を目的として，これまでの著者の実績と知見に基づいて，講演や試食会を実施した（写真7-14）．

写真 7-14　酒田市中通り商店街における「どんしゃん祭り」での灰干しの試食会 (左) (2011年10月15日) と「街なかPR館」での灰干し講演会（右）(2014年1月29日)

著者撮影.

　さらに，2013年度から大妻女子大学地域連携推進センターの平成25（2013）年度「地域連携プロジェクト」として著者がプロジェクト代表者として実施している気仙沼市八日町商店街と連携して，特産品開発による被災地復興ために，気仙沼産のサメの灰干しの商品化に着手している．
　そして，灰干しづくりの啓発のために，2014年3月25日に気仙沼市八日町商店街の「なにわのたこよし」において13時から約2時間，著者を含めた大妻女子大学の教員による国内外の被災地復興支援活動や灰干しに関する講演会を実施した（写真7-15）．
　今後は，このような南三陸町，気仙沼市，高原町，酒田市での灰干しをめぐる取り組みが「灰干しがつなぐ被災地復興ネットワーク」構築につながるように，その成果と今後の可能性を検証するために，今後も参与観察による現地調査を行う予定である．

　以上のように，東日本大震災の津波被災地である南三陸町をめぐって「ぼうさい朝市ネットワーク」から「南三陸町福興市」を経て「南三陸福興まちづくり機構」への災害デジタル・ネットワーキングの展開をたどった．
　被災地内外の志を持った人々が結集して取り組んでいる「まちづくり機構」のプロジェクトは，開始してから2年に満たないが，成果を上げつつあるものもあれば，実施の見通しが全く立っていないものもある．

第7章　東日本大震災におけるデジタル・ネットワーキングの展開　155

「たこよし」の外観 　　　　　　　大妻女子大学教員による講演

熱心に講演を聞く出席者 　　　　　質疑応答の様子

写真7-15　灰干しづくり啓発のための講演会
2014年3月25日，著者撮影．

　これらのプロジェクトを進めて行く際に大きな壁となるものが，南三陸町内の働き盛りや若い人材の決定的な不足である．
　今後，女性を含めて地域内外でプロジェクト実施に必要な人材をどのように発掘し育て確保することができるかが，また，不足する人材を情報通信技術の活用でどのように補うことができるかが，プロジェクトの成否を分かつことになる．

4 東日本大震災における著者をめぐる
　　デジタル・ネットワーキングの構造

　以上のような東日本大震災における著者を中心としたデジタル・ネットワーキングの構造を示せば，DNM 7 - 2 のようになる．
　すなわち，著者は，東日本大震災発生した直後は，支援活動に必要な交通手

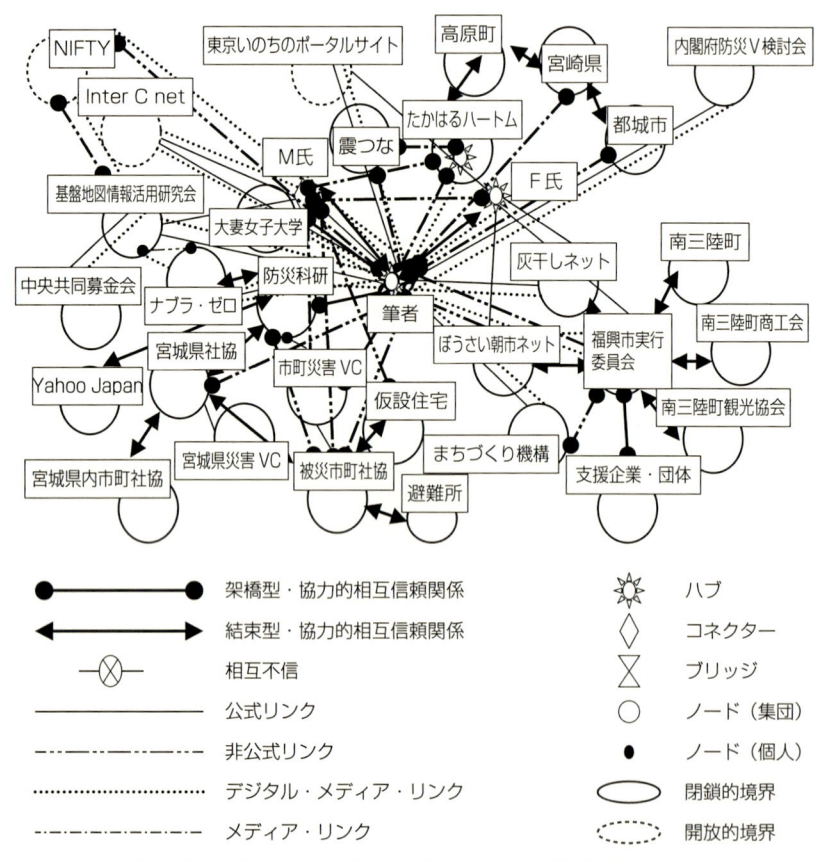

DNM7 - 2　東日本大震災における筆者を中心とした被災地支援デジタル・ネットワーキングの構造

（出典）著者作成．

段や宿泊場所，物資やガソリンが確保できなかったため，被災地に入ることができず，また，震災被災地の中長期的な復興支援につながる活動を展開するために，霧島連山新燃岳の火山災害被災地の高原町に行き，阪神・淡路大震災以来の被災地支援活動を通じて非公式の架橋型・協力的相互支援関係にあった「震災がつなぐ全国ネット」（略称，「震つな」）を通して接点を持つことができた「特定非営利活動（NPO）法人 たかはるハートム」と，灰干しづくりの支援を行うという形で，非公式の架橋型・協力的相互支援関係とデジタル・メディア・リンクで結ばれることになった．

なお，「たかはるハートム」は，高原町まちづくり推進課の職員が理事長を兼任するという形で，高原町と非公式の結束型・協力的相互信頼関係にある．

また，著者は，新燃岳の火山灰の有効活用について情報提供するという形での支援を通じて，非公式の架橋型・協力的相互支援関係とデジタル・メディア・リンクで結ばれることになった宮崎県工業支援課から依頼を受けて，都城市での灰干しづくりに関する講習会と講演会の講師・助言者としての協力という形で，都城市工業振興課と非公式の架橋型・協力的相互信頼関係とデジタル・メディア・リンクで結ばれることになった．

東日本大震災の被災地での支援活動において，著者は，佐用町の支援活動で連携したことを通じて非公式の架橋型・協力的相互信頼関係にあった防災科研が公募していた災害情報ボランティア活動に参加するという形で，防災科研と公式の架橋型・協力的相互信頼関係とデジタル・メディア・リンクで結ばれることになった．そして，著者は，災害情報ボランティア活動への参加によって，防災科研を媒介にして，支援先の宮城県及び宮城県内の被災市町（山元町・亘理町・利府町・東松島市・石巻市・女川町・南三陸町・気仙沼市）の災害ボランティアセンターとそれを設置・運営する社協と非公式の架橋型・協力的相互信頼関係で結ばれることになった．

特に，気仙沼市本吉地区の災害ボランティアセンターと気仙沼市社協及び宮城県社協とは，M氏と連携して展開した災害ボランティアセンター及び仮設住宅に対する支援活動で，著者は，非公式の架橋型・協力的相互信頼関係とデジタル・メディア・リンクで結ばれることになった．

この支援活動を展開するにあたっては，岩手・宮城内陸地震において栗原市ボランティアセンターの支援活動を通じて形成された著者と宮城県社協および宮城県内の市町社協との間の非公式の架橋型・協力的相互信頼関係とデジタル・

メディア・リンクに支えられ，活動を迅速かつ円滑に展開することができた．

なお，防災科研は，災害情報ボランティア活動に必要な資金の寄付を受けると言う形で，「株式会社 Yahoo Japan」と公式の結束型・協力的相互信頼関係とデジタル・メディア・リンクで結ばれ，また，「ナブラ・ゼロ」とは，震災発生以前から委託事業を通じて公式の結束型・協力的相互信頼関係とデジタル・メディア・リンクで結ばれ，さらに，宮城県社協とも震災発生前から，宮城県沖地震を想定した情報支援システムの研究開発や実証実験を通じて，公式の結束型・協力的相互信頼関係とデジタル・メディア・リンクで結ばれており，こうした関係が，震災発生直後の迅速な連携行動を可能にしたといえるであろう．

ところで，防災科研等の諸機関・団体と連携して宮城県災害ボランティアセンターを設置・運営していた宮城県社協は，災害ボランティアセンターを設置・運営し，がれき撤去作業や避難所や仮設住宅の支援活動をおこなった被災地の社協の支援を宮城県内の被災地外社協と連携して展開するという形で，それらの間に公式の結束型・協力的相互協力関係が形成された．

そして，著者は，気仙沼市本吉地区の仮設住宅支援活動に必要な活動資金を確保するために，「特定非営利活動法人　基盤地図情報活用研究会」のメンバーとして，「中央共同募金会」の活動助成制度に応募し，採択され，助成を受けるという形で，「研究会」を介して，「中央共同募金会」と著者は，公式リンクとデジタル・メディア・リンクで結ばれていた．

また，仮設住宅支援活動の活動資金は，震災発生直後に著者及び「研究会」に対する支援を表明した「株式会社 NIFTY」より，現地で活動する M 氏が被災地の状況等に関して毎週執筆・提出する社内報の原稿料という形で，半年にわたって提供され，活動に大いに役立った．このような形で，「研究会」を介して，M 氏と著者は，非公式の架橋型・協力的相互信頼関係とデジタル・メディア・リンクで結ばれていた．

他方で，著者は，震災発生前から「灰干しネットワーク」を通じて参加することで，「ぼうさい朝市ネットワーク」と非公式の架橋型・協力的相互信頼関係とデジタル・メディア・リンク（kitame ML）で結ばれていたが，その代表者の F 氏が被災地支援活動として展開している「南三陸町福興市」にも参加し，「福興市」の実行委員会とは，非公式の架橋型・協力的相互信頼関係にある．

なお，福興市実行委員会は，共催という形で，南三陸町，南三陸町商工会，南三陸町観光協会等の団体と公式の結束型・協力的相互信頼関係にある．また，

支援企業・団体とは，公式の架橋型・協力的相互信頼関係にある．そして，「南三陸福興まちづくり機構」と福興市実行委員会とは，主要メンバーは重複するが別の団体であるという形で，非公式の架橋型・協力的相互信頼関係にある．

そして，著者は，南三陸町の中長期的な支援のために設立された「南三陸福興まちづくり機構」とは，賛助会員としてプロジェクトに参加するという形で，公式リンクとデジタル・メディア・リンクで結ばれている．

このような被災地内外での支援活動を展開する際に，著者は，学識者委員として所属する「内閣府防災ボランティア活動検討会」，一般会員として所属する「東京いのちのポータルサイト」，阪神・淡路大震災をきっかけとして中心メンバーとして所属する「Inter C net」それぞれと公式リンクとデジタル・メディア・リンクで結ばれているが，これらのつながりを通じて，被災地内外における被災地・被災者支援活動に関する信頼性の高い情報を迅速に入手することができた．

以上，デジタル・ネットワーク・モデルによって，著者を中心とした視点から，東日本大震災におけるデジタル・ネットワーキングの構造を描き出した．

ところで，第8章では，阪神・淡路大震災から東日本大震災に至るまでの著者の支援活動経験を振り返った上で，被災地復興の取り組みの現状と課題について，情報通信技術（ICT）活用という観点から明らかにし，さらに，デジタル・ネットワーキングによる公共圏とそれを基盤とした「復元力に富んだ社会」（resilient society）の構築を模索してみたい．

第8章
デジタル・ネットワーキングによる地域再生と「復元力に富んだ社会」(resilient society) 構築に向けて

1 阪神・淡路大震災から東日本大震災までの情報支援活動の展開と課題

　これまで論じて来たように，1995年1月17日に発生した「阪神・淡路大震災」をきっかけとして，著者は，主に情報通信技術を活用した被災地の支援活動に携わることになった．

　阪神・淡路大震災から現在までに著者が支援者・研究者として関わった災害を示せば，表8-1の通りである．

　まず，阪神・淡路大震災では，淡路島の災害ボランティアセンターからパソコン通信サービスNIFTY-Serveを通じて現地のボランティア活動の情報を発

表8-1　著者が支援者・研究者として関わった阪神・淡路大震災から2013年10月現在までの災害

1995	阪神・淡路大震災
1997	日本海重油災害（ナホトカ号重油流出事故）
1998	栃木・福島水害，高知水害
1999	広島水害，トルコ大地震，台湾大地震
2000	有珠山火山災害，三宅島火山災害
2004	新潟県中越地震
2005	福岡県西方沖地震
2007	能登半島地震，新潟県中越沖地震
2008	岩手・宮城内陸地震
2009	静岡県駿河湾地震
2009	台風9号兵庫県佐用町水害
2010	台風9号静岡県小山町水害，奄美豪雨水害
2011	**霧島連山新燃岳噴火災害，東日本大震災**
2013	**淡路島地震・三宅島近海地震・伊豆大島水害**

（注）太字は，著者が，現在も継続して支援活動に関わっている災害．

第 8 章　デジタル・ネットワーキングによる地域再生と「復元力に富んだ社会」(resilient society) 構築に向けて　　*161*

信する「情報ボランティア」として活動を行った（金子・VCOM 編集チーム 1996：241-260）．
　それ以降の災害での著者の情報通信技術を活用した支援活動を一般化すると以下のような災害発生以降の 3 つの段階（「発災初動期」・「災害対応期」・「復旧・復興期」）と活動内容になる（干川 2006：113-114）．
　まず，被災地での警察・消防・自衛隊を中心とした被災者救援・生存者救出活動が行われる「発災初動期（災害発生～ 3 日）」においては，被災自治体（都道府県・市区町村），政府機関，メディア（新聞社・放送局），ライフライン（情報通信・電力・水道・ガス），交通機関（鉄道・道路）の Web サイト上の情報の収集，著者が加入している災害関連 ML（メーリングリスト）を通じて得られる情報を収集し，Web サイト上にリンク集を作成したり，災害関連 ML へ情報の提供を行いながら，被災地での支援活動に備えて態勢を整えることが行われる．
　次に，被災地で都道府県・市区町村の社会福祉協議会を中心として災害ボランティアセンターが設置・運営され，被災地内外でボランティアや多様な団体が支援活動を展開する「災害対応期（3 日～ 3 カ月）」においては，災害ボランティアセンターで情報通信機器や回線を設置して運用体制を構築し，Web サイトやメールを通じて情報収集・発信を行ったり（事例：阪神・淡路大震災，新潟県中越地震，新潟県中越沖地震，岩手・宮城内陸地震，東日本大震災），現地の人々が情報ボランティア活動を行っている場合は，情報通信機器・回線・システムの提供や助言を行い，その活動を支援したり（事例：栃木・福島水害，高知水害，広島水害，有珠山火山災害，新潟県中越地震），現地の被害や支援活動について調査し，そこから得られた情報を Web サイト・災害関連 ML・メールを通じて提供したり（事例：福岡県西方沖地震，能登半島地震，静岡県駿河湾地震，台風 9 号静岡県小山町水害，奄美豪雨水害，岩手・宮城内陸地震，東日本大震災，淡路島地震，三宅島近海地震，伊豆大島水害），被災自治体や政府機関等の Web サイトの情報を集約した情報紙を作成し被災者や支援者に配付したりする活動（事例：三宅島火山災害）が行われる．
　そして，避難所から応急仮設住宅への被災者の移転・入居が終了し，被災地の建造物の復旧作業が行われ，地域経済や生活の再建への取り組みが行われる「復旧・復興期（3 カ月以降）」においては，被災地で様々な形で復興に取り組む住民や団体に対して，情報通信機器・回線・システムの開発・提供・設置・保守管理・改良や活用方法の助言を行い，復興を支援する活動（事例：三宅島火山災害，東日本大震災）が行われる．

なお，上記の3つの各段階の期間は，地震災害を前提としており，水害の場合は，「災害対応期」は，約1カ月と短くなり，また，火山災害の場合は，半年から数年となる．

例えば，2000年6月26日に始まった三宅島火山災害では，災害対応期が，2005年2月1日の避難指示解除まで4年半以上にわたっており，著者は支援ボランティア団体「三宅島と多摩をむすぶ会」の代表・編集責任者として情報紙「アカコッコ——三宅・多摩だより——」の発行・配付を2000年9月から2005年2月まで続け，その後も，支援者個人として2013年11月現在に至るまでこの情報紙の発行を不定期ながら長期間続けている．したがって，同災害では，復旧・復興期は4年半以降であり，この時期においても著者は，支援活動を継続しているということになる．

このような活動を通じて，著者は，阪神・淡路大震災以来，次の災害での迅速かつ効果的な支援者・支援団体との連携行動に備えて「顔の見える信頼関係」づくりに取り組み，東日本大震災での支援活動へと至っている．

このように，災害デジタル・ネットワーキングにおける情報支援活動は，災害発生後の時間経過にしたがって多岐にわたるが，その問題点として，以下のことを指摘することができる．

まず，大規模な災害が発生するたびに，ボランティアを中心とするICTを活用した情報支援活動が自然発生的かつ試行錯誤的に行われ，その活動は昼夜を問わず1カ月以上の長期にわたって継続されねばならないため，その参加者は，多大の時間と労力を費やすことを強いられ，また，健康や職業や家庭生活を犠牲にしてしまうこともしばしば生じる．

この典型的な事例が，個人のプライバシーへの配慮から具体的には述べられないが，2000年に発生した有珠山火山災害における有珠山ネットの活動に参加した人たちである．

例えば，著者も有珠山ネットの一員として有珠山火山災害と同年6月に発生した三宅島火山災害の両方で情報支援活動に取り組む際に，昼間は大学の授業を中心に仕事をこなしながら，夜や休日に睡眠時間や休息時間を削りながら活動を行ううちに風邪をひき，それにも負けまいと活動を無理に続けているうちに風邪をこじらせて肺炎になり2週間寝込んだ事があり，家族に多大な迷惑をかけてしまったが，夫婦関係が破綻するまでには至らなかったのが幸いであった．

第8章　デジタル・ネットワーキングによる地域再生と「復元力に富んだ社会」(resilient society) 構築に向けて　163

　このようなことが起こりがちなために，次に発生した災害で再び情報支援活動にあたるメンバーはごく少数にしかすぎなくなる．
　ちなみに，阪神・淡路大震災から東日本大震災までの18年間に発生した大規模災害で継続的に情報支援活動を行ってきたのは著者を含めたごく少数の者だけである．
　また，次に発生する災害は，その種類や性質，発生地域や規模など異なる様相を呈する．そして，この18年間にパソコンの低価格高性能化やインターネットの低価格高速大容量化などICTの技術基盤が急速に変化するに伴い，図8-1・図8-2・図8-3のように，阪神・淡路大震災直後から2011年末までの間にインターネット利用者が爆発的に増大し，災害時の情報発信者が，阪神・淡路大震災（1995年）では，情報ボランティアや情報通信技術者・研究者，趣味的利用者だけであったが，日本海重油災害（1997年）以降では，行政機関，全国・地方の放送局・新聞社，ライフライン企業，災害現場のボランティアや一般市民，さらに，有珠山火山災害（2000年）以降では，被災者自身などへと裾野が広がり，また，情報発信者の年齢・社会的立場・居住地域も拡大し，災害が発生するごとに，情報支援活動もその主体が多様化し，試行錯誤が繰り返される．その結果，ノウハウが次の災害に引き継がれなくなってしまう．

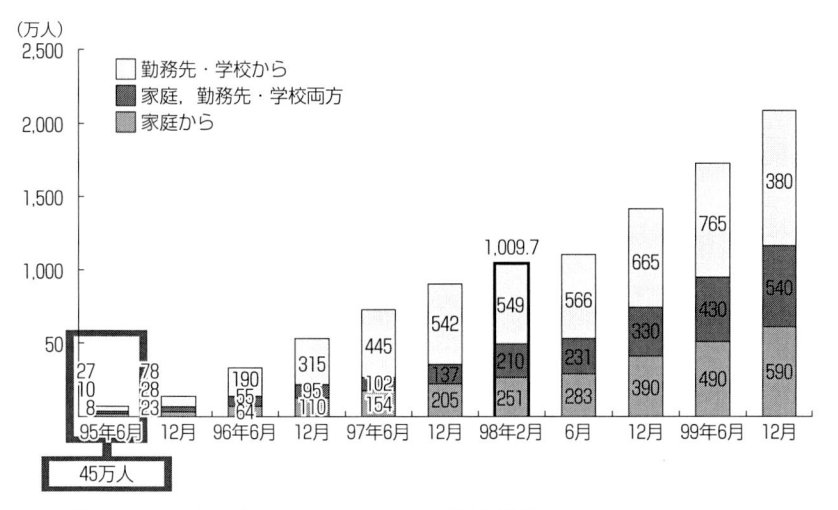

図8-1　日本国内のインターネット利用者推移（1995年-1999年）（再掲）
(注) 1998年2月以降の数値は推計値．
(出典) 日本インターネット協会 (1998)．

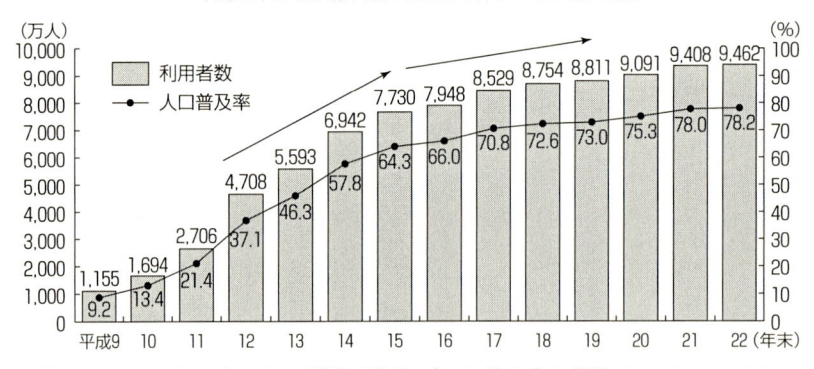

図8-2 インターネットの利用者数及び人口普及率の推移 (1997年-2010年)

(出典) 総務省 (2011)『ICTインフラの進展が国民のライフスタイルや社会影響等に及ぼした影響と相互関係に関する調査』(平成23年)(総務省『通信利用動向調査』より作成) 33.

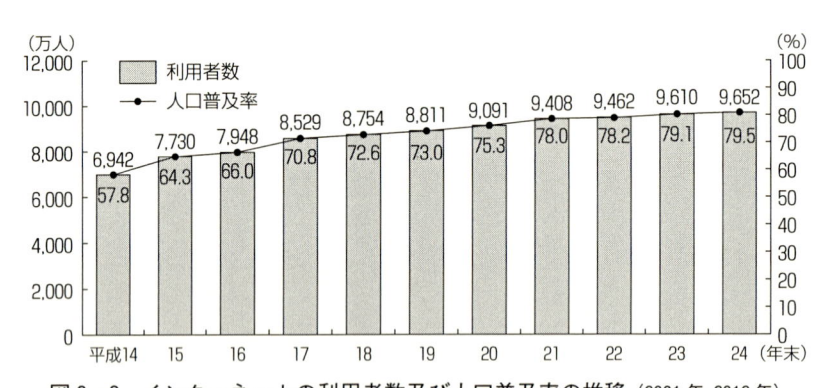

図8-3 インターネットの利用者数及び人口普及率の推移 (2001年-2012年)

(出典) 総務省 (2013)「平成24年通信利用動向調査」332. http://www.soumu.go.jp/johotsusintokei/statistics/statistics05.html

　このことは，東日本大震災についてもあてはまり，上記の事例や著者が文献を通じて知り得た範囲の事例から推測しても，また，今回の震災が過去に例を見ない広域かつ複合的な超大規模災害であるためになおさら，情報通信技術を活用した支援活動は，過去の災害で得られたノウハウに基づかない試行錯誤を繰り返している場合がほとんどであると考えられる（西條 2012；本条・遊橋 2013；情報支援プロボノ・プラットフォーム（iSPP）2012；コンピュータテクノロジー

編集部 2012).

　ここで，著者が提唱する「災害デジタル・ネットワーキング」(災害時のインターネット等のデジタル・メディアを活用した支援活動) が，社会全体でデジタル・メディアの利用者の増加によって，その活動の範囲と性質が異なっていったことを指摘しておかなければならない．

　まず，阪神・淡路大震災では，災害デジタル・ネットワーキングは，被災地で支援活動を行う主体 (個人・団体・組織) を対象にデジタル・メディアを活用して支援する活動, すなわち「情報支援活動」のみを示していた．なぜならば，被災地で支援活動を展開する主体は，デジタル・メディアを支援活動に活用する資源 (人材・機材・資金・ノウハウ) を持っていなかったため，「プロップステーション」や「曹洞宗国際ボランティア会」などのきわめて少数の団体だけしかデジタル・メディアを活用できなかった (干川 2003:136-137)(金子・VCOM編集チーム 1996:30, 153-155, 174).

　また，これらの団体が活用できたデジタル・メディアは，パソコン通信だけであり，現在の GUI (Graphical User Interface：コンピューターを操作する際に，情報の表示にアイコンやボタンなどのコンピューター・グラフィックスを多用し，マウスなどのポインティング・デバイスで操作するユーザーインターフェース) と Web をベースとしたインターネットに比べようのないほど，MS-DOS をベースとしたコマンド入力が必要な極めて使い勝手が悪く，閉鎖性が強く，文字情報主体の情報発信力の弱いコンピューター通信システムであった．

　著者も，阪神・淡路大震災当時は，大手有料パソコン通信サービスの1つの NIFTY-Serve のみしか使用することができなかったが，震災発生3カ月前の1994年10月にインターネットのメールサービスの利用が可能となったため，震災当時は，メールとメーリングリストを通じてインターネット利用者や異なるパソコン通信サービスの利用者との情報交換・共有が可能となり，被災地内外の情報ボランティアの間の連携を可能にし, それが，第3章で論じたような「インターVネットユーザー協議会」の活動を経て，阪神・淡路大震災以降のデジタル・ネットワーキングを進展させる大きな要因となった．

　そして，1995年以降，インターネット接続・操作が簡単にできる Windows95が搭載されたパソコンが発売され，インターネット接続サービス事業者の急激な増加と利用料の低価格化によって，図8-1・図8-2・図8-3のように，日本で急速にインターネットが使いやすい社会的環境が整うこと

で，インターネットを活用しようという意欲をもつ様々な個人・団体・組織がいろいろな用途で日常的にインターネットを利用するようになった．

そうした中で，第4章で論じたように，1997年1月に日本海重油災害が発生し，重油漂着地で重油回収ボランティア活動をコーディネートする団体が，Webサイトを立ち上げ，それを通じて現地情報の発信やボランティアや支援金品の募集を行うことで，延べ人数約27万人の人々が重油回収ボランティアとして活動することとなった．

著者の現地調査では，現地の重油災害ボランティアセンターで活動したボランティアの約10%が，インターネットから情報を得て現地に来ていた．

ちなみに，阪神・淡路大震災震災におけるボランティアの実態調査の記事が載っている1995年4月17日付の『朝日新聞』(大阪本社発行13版第1面の「ボランティア調査の概要」および，第3面の「質問と回答」)によれば，1995年3月18日から23日にかけて実施した面接調査で神戸や淡路島の被災地で活動していたボランティアのうち709人から回答があり，そのうち17人が「パソコン通信で，ボランティアを募集している団体を探した」という調査結果が得られた (『朝日新聞』1995.4.7：1, 3)．

つまり，震災当時のボランティアによるパソコン通信の利用率は，約2.4%ということになる．

したがって，阪神・淡路大震災当時では，まだインターネットは大学や研究機関，情報関連企業を除いて一般に普及しておらず，一般の人々が容易に利用できるコンピューター通信手段がパソコン通信しかなかったので，インターネットが一般の人々にも容易に利用できるようになっていた2年後の日本海重油災害の場合とは単純には比較できないが，日本海重油災害でのインターネットの利用率が平均10%であったということは，阪神・淡路大震災と日本海重油災害とを比較すると，現場に来たボランティアのコンピューター通信の利用率が約4倍に増えたということになるであろう (干川 2003：142-144)．

また，日本海重油災害から，ボランティア団体・個人だけでなく，行政機関，全国・地方の放送局・新聞社，ライフライン企業も，災害時の情報の受発信手段としてインターネットを活用するようになった．

そして，2000年の有珠山火山災害からは，日頃からインターネットを活用していた被災者自身が，インターネットを通じて画像を多用して，被災地の状況や意見表明，支援要請などを行い，被災地内外の様々な個人・団体・組織から

支援を受けることが可能となった．

さらに，2011年3月11日発生した東日本大震災では，TwitterやSNSや動画配信サービスなどのソーシャル・メディアとケイタイやスマートフォンなどのモバイル・メディアを活用して，被災地内外の被災者・支援者の間で柔軟で多様な情報の交換と共有が行われ，広範囲で多様な支援活動が展開されるようになった．

以上が，阪神・淡路大震災から東日本大震災に至る災害デジタル・ネットワーキングの展開であり，その過程は，デジタル・メディアの技術革新と普及に伴って，参加主体が拡大し多様化しつつ，活動そのものも柔軟かつ多様なものとなっていき，次第に，デジタル・メディアなしには活動それ自体が成り立たなくなっていったと言えるであろう．

このような災害デジタル・ネットワーキングの展開の中で，著者は，災害が発生するたびに，過去の災害で培った経験と知識を手がかりにし，その時点で支援活動に必要となる資源（情報・ヒト・モノ・カネ・便宜等）を確保し，状況に応じて活用するべく，行動方針・計画を策定し，デジタル・メディアを駆使して，「顔の見える信頼関係」（協力的相互信頼関係）にある（と思われる）様々な立場の人々に協力を呼びかけ，巻き込み，必要に応じて新しい情報通信システムを開発・構築し，試行錯誤し，多くの失敗を繰り返し，越え難い壁に突き当たり，もがきながら活動を展開してきた．

その過程を，著者を取り巻く主な団体・人物との間の関係を軸にして振り返ると，DNM 8-1のように示され，災害の発生を契機とした，デジタル・ネットワーキングと協力的相互信頼関係（ソーシャル・キャピタル）の相乗効果的循環過程が見られるのがわかる．

すなわち，阪神・淡路大震災発生前において，著者は，実態調査と実践活動を通して「JCA」と，公式の架橋型・協力的相互信頼関係とデジタル・メディア・リンクで結ばれており，阪神・淡路大震災の発生を契機として，DNM 3-1のように，JCAとのつながりを足場にして，情報ボランティアを含めた諸団体と連携しながら，「淡路プロジェクト」を展開することができた．

そして，阪神・淡路大震災での情報ボランティアの活動経験を検証しながら，将来起こるかもしれない大災害に備えるために結成された「インターVネットユーザー協議会」の中心メンバーとして，「提言」のとりまとめと「顔の見える信頼関係づくり」を目指して，著者は，DNM 3-3のように，「Vユーザー

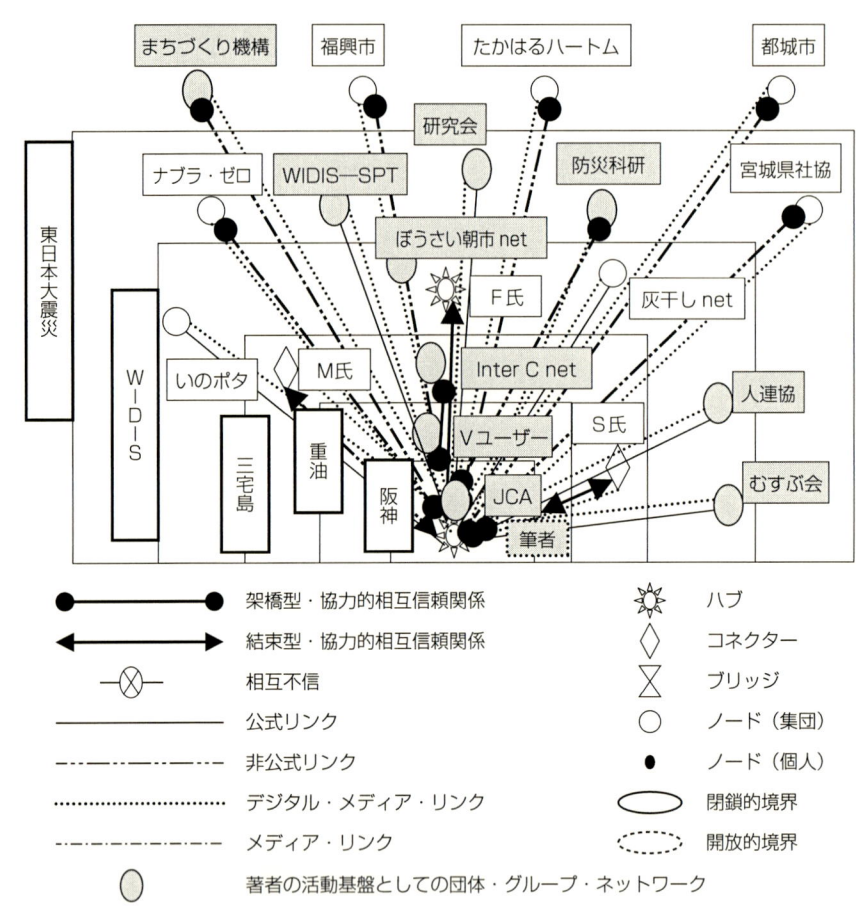

DNM8-1 阪神・淡路大震災から東日本大震災へ至る筆者と主な団体・人物との関係を中心としたデジタル・ネットワーキングの展開
(出典) 著者作成．

協議会」を足場に，諸団体と非公式の架橋型・協力的相互信頼関係とデジタル・メディア・リンクで結ばれることになった．

　日本海重油災害において，著者は，Inter C net の中心メンバーとして，DNM 4-1のように，三国町の重油災害 VC（ボランティアセンター）のWebページの運営支援を目的に活動を始めたが，若狭湾 VC，加賀 VC，丹後 V ネット

の実態調査を通じて，これらを運営する諸団体と非公式の架橋型・協力的相互信頼関係とデジタル・メディア・リンクで結ばれることになった．また，重油の漂着シミュレーションや処理方法などの専門的な情報のやり取りが中心に行われた oil ML や e-forum ML を通じて，著者は，環境科学や情報科学の専門家とデジタル・メディア・リンクで結ばれることになった．

有珠山と三宅島の火山災害において，著者は，DNM 5-1 のように，まず，有珠山ネットのメンバーとしてリンク集の作成・運営と現地でのイベントへの参加という形で，有珠山火山災害の被災地支援を行うことで，有珠山ネットのメンバーと非公式の架橋型・協力的相互信頼関係とデジタル・メディア・リンクで結ばれることになった．

そして，三宅島の火山災害発生直後から，有珠山ネットが設置・運営した「三宅島災害対策メーリングリスト」を通じてやり取りされる情報によって三宅島島内の状況や支援者の動きなどを把握しながら，全島避難によって多摩ニュータウン地域に避難してきた三宅島住民に対しては，「むすぶ会」の中心メンバーとして，東京都や気象庁などの行政機関がインターネットを通じて発信する情報などを集約して，情報紙「アカコッコ」を作成・配付する支援活動を避難指示解除まで約4年半続けることによって，さらに，避難指示解除による三宅住民の帰島後は，DNM 5-2 のように，「三宅島人連協」の代表として復興支援活動を行うことによって，三宅島の主な住民・行政機関・団体や支援者・支援団体・行政機関・専門家と非公式の架橋型・協力的相互信頼関係とデジタル・メディア・リンクで結ばれることになった．

また，このような著者の活動は，Inter C net，日本災害情報学会，東京いのちのポータルサイト，かながわ情報ボランティアネット，静岡県災害情報支援システム研究会などのメンバーから様々な形で支援を受けることを通じて，著者とこれらの諸団体やそれらのメンバーとは，公式及び非公式の架橋型・協力的相互信頼関係とデジタル・メディア・リンクで結ばれていた．

三宅島の支援活動と並行して，著者は，「大都市大震災軽減化特別プロジェクト」(「大大特」) の災害情報部門の研究プロジェクトチームの研究代表者として，また，この研究開発チームを法人化した「特定非営利活動法人 基盤地図情報活用研究会」(以下，「研究会」) のメンバーとして，DNM 6-1・DNM 6-2・DNM 6-3 のように，情報科学の専門家・研究者の協力の下に「広域災害情報支援システム」(「WIDIS」) の研究開発と新潟県中越沖地震および岩手・

宮城内陸地震，佐用町水害で支援活動という形での実証実験を実施した．こうした研究・実践活動を通じて，著者は，「WIDIS 研究プロジェクトチーム」（「WIDIS-SPT（Study Project Team）」）および「研究会」のメンバーが所属する大学・研究機関，支援対象の災害ボランティアセンターを設置・運営する社協，被災自治体，それを支援する地域 SNS や諸団体，研究機関・行政機関と公式及び非公式の架橋型・協力的相互信頼関係とデジタル・メディア・リンクで結ばれた．

他方で，著者の WIDIS の研究開発およびそれを活用した支援活動は，Inter C net，日本災害情報学会，東京いのちのポータルサイト，静岡県災害情報支援システム研究会，国土地理院，内閣府防災ボランティア検討会などのメンバーから様々な形で支援を受けることを通じて，著者とこれらの諸団体・諸機関やそれらのメンバーとは，公式及び非公式の架橋型・協力的相互信頼関係とデジタル・メディア・リンクで結ばれていた．

そして，東日本大震災の発生によって，著者は，DNM 7-2 のように，最初に，「防災科研」の災害情報ボランティアとして宮城県内の被災地の災害ボランティアセンターの支援活動に参加し，それから，F 氏と連携して「ぼうさい朝市ネットワーク」の非公式メンバー及び「灰干しネットワーク」の代表者として南三陸町の「福興市」に参加し，また，M 氏と連携して，気仙沼市本吉地区の災害ボランティアセンターと仮設住宅の支援活動に参加し，同時に現地調査も続けている．

このような実践・調査研究活動を通じて，著者は，支援対象の被災地社協や NPO，連携して共に活動する支援者・支援団体・行政機関・研究機関と公式及び非公式の架橋型・協力的相互信頼関係とデジタル・メディア・リンクで結ばれた．

他方で，著者の実践・調査研究活動は，Inter C net，東京いのちのポータルサイト内閣府防災ボランティア検討会などのメンバーから様々な形で支援を受けることを通じて，著者とこれらの諸団体・諸機関やそれらのメンバーとは，公式及び非公式の架橋型・協力的相互信頼関係とデジタル・メディア・リンクで結ばれていた．

以上が，著者自身の視座から描き出した（他者の視座からは，異なる様相で描かれるであろう），阪神・淡路大震災から東日本大震災までの著者を中心として展開されたデジタル・ネットワーキングにおける協力的相互信頼関係の増殖過

程，すなわち，デジタル・ネットワーキングと協力的相互信頼関係＝ソーシャル・キャピタルの相乗効果的循環過程である．

こうした阪神・淡路大震災以来の18年にわたる災害デジタル・ネットワーキングの実践の中から明らかになったのは，情報通信技術を活用して支援活動の目的を達成するためには，次の要素が必要であるということである．

つまり，情報通信技術を活用した支援活動の目的達成に必要なのは，1）情報通信回線・機器，2）アプリケーション・システム，3）情報資源（コンテンツ・リソース），4）ソーシャル・キャピタル（協力的相互信頼関係），5）保守管理・運営体制の構築と人材確保・育成及び資金調達である．

そこで，次節では，この考え方に基づいて，東日本大震災を前提にして，地域再生や社会変革につながるデジタル・ネットワーキングによる被災地復興の可能性と課題を考察してみたい．

そこで，まず，こうした構想を実現可能にする方策を考察する手がかりを得るために，ダニエル・アルドリッチ（Aldrich, Daniel, P.）の大規模災害被災地の復興過程におけるソーシャル・キャピタルの機能について考察した"Building Resilience"（2012）の知見を手がかりにして，デジタル・ネットワーキングとソーシャル・キャピタルの相乗効果的循環過程による「復元力」形成としての地域再生について展望してみたい．

2　デジタル・ネットワーキングとソーシャル・キャピタルの相乗効果的循環過程による「復元力」形成としての地域再生に向けて

アルドリッチは，その著書"Building Resilience"（（2012）『復元力を構築する』）において，ソーシャル・キャピタル，すなわち，人々の間のつながりを通じて利用可能な社会的ネットワークと諸資源に焦点を置くことで，災害発生後の復興（Recovery）における多様性を説明しようとする．そして，彼は，高水準のソーシャル・キャピタルは，復興を促進し，被災者がより効果的に生活を再建できるように手助けする．甚大な被害を受け，かつ低所得の住民しか住んでおらず，地域外からの支援をほとんど得られない地域社会であっても，稠密な社会的ネットワークや親戚や近隣の人たちや地域外の知人との緊密な絆があれば，好ましい結果を得ることができる．豊富なソーシャル・キャピタルの蓄積は，被災者にとって非公式な生活保障や相互扶助として役立ち，被災者が生計を維持

し生活再建する可能性を高める，と主張している（Aldrich 2012：2）．

　他方で，ソーシャル・キャピタルは，諸刃の剣である．すなわち，たしかに，ソーシャル・キャピタルが欠如していれば，地域社会の復興が妨げられるが，しかし，ある種のソーシャル・キャピタルは，地域社会の中心的な位置にいる人々の復興を効果的に助けるが，主流から外れていて，ソーシャル・キャピタルをほとんど持たない人々の生活再建を遅らせたり，妨げたりするという，相反する働きをするのである．というのは，強い「結束型ソーシャル・キャピタル」は，既存の差別の仕組みを強化し，一部の人々にだけ利益をもたらす取り組みを正当化することで，社会の周辺に位置する人々にとって有害な結果をもたらしうるからである．このことについて，アルドリッチは，「関東大震災」（1923年），「阪神・淡路大震災」（1995年），「インド洋津波災害」（2004年），「ハリケーン・カトリーナ」によるニュー・オリンズ大洪水（2005年）という4つの大災害の事例研究を通じて，ソーシャル・キャピタルの多面的（'Janus-faced'）な性質を明らかにしようとしている（Aldrich 2012：2）．

　アルドリッチは，その事例研究の中心的な概念について，以下のような定義を行っている．

　まず，それによれば，「災害」とは，日常の正常な活動を中断させ，深刻な地域社会規模の被害を引き起こす怖れがあり，または，実際に引き起こす事象であると定義され，災害にあたるものは，地震，津波，原子力事故，竜巻，大火事，洪水である（Aldrich 2012：3）．

　次に，彼は，「復興」を地域社会や都市が災害以前の状態に戻る過程であると定義し，地域社会の復興を，避難していた被災者が戻ってきて住むようになり，災害以前からの居住者にとって正常な日常生活が徐々に戻ってくるにつれて，新しい人々も住むようになって行く過程であると論じている（Aldrich 2012：5）．

　そして，アルドリッチは，最近，研究者や政策決定者が注目するようになった「復元力」（Resilience）の概念について，まず，その原義は，物質やシステムが状態変化後に均衡を取り戻す能力のことであり，社会科学や生物科学においては，「復元力」は，混乱やストレスや逆境に直面した際に適切に適応する能力のことであると説明している．そして，彼は，災害発生後の「復元力」には，少なくとも5つの次元がある，すなわち，1）個人と家族の社会的・心理的な安寧，2）組織的・制度的な復旧，3）経済的・商業的なサービスや生産の復

第 8 章　デジタル・ネットワーキングによる地域再生と「復元力に富んだ社会」(resilient society) 構築に向けて

旧，4）社会基盤システムの統一性の復旧，5）治安と政府の正常な作動，という 5 つの次元をあげた上で，「復元力」とは，災害のような危機に対し，協調的な努力や協同行動によって効果的で効率的な復興に取り組んでいく近隣社会の能力であると定義している（Aldrich 2012：6-7）．

　このように主要な概念について定義を行った上で，以下のように，アルドリッチは，彼の著書の概要を示している．

　まず，第 2 章では，ソーシャル・キャピタルが信頼を作り出し，情報を伝達し，新たな協調的・市民的な規範の創造を促進するメカニズムについて詳細に考察されている．すなわち，4 つの大災害（関東大震災，阪神・淡路大震災，インド洋大津波，ハリケーン・カトリーナ大洪水）の事例研究から，社会的ネットワークがいかに災害発生後の復興に影響を及ぼすかを示す．そして，社会的ネットワークは，好ましい結果をもたらすが，他方で，細心の注意を要する副次的な好ましくない結果ももたらすことを論じる．そして，住民相互の強い絆があり，また，政府や非政府組織の意思決定者とのつながりをもつ地域社会は，それらをもたない地域社会と比べて，復興が順調に進んでいくということを明らかにしている（Aldrich 2012：21）．

　第 3 章から第 6 章にかけては，関東大震災，阪神・淡路大震災，インド洋大津波，ハリケーン・カトリーナ大洪水，それぞれの大災害についての事例研究であり，最終章の第 7 章では，4 つの大災害の事例研究に基づいて，また，ソーシャル・キャピタルが，現地の人々の努力と地域外からの介入によっても創造されうるという，新しい現場（東日本大震災）での証拠を手がかりにして，「復元力」を高め，これから発生する災害を軽減しうる一連の政策遂行手段を提供することを目指す．そして，災害を軽減する最も効果的な方法は，弱い立場にある人々の間に絆を作り出し，それを強めて行くことである．さらに，復元力を構築することを目的として，ソーシャル・キャピタルという資源を吟味すると，アルドリッチは，主張し宣言している（Aldrich 2012：23）．

　アルドリッチは，彼の著書の第 2 章において，ソーシャル・キャピタルを統治や経済成長や社会の発展だけでなく，災害復興において決定的な構成要素として詳細に考察している（Aldrich 2012：25-53）．

　その中で，彼は，Face Book や Twitter などのソーシャル・メディアは，ソーシャル・キャピタルを作り出す有力な手段と見なされるようになったと指摘している（Aldrich 2012：26）．

そして，アルドリッチは，それに関連して，最終章の第7章では，ソーシャル・メディアによって形成される「ヴァーチャル・コミュニティ」が，災害時において，（流言蜚語を引き起こす場合もあるが）極めて重要な事実を伝え，社会的絆の創出と維持を，いかに効果的に行うことができるのかを明確に示すために，以下の諸事例を取り上げている．

まず，東日本大震災でケータイやスマートフォン，グーグルの多言語安否確認システム「パーソンファインダー」が身近な人々の間の安否確認で役立った事例を上げ，また，ハリケーン・カトリーナ大洪水で，近隣組織や非政府組織，ボランティアグループ，宗教団体が共同して運営したニュー・オリンズの（インターネット上の）ヴァーチャル組織「近隣連帯ネットワーク」（Neighborhood Partnership Network：NPN）が被災者や被災地の生活の質を向上させる取り組みを行った事例を示し，さらに，ハイチ大地震（2010年）において多くのボランティア団体がハイチ全土の被災者に支援や医療品・食料の輸送を迅速に行うために，GISを利用した事例を引き合いに出している（Aldrich 2012：102-103）．

このように，大規模災害において，Face BookやTwitterなどのソーシャル・メディアを含むデジタル・メディアは，情報の流通を通じてソーシャル・キャピタルを創出・維持・拡大し，被災者の安否確認，緊急支援や生活支援に役立っていることが，アルドリッチの事例研究からも明らかである．

このように，著者にとってアルドリッジの研究は，デジタル・ネットワーキングとソーシャル・キャピタルの間の相乗効果的循環過程による災害復興を考察する際の有力な手がかりとなるが，しかし，アルドリッチの研究の焦点は，近隣社会に限定されたソーシャル・キャピタルによる「復元力」（Resilience）の構築に置かれているので，デジタル・メディアを活用した大規模災害における支援活動については，断片的・表層的にいくつかの事例が紹介されているだけであり，それらの事例がどのように近隣社会だけでなく社会全体の復元力の構築につながっていくのかを明確に示すことができていない．

そこで，第3・4節では，情報通信技術を活用した，デジタル・ネットワーキングとソーシャル・キャピタルの間の相乗効果的循環過程による災害復興と社会全体の復元力の構築の展望を示したい．

3　デジタル・ネットワーキングによる地域再生に向けての可能性と課題

　これまで論じてきたように，阪神・淡路大震災以来の課題であった，大規模災害時における情報の空白の発生を防ぐために，災害情報ネットワークの構築とその効果的な運用体制の確立が試みられてきたが，結局，東日本大震災では，その課題を果たすことができなかった．

　そこで，大規模災害時に確実に作動する情報通信システム，すなわち，「Never Die Network」（高度に生存可能な情報通信ネットワークシステム）と「地域再生ポータルサイト」を構築し，それを平常時から産業振興を中心にした安全・安心な地域づくりの手段として活用し，非常時に備えるための取り組みとしての「地域再生デジタル・ネットワーキング」（地域活性化や被災地復興等の地域再生を目的とした，インターネット等のデジタル・メディアを活用した非営利活動）が必要になる．

　すでに，このような提案は，「南三陸ユビキタスタウン」構想として，東日本大震災が発生する2年前に，著者もその一員である研究プロジェクトチームから，東日本大震災被災地の南三陸町の人たちへ行われていたのである．

　それは，南三陸町全体をカバーする無線LANシステムを構築し，平常時は，主に観光振興で利用し，災害時には，安否確認を含めた情報受発信で利用するという構想である．

　具体的には，町の中心部をカバーする基地局を設置して，周辺部は，民家のテレビアンテナ等に小型の中継機能と配信機能の両方を持つアンテナを設置して，民家の軒先アンテナをリレーさせる方式である．

　その際に，基地局間は指向性の強いアンテナを用いてできる限り距離を稼ぎ，あとは民家に設置したアンテナで100〜200mの範囲をカバーするという方法をとる．

　このようなネットワークを利用して何をするかについては，従来は電話やFAXで個別に連絡を取って行っていた町内の宿泊施設の宿泊客の「割り振り」を，無線LANネットワークとPDA（携帯情報端末）を使って，「受け入れ可能」の返事をした宿泊施設に先着順に行う方法が提案された．

　また，観光客向けに「ココ行ってきたマップ」サービスを提供すること，つまり，南三陸町を来訪した観光客が，無線LANネットワークや既存の携帯電

話回線やインターネット回線を通じてWeb上の地図にケータイやPDAからアクセスし，自分が行った町内外の場所を地図上で指定してデジカメで撮影した画像を埋め込んだりして，南三陸町の観光協会が貸し出したGPS付のPDAを使って，自動的に写真を撮影した場所に「埋め込む」構想である．

　これを実施する際には，利用希望者にデータアップロードと閲覧用のURL，パスワードを発行し，自宅に戻ってからシステムにアクセスしたり，ホテルや民宿のPCから操作したりすることが想定される．

　その手本となるシステムが，「彦根デジタルアーカイブス」である（図8-4）．

　このシステムの利用方法は，まず，アクセスしたら，最初の画面から「メイ

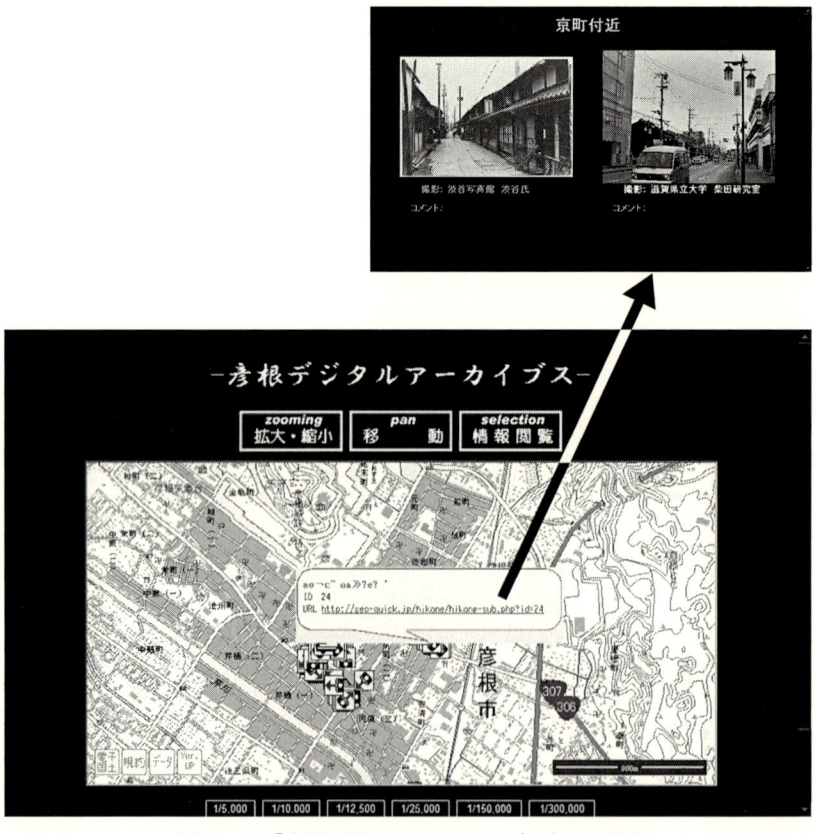

図8-4　「彦根デジタルアーカイブス」の画面
（出典）http://geo-quick.jp/hikone/（2013年9月4日閲覧）．

ン画面」を選ぶと地図が表示される．それから，アイコンをダブルクリックすると，URL が出てきて，そこをクリックすると写真が表示されるという手順である．

こうしたシステムを利用して，南三陸町における観光を中心とした産業振興と地震・津波対策を，総務省の「ユビキタスタウン構想推進事業」に申請して実施する提案が南三陸町の有志の人たちに対してされたが，補助事業終了後の事業運営資金の確保が困難であったことから，申請が見送られ，実現化されることはなかった．

そして，東日本大震災が発生し，南三陸町では，津波によって電話線や電線が電柱ごと流され，また，ケータイの基地局も流出や停電で使用不能となり，通信が途絶し，情報の空白地帯が発生し，安否確認や被害状況の把握は，困難を極め，救急・救命，被災地外からの支援活動に大きな支障をきたしたのである．

このような教訓に基づいて，南三陸町の現状を踏まえながら観光を中心とした産業振興を推進し，再び発生する可能性が否定しえない地震・津波等の災害に備えるために，「Never Die Network」と「地域再生ポータルサイト」を活用して地域内外の人々の交流を活性化し，人的ネットワークを拡充して行くこと，すなわち，「地域再生デジタル・ネットワーキング」を新たに展開することが，必要となるのである．

そこで，「Never Die Network」と「地域再生ポータルサイト」を活用した「地域再生デジタル・ネットワーキング」の構想を以下に示すことにしたい．

ここで，この構想実現のために必要な要素は，すでに述べたように，1）情報通信回線・機器，2）アプリケーション・システム，3）情報資源（コンテンツ・リソース），4）ソーシャル・キャピタル（協力的相互信頼関係），5）保守管理・運営体制の構築と人材確保・育成及び資金調達である．

1）情報通信回線・機器

「Never Die Network」を構成する情報通信回線は，スマートフォンから容易に接続できる無線 LAN を用いて，既存の有線・携帯電話回線が災害等で利用困難となった場合でも確実に通信が可能なインターネット衛星回線を組み込んで，地域全体を電波でカバーする「公共無線 LAN」を構築する．そのイメージは，図 8-5 のようなものである．

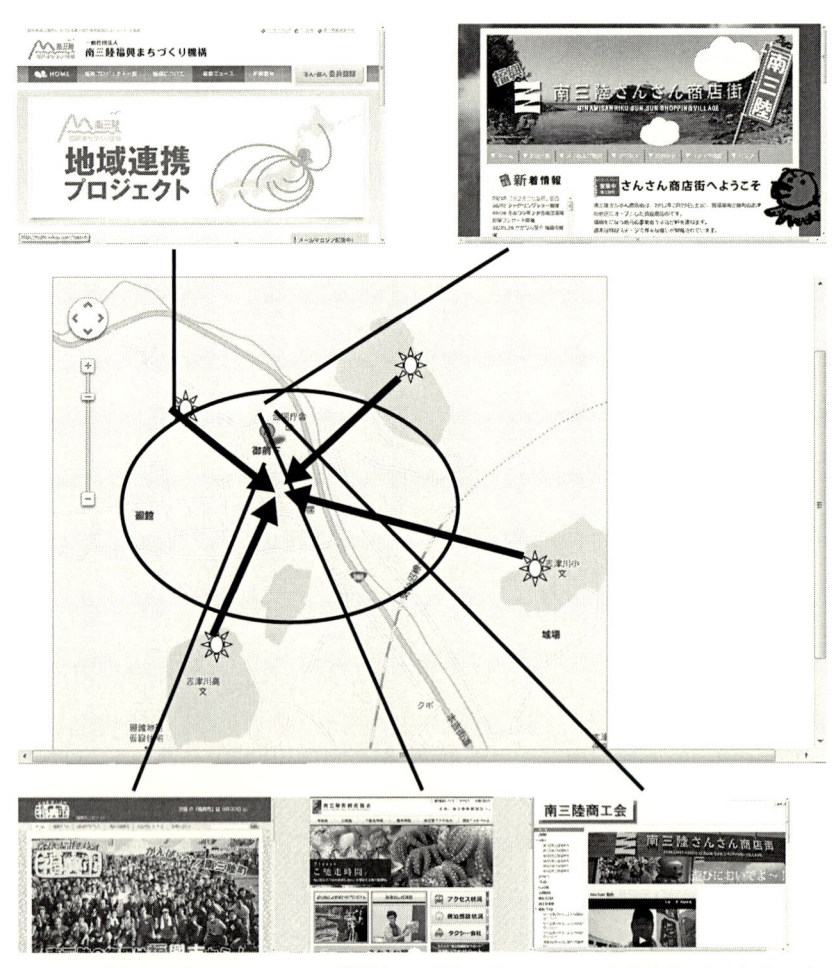

図 8-5 「南三陸復興まちづくり機構」や「南三陸さんさん商店街」が所在する南三陸町志津川御前下地区を中心とした「Never Die Network」のイメージ
（出典）著者作成．

第8章 デジタル・ネットワーキングによる地域再生と「復元力に富んだ社会」(resilient society) 構築に向けて　179

　つまり，緊急時における地域外部との情報通信を行う回線としては，インターネット衛星回線を利用する．具体的には，東日本大震災において，被災自治体の災害対策本部や避難所等で最大時500台程度が利用された実績のある「Ipstar衛星ブロードバンド」を使用し，平常時から低コスト（初期費用50万円（税別）に機器・設置費用，5年間の利用権が含まれ，機器・設置のメンテナンスも IPSTAR が費用負担する．希望する月のみ1万5750円の定額払いで4 Mbps/2 Mbps のインターネット衛星回線を利用可能）で利用できる「IPSTAR BCP」（災害対策・BCP（事業継続実施計画）向け衛星通信サービス）パッケージ（http://planet-net.jp/BCP.pdf（2013年9月4日閲覧））の使用を想定している（IPSTAR Co., Ltd. 2012）．

　そして，衛星ブロードバンドと無線 LAN を組み合わせて構成した情報通信システムのイメージは，図8-6のようなものであり（株式会社コアテック 2012：13），停電を想定してソーラーパネル（太陽電池）と蓄電池及び自家発電機を組み込んでおく必要がある．また，津波や土石流が到達する危険性が無い高台に設置しておくことが不可欠である．

　以上が，「Never Die Network」の情報通信基盤となる情報通信回線・機器であった．次に，この情報通信基盤を活用しつつ情報の受発信を効果的に行う

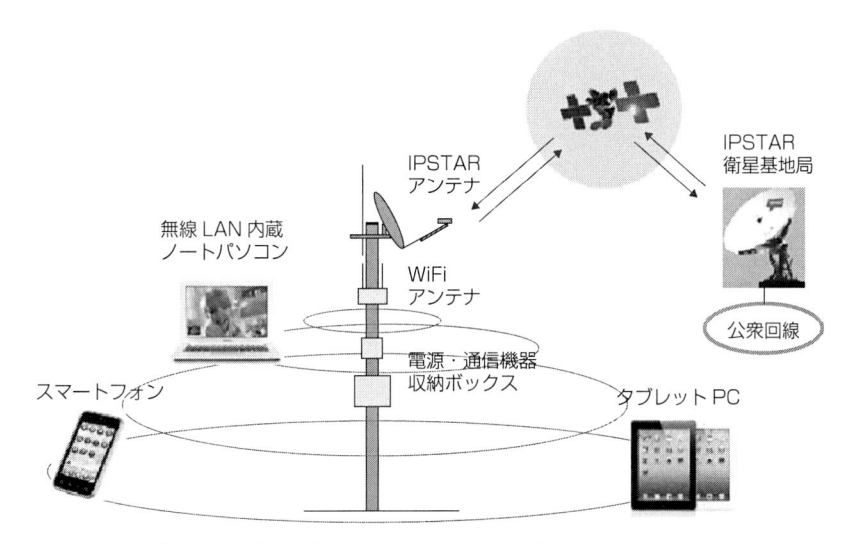

図8-6　衛星ブロードバンドによる無線 LAN スポット
（注）公園・競技場の建造物などに各アンテナを設置し無線 LAN の環境を整備します．
（出典）株式会社 コアテック (2012), 13.

図8-7　南三陸福興まちづくり機構のWebサイト
(出典) http://m3m-kikou.com/（2013年9月4日閲覧）.

ためのアプリケーション・システムについて示すことにする．

2）アプリケーション・システム
　南三陸町において「Never Die Network」を通じて地域の情報を総合的に発信していく「地域再生ポータルサイト」として想定しているのは，図8-7の「南三陸福興まちづくり機構」のWebサイトであるが，このサイトのアプリケーション・システムは，「Word Press」である．
　「Word Press 日本語ローカルサイト」によれば（WordPress：http://ja.wordpress.org/（2013年9月4日閲覧）），Word Press（ワードプレス）は，オープンソースのブログ／CMSプラットフォームであり，利用のしやすさなどを意識して開発されており，無料でダウンロードして使うことができるというものである．
　「南三陸福興まちづくり機構」のWebサイトが，「Word Press」を利用しているのは，それを構築した「一般社団法人 Dawn of Japan（日本の夜明け塾）」のメンバーのWebデザイナーが使い慣れているアプリケーション・システムであるからということである．
　今後は，「南三陸福興まちづくり機構」のWebサイトが，拡張して行く際に，別なアプリケーション・システム，例えば，東日本大震災で宮城県内の市区町村の災害ボランティアセンターのホームページとして活用された実績のある「ｅコミュニティ・プラットフォーム」（略称 ｅコミ）（図8-8）等で作られた

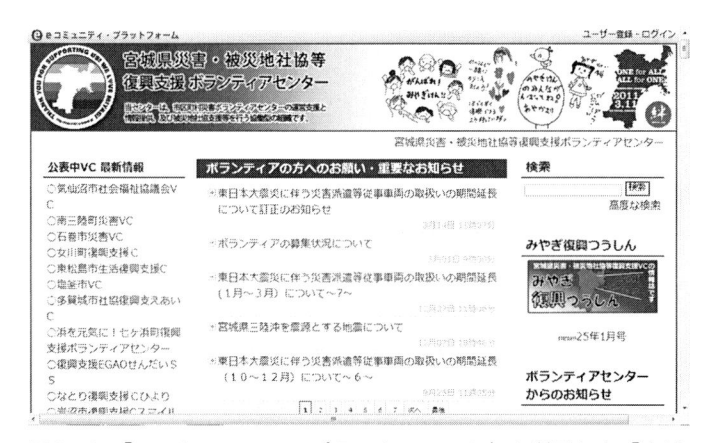

第8章　デジタル・ネットワーキングによる地域再生と「復元力に富んだ社会」(resilient society) 構築に向けて　　181

図8-8　「eコミュニティ・プラットフォーム」を利用した「宮城県災害・被災地社協等復興支援ボランティアセンター」のWebページ
(出典) http://msv3151.c-bosai.jp/ (2013年9月4日閲覧).

Webサイトと連携して行くということも考えられるが，現時点では，「南三陸福興まちづくり機構」のWebサイト保守管理・運営体制が確立されていない状態であるので，その方向性は定かではない．

3）情報資源（コンテンツ・リソース）
情報通信回線と機器，アプリケーション・システムが適切に組み合わされて，「Never Die Network」とWebサイトが構築されても，発信すべき情報がなければ，「地域再生ポータルサイト」としての機能を果たすことはできない．
そこで，このシステムを使用して，被災地の復興と災害に備えてどのような情報をいかに発信するかを明らかにしなければならない．
まず，復興すべき被災地域に関する主な情報が掲載されているインターネット上のWebサイトを網羅的に把握し，リンク集を作成することから始める必要がある．
例えば，南三陸町については，南三陸町の役場・観光協会・商工会・福興市等のホームページからたどり，復興に取り組む団体や人々が立ち上げた有用な情報が掲載されているWebサイトを把握し，リンク集にまとめておく必要がある．

また，「南三陸福興まちづくり機構」のホームページを南三陸町復興のポータルサイト，すなわち「地域再生ポータルサイト」とするのであれば，この団体の各種プロジェクトを含めた活動状況についての情報を迅速かつ継続的に発信しなければならない．

　4）ソーシャル・キャピタル（協力的相互信頼関係）
　さらに，「南三陸福興まちづくり機構」のホームページを「地域再生ポータルサイト」として充実させていくためには，前述の「ぼうさい朝市ネットワーク」や「福興市」等の活動から作り上げられてきた，地域再生・防災・被災地復興に関心を持つ様々な立場の人たちの人的ネットワークの中でインターネットを通じて日々行われる情報のやり取りを把握し，その中から重要と思われる情報を取り上げて，それに関連する最新の情報を「南三陸福興まちづくり機構」のホームページから発信することが必要となる．
　そして，「まちづくり機構」のホームページからの情報発信を通じて，さらに，メーリングリストやTwitter，SNS等のソーシャル・メディアを活用して，「まちづくり機構」を取り巻く人的ネットワークの中の情報のやり取りがさらに活発になり，活動が活性化されることで，各種プロジェクトを中心として人的ネットワークが拡大し，新たな賛同者と支援者，参加者が得られることで，プロジェクト遂行・拡充に必要な諸資源（資金・物品・場所・便宜等）が調達されることによって，「まちづくり機構」の活動がより一層活性化し，拡大して行くことが展望できる．
　すなわち，インターネットは，それを有効に活用すれば，志をもった人々の交流が促進され，共に活動することによるソーシャル・キャピタルの形成・拡大を通じてソーシャル・キャピタルを増殖させる道具となりうるのである．
　これが可能となるために必要とされるのは，「Never Die Network」と「地域再生ポータルサイト」を適切に保守管理し，運営する体制の構築と人材確保・育成である．

　5）保守管理・運営体制の確立と人材確保・育成及び資金調達
　2012年9月現在での「まちづくり機構」のホームページの「組織について」に掲載されている「理事会構成」から運営体制を見ると，ホームページによる情報発信を専門に担当する責任者，例えば，広報担当理事や広報委員長といっ

た役職が定められておらず，事務局長が，必要に応じてホームページも利用して広報活動を行っているのが現状である．

また，同ホームページの「福興プロジェクト一覧」を見ると，「Never Die Network」と「地域再生ポータルサイト」を構築して，被災地復興と来るべき地震・津波等の災害に備えるというプロジェクトは，存在していない．

そこで，「Never Die Network」＆「地域再生ポータルサイト」構築プロジェクトを立ち上げ，そこで使用するシステムの保守管理と「地域再生ポータルサイト」による情報発信のための運営体制を確立し，それを迅速かつ継続的に行っていくための能力をもった人材の確保と育成が必要になるが，これを行うためには，プロジェクトを実施するための地域内外の人材と資金の発掘および獲得が不可欠であり，これから，資金獲得のための取り組みが，早急に開始されなければならない．

以上，「南三陸福興まちづくり機構」の活動を踏まえて，「Never Die Network」＆「地域再生ポータルサイト」による「地域再生デジタル・ネットワーキング」の構想とそのための課題を具体的に示した．

ところで，被災地の復興に必要なのは，安全・安心と交通手段や情報通信等の利便性の確保によって，より多くの人々が被災地を訪れ，観光や買い物を楽しみながら1円でも多くのお金を使ってくれることである．

それを促進する情報通信手段が，インターネット衛星回線と公衆無線LANとソーラーパネルから構成される「Never Die Network」（高度に生存可能な情報通信基盤）とWebサイトとTwitterやFace Book等のソーシャル・メディアを組み合わせた被災地内外の人々の情報交流活性化のための「被災地ポータルサイト」である．

そして，南三陸町でこのような「まちづくり機構」の「Never Die Network」＆「地域再生ポータルサイト」構築に基づいたプロジェクトが成功事例となり，東日本大震災の各被災地で同様の取り組みが行われ，また，首都直下地震や南海トラフを震源とする超広域・巨大地震・津波災害の危機に直面する地域で，さらに，被災地以外の過疎高齢化や産業衰退等の地域問題に直面する地域でも同じような試みが行われることで，「地域再生デジタル・ネットワーキング」が展開し，著者の提唱する「デジタル・ネットワーキング」（社会的諸問題に対してインターネット等のデジタル・メディアを活用して取り組む非営利活動）と「ソーシャル・キャピタル」（協力的相互信頼関係）の相乗効果的循環過程（デ

ジタル・ネットワーキングによってソーシャル・キャピタルが豊かになり、さらにソーシャル・キャピタルによってデジタル・ネットワーキングが促進されていく過程）による「復元力に富んだ社会」(resilient society) の構築の方向性を指し示すことができるであろう．

それでは，「デジタル・ネットワーキング」と「ソーシャル・キャピタル」の相乗効果的循環過程によって社会は，どのような形になって行くのであろうか．これについて，著者が，デジタル・ネットワーキングの事例研究と並行して研究を行って来た，ユルゲン・ハーバーマス (Habermas, Jürgen) の"Strukturwandel der Öffentlichkeit" (Habermas 1962；細谷貞雄訳『公共性の構造転換』(1973年)）を出発点とする「公共圏論」に基づいて指し示してみたい．

4 デジタル・ネットワーキングによる公共圏と「復元力に富んだ社会」(resilient society) の構築に向けて

1) ネットワーク公共圏モデルとデジタル・ネットワーキング
市民社会と公共圏，政治・行政ステムの相互連関

ハーバーマスは，「『公共性の構造転換』1990年新版への序文」(1990年) において，「市民社会 (Zivilgesellschaft)」の概念を，環境・福祉・人権・平和などの社会的諸問題に対して人々が「アソシエーション関係 (Assoziationsverhältnisse)（自発的な意思に基づく非国家的・非営利的な結合関係）」を形成して取り組んで行く社会的領域として導入した (Habermas 1990：45-46；ハーバーマス 1994：xxxviii)．

また，ハーバーマスは，『事実性と妥当性』(1992年) においても，同様に，市民社会を人々が自発的に形成する非国家的で非営利的なアソシエーション関係によって構成されるネットワークとして概念規定し，さらに，人々の間のアソシエーション関係によって構成される実践活動組織体としての「アソシエーション (Assoziation)」が，公共的コミュニケーションを通じて，様々な社会問題を提起し，その解決を目指す対策（オルタナティブ）を提示して人々に呼びかけることによって，政治的公共圏における世論形成過程に参入すると論じている (Habermas 1990：46；ハーバーマス 1994：xxxviii - xxxix)．

つまり，市民社会の組織的担い手であるアソシエーションは，世論形成空間である政治的公共圏と，アソシエーション関係を媒介にした実践的活動領域である市民社会とを橋渡ししていると言えるであろう．

ハーバーマスによれば，政治システムは，政党の活動や国民の選挙権行使を通じて公共圏と市民社会と結びついており，世論の影響を受けつつ政治的意思決定を行い行政システムの政策遂行を方向づけている．

　そして，ハーバーマスは，市民社会が，市民とアソシエーションを担い手とする「新しい」社会運動によって世論形成空間である政治的公共圏から政治システムに影響を及ぼし，行政システムの政策遂行過程に間接的な影響を与えると論じ，市民社会と公共圏との関連を明確にしている（Habermas 1992：461-463）．

　上記のように，ハーバーマスは，『事実性と妥当性』において，政治的公共圏をマスメディアに媒介された世論形成空間として位置づけ，実践的活動領域としての市民社会と区別しているが，市民社会と公共圏と政治システムの間の関連を図式化して示していなかった．

　しかし，『事実性と妥当性』の16年後に出版された『ああ，ヨーロッパ』（2008年）では，市民社会と公共圏と政治システムの間の関連を図式化して示している（Habermas 2008：ハーバーマス 2010：208-220）．

　それによれば，表8-2のように，国民国家社会においては，政治的コミュニケーションの循環は，次の3つの次元で行われている．第1の次元は，政治システムの中核における「制度化された討議と交渉」であり，政治的プログラムやその実現に向けて，人々を法的に拘束する意思決定を行う次元である．第2の次元は，「分散した諸公共圏におけるメディアに支えられたマス・コミュニケーション」の次元であり，読者・視聴者といったマスメディアの受け手に

表8-2　政治的コミュニケーションのアリーナ

コミュニケーション・モード	政治的コミュニケーションのアリーナ		
制度化された討議と交渉	政府・行政・議会・裁判所　等		政治システム (1)国家の諸制度
分散した諸公共圏におけるメディアに支えられたマス・コミュニケーション	表明された見解 ← メディア・システム ← ・政治家・ロビイスト・市民社会の主体　　公衆 → 世論調査の結果		(2)政治的公共圏
受け手間のコミュニケーション	集会的・非公式的な諸関係 社会的ネットワーク・社会運動		市民社会

（出典）Habermas（2008：165；ハーバーマス 2010：211）．

よって世論形成が行われる次元である．そして，第3の次元が，目の前にいる人々の間で行われる「受け手間のコミュニケーション」の次元であり，その次元のコミュニケーションは，シンポジウムや討論会といった催しだけでなく，非公式の公共的対話においても行われる (Habermas 2008：163-164；ハーバーマス 2010：209)．

そして，政治的コミュニケーションは，表8-2に記載されているように，この3つの次元ごとに，「政治システム」の中の「(1) 国家の諸制度」と「(2) 政治的公共圏」及び「市民社会」というそれぞれ異なった議論の場（アリーナ）で行われ，「制度化された討議と交渉」・「メディアに媒介されたコミュニケーション」・「読者や視聴者の間の対面的なコミュニケーション」という異なったコミュニケーション形態をとる (Habermas 2008：164-165；ハーバーマス 2010：210-211)．

次に，ハーバーマスは，図8-9の「公共圏のインプットとアウトプット」という図式において，近代民主主義に基づく国民国家社会における政治的コミュニケーションの流れについて説明している．

それによれば，近代民主主義国家は，一方で市民社会からの，他方で，社会的諸機能システムからの諸要求に対応しながら意思決定を行って諸政策を遂行しなければならない．つまり，国家は，種々の規則を定め規制を実施しながら，

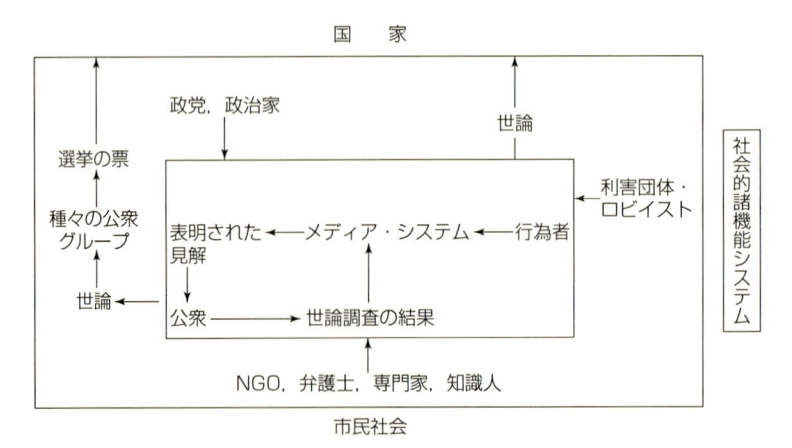

図8-9 公共圏のインプットとアウトプット

(出典) Habermas (2008：171；ハーバーマス 2010：219)．

一方で，市民に社会サービスを提供し，他方で，社会的諸機能システム（市場経済システム，医療・保健システム，教育研究システム等）を振興助成し，公共的な社会基盤を提供しなければならない．

個々の社会的機能システムの代弁者（ロビイスト）たちは，大量解雇・資本流出・経済危機・エネルギー危機・頭脳労働力流出等などの危機的状況をメディアを通じて喧伝しながら，陳情や宣伝，非公式な交渉を試み，強硬に要求を通し利害の実現を図ろうとする．

他方で，社会的諸機能システムの受益者である市民社会の構成員としての国家市民（国民）にとっても，ロビイストたちが喧伝する危機的状況は，日常生活を不安に陥れる脅威としてとらえられる．

そこで，市民社会の代弁者として，市民グループ（NGO・NPO），弁護士，専門家，知識人が，これら種々の脅威を社会問題として提起し，その解決方法についてメディアを通じて提言する．こうした市民社会の代弁者の問題提起を市民が共感し支持することで世論が形成され，政治家や政党の政治活動や政策決定に影響力を及ぼし，選挙を通じて国家の存立基盤である政権の存亡を左右するのである（Habermas 2008：168-169；ハーバーマス 2010：214-215）．

情報化の進展に伴う公共圏と市民社会の相互浸透

前項で考察したように，ハーバーマスは，『事実性と妥当性』および『ああ，ヨーロッパ』において，政治的公共圏をマスメディアに媒介された世論形成空間として位置づけ，実践的活動領域としての市民社会と区別して，市民社会と公共圏と政治システムの間の関連を図式化して示した（Habermas 2008：163-172；ハーバーマス 2010：208-220）．

そして，ハーバーマスは，公共圏における世論形成のコミュニケーション基盤であるマスメディア・コミュニケーションの存立要件と問題性を指摘している（Habermas 2008：158-161；ハーバーマス 2010：203-206, Habermas 2008：179-188；ハーバーマス 2010：228-238）．

そのように指摘した上で，ハーバーマスは，マスメディア・コミュニケーションによる世論形成の問題をインターネットが是正する可能性を条件付きで認めているが，結局のところ，インターネットは，人々が表明する意見を拡散させる作用の方が大きいため，政治的公共圏における世論形成を困難にするという見解を示している（Habermas 2008：161-163；ハーバーマス 2010：206-208）．

すなわち，ハーバーマスは，中国の民主化要求運動やアラブ諸国で民主化を

求めて展開されチュニジア・エジプト・リビアの独裁政権を転覆させた「アラブの春」などのインターネットを媒介にして展開される政治運動などの事例について,「コンピューターを使ったコミュニケーションが民主主義に明らかに寄与していると自賛できるのは,公共の場で自発的に出てくる意見をコントロールし,押さえ込もうとする権威主義的政府の検閲をくぐり抜けるという特定のコンテクストのみである」と限定的にインターネットの有用性を評価している (Habermas 2008 : 161 ; ハーバーマス 2010 : 206-207).

また,ハーバーマスは,アメリカ合衆国の「茶会（ティーパーティ）運動」や「反ウォール街（反貧困）運動」,韓国の「落選運動」などの自由で民主主義的（リベラル）な国家体制をとる国民国家社会内でインターネットを媒介にして展開される政治運動についても,「国民国家社会規模の（ナショナルな）公共圏において,政治的コミュニケーションがオンラインの論争から何らかの利益を受ける場合があるとしたら,……ウェブの中で活発に活動するグループが,現実の特定の動き,例えば進行中の選挙運動,あるいはどこかで起きている論争などに触れながら,支持者の関心を喚起し,支持を煽るといったときであろう」と限定的にインターネットの利点を評価している (Habermas 2008 : 162 ; ハーバーマス 2010 : 207).

しかし,結局のところ,ハーバーマスは,自由で民主主義的（リベラル）な国家体制下にある国民国家社会においては,「インターネットは,テーマごとにまとまってコミュニケーションが空間を超えて迅速に進むような技術的基盤（ハードウェア）を提供してくれるが,……拡散してバラバラになっている様々なメッセージを集め,選別し,再編集し,まとめるという機能が抜けている」ので,政治的公共圏における世論形成を困難にすると論じている (Habermas 2008 : 162 ; ハーバーマス 2010 : 207).

このように,ハーバーマスが,公共圏における世論形成過程と政治的影響過程におけるインターネットの評価は,妥当なものであると言えるであろう.

しかしながら,このような国際的に注目される目立った政治運動とは次元を異にするが,日本においては,著者が研究対象としてきた1990年代後半から展開されてきた大規模災害の被災者・被災地支援活動などの事例にみられるように,市民社会の組織的主体であるアソシエーション (NGO・NPOだけでなく協同組合・互助組織を含む市民活動組織) そのものが,マスメディアに匹敵する世論喚起力をもつインターネットを実践活動のために活用できるようになっており,

これまでマスメディアが占有していた世論形成過程は，アソシエーションのインターネット等のデジタル・メディアを活用した世論形成・実践活動と一体化してきている（干川 2001：90-107）．

上記のようなインターネット等のデジタル・メディアを活用して行われる市民活動の社会変革の可能性については，そもそもハーバーマスの学問的な関心の範囲外にあるように思われる．

というのは，ハーバーマスが，その公共圏論の中で明らかにしようとしているのは，政治的公共圏における世論形成と世論の政治システムへの影響行使のメカニズムであり，また，そのメカニズムが民主主義的に遂行されるための機能的要件であり，さらに，その機能的要件が阻害される社会歴史的・政治経済的な要因である．

したがって，ハーバーマスの問題関心の中心は，政治的公共圏と政治システムとマス・メディアを媒介にした世論形成過程にあり，政治的公共圏を取り巻く多元的な公共圏とその基盤である市民社会は，問題関心の周辺に置かれていると言えるであろう．

著者の問題関心からすれば，ハーバーマスの公共圏論は，政治的公共圏という公共圏の一領域と政治システムとの関係及びマス・メディアによる世論形成過程にのみ焦点をおいた理論的射程の狭い公共圏論に過ぎないものであろう．

このようなハーバーマスの公共圏論は，今日の欧米や日本のような高度に機能分化と情報化が進んだ社会の複雑な機能と構造を明らかにするためには，いささか力不足であるといえるであろう．

こうした見解を踏まえて，著者が提示したいのは，多元的な構造をもつ公共圏全体と市民社会，社会的諸領域との構造的関係及び，マス・メディアとデジタル・メディアによって構成される情報コミュニケーション空間を視野に入れて，今日の機能分化と情報化が高度に進んだ社会の全体構造を明らかにしようとする理論的射程の広い社会理論としての公共圏論である．

そこで，ここでは，機能分化の進展によって多元的な構造をもつようになった公共圏全体と社会的諸機能領域の関係を視野に入れて，また，情報化の進展による情報コミュニケーション空間の機能分化に伴う公共圏と市民社会の相互浸透過程を視野に入れて，公共圏をインターネット等のデジタル・メディアの媒介によって世論形成と実践活動が不可分に結びついた社会的領域として位置づける．

また，環境・福祉・地域づくり・災害救援といった社会的諸問題に対してインターネット等のデジタル・メディアを活用して取り組む市民活動，すなわち，「デジタル・ネットワーキング（digital networking）」を公共圏の世論形成と実践活動の活動基盤として位置づける．

デジタル・ネットワーキングと公共圏

デジタル・ネットワーキングとは，著者の造語であるが，それは，「インターネット等のデジタル・メディアを活用して展開される市民活動（市民による非営利の自発的な対策立案・提示・行為調整・連帯形成・実践活動）」である．また，「市民」とは，他人の問題または社会全体に関わる問題を自分の問題として受け止め，自発的に取り組もうとする人々のことである．

第2章で論じたように，1970年代からアメリカのカリフォルニア州を中心とする地域でパソコン通信を活用したデジタル・ネットワーキングが開始され，主に北米地域と中南米地域で展開された．そして，1991年の湾岸戦争に対する国際的な反戦運動や1992年のリオ・デ・ジャネイロでの「国連地球環境サミット」と，それ以降の人権や女性などをテーマとした国連サミットでAPC（Association for Progressive Communication）ネットワークが，NGOによって活用され国際的なデジタル・ネットワーキングが展開されてきた．また，日本でも1990年代前半からデジタル・ネットワーキングが展開されるようになった．

ところで，著者の見解では，公共圏とは，「個々の社会的領域だけでは対処しきれない，環境，福祉，大災害のような社会全体に関わる大きな問題に対して，各社会的領域で職業活動や日常生活を営む人々が，共通の問題関心を持って，新しい発想のもとに，自発的に，それぞれの社会的領域から諸資源（ヒト・モノ・カネ・情報等）を調達しながら緊張関係を保ちつつ互いに連携し合って取り組んで行く社会的領域，いわば市民活動に支えられた社会的実験場としての領域である」（干川 2003：86）．

そして，公共圏が成立するためには，インターネットなどのコミュニケーション・メディアを通じて，ヒト・モノ・カネ・情報等の諸資源が社会的諸領域から供給され，それらの諸資源が市民活動で活用されることを通して，各種の市民活動を担う人々や諸組織・団体（市民やNPO・NGO）が連携しながら活動を展開し，それらの間で，また，各社会的領域の活動主体（企業，行政機関，マスメディア，専門家，個々人）との間で社会的ネットワークが張り巡らされることが必要である．

公共圏と社会構造

まず，公共圏と他の8つの社会的諸領域（市場経済圏，行政圏，マスメディア圏，エンターテイメント圏，アカデミック圏，スピリチュアル圏，ライフケア圏，親密圏）の関係は，図8-10で表される．

この図式すなわち，「ネットワーク公共圏モデル」は，公共圏のあるべき姿を示しつつ現実の社会構造を描き出すために用いられる道具としての理念型である．

8つの社会的諸領域について，時計回りに説明すると，1「市場経済圏」は，様々な種類の企業が，財やサービスの生産・流通を通じて，商品を消費者に供給しながら利潤の追求を行う社会的領域である．次に，2「行政圏」は，政府や自治体などの行政機関が，企業や納税者個人から徴収した税をもとに社会基盤の整備や行政サービスを行う社会的領域である．また，3「マスメディア圏」は，新聞・テレビ・ラジオなどのマスメディアが，社会的諸領域から社会的に重要な情報を収集し，情報を伝達する社会的領域である．

それに加えて，4「エンターテイメント圏」は，興行団体が提供するスポーツ・音楽・芸能・ゲーム・ギャンブルなどを通じて，人々が夢や熱狂，楽しみや癒しを得る社会的領域である．

そして，5「アカデミック圏」は，教育・研究機関において，高度な専門知識・技術をもつ専門家を通じて，人々が社会生活に必要な知識や技術を学習する社会的領域であり，6「スピリチュアル圏」（精神的世界）は信仰やカウンセリングをつうじて，人々が病・老・死などの人生の苦難に直面することで生じる苦悩を和らげ，心の平安を得る社会的領域である．7「ライフケア圏」は，医療・保健・社会福祉等の諸機関から提供されるサービスをつうじて，病者・障害者・社会的弱者が，生命の維持・健康の維持・増進，生活・生計の維持・改善を図る社会的領域であり，「親密圏」は，家族・親族組織，友人・知人といった身内や仲間内の者の間だけで相互扶助や娯楽を行うことを通じて，生計を維持したり，やすらぎを得たりする社会的領域である．

図8-10における公共圏とそれぞれの社会的諸領域とが重なりあう領域について説明すると，公共圏と市場経済圏が重なりあう領域が①「社会経済」であり，これは，市民が共同して安全・安心な商品やサービスを入手するために，生活協同組合やワーカーズコレクティブなどの営利を目的としない協同的経済組織が組織され運営される領域である．また，公共圏と行政圏が重なりあう領

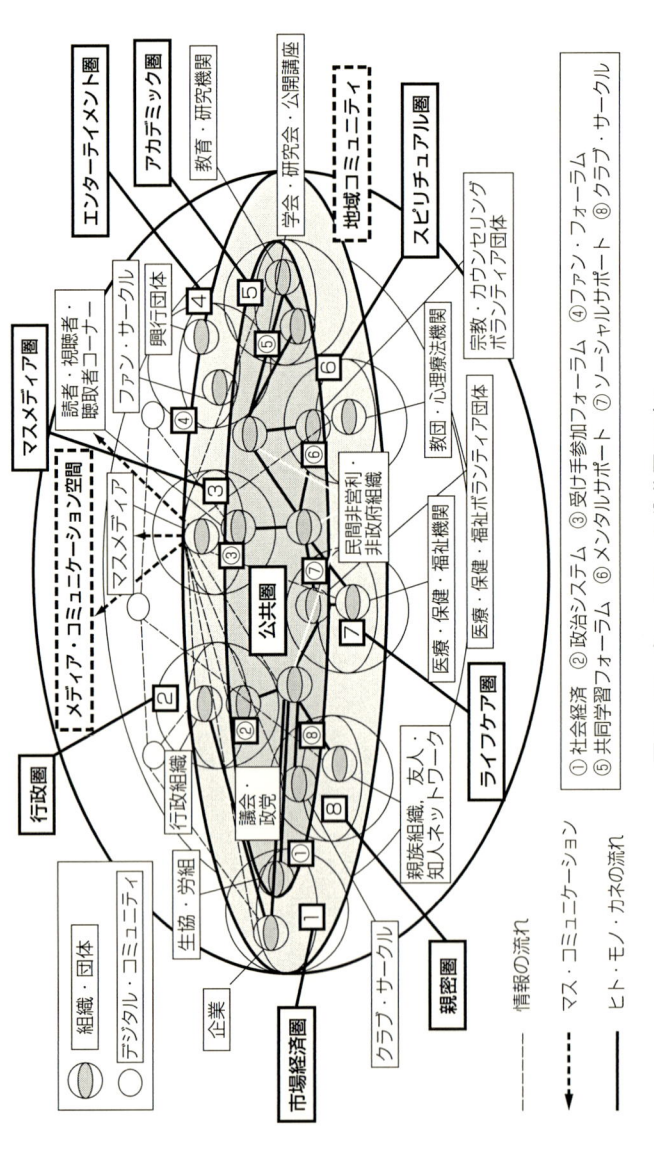

図8-10 ネットワーク公共圏モデル

(出典) 著者作成.

域である②「政治システム」においては，公共圏において世論という形で表明される民意が，政党政治や選挙を通じて政策決定へと反映される．

そして，③「受け手（視聴者・聴取者・読者）参加フォーラム」は，公共圏とマスメディア圏が重なりあう領域であり，そこでは，読者や視聴者，聴取者というマスメディアの受け手が，様々なテーマについて電話・FAX・インターネットなどを利用して投書・投稿・発言などで意見表明を行い，マスメディアを通じて世論が形成されていく．

それに加えて，公共圏とエンターテイメント圏が重なりあう領域が，④「ファン・フォーラム」であり，スポーツ・音楽・映画・芸能・ファッション・アトラクション・ゲーム・ギャンブルなどに関心をもつ人々（ファン）が，自分の好むアスリート・アーティスト・アクター・タレント・モデル・ファッション・アトラクション・ゲーム・ギャンブルについてイベントやインターネットによって意見交換・交流が行われファン・サークルが形成され，群集行動が行われる．

さらに，公共圏とアカデミック圏が重なりあう領域が，⑤「共同学習フォーラム」であり，ここでは，様々な専門分野に関心をもつ市民と専門家が，共通の関心事についての意見交換や議論をつうじて，相互理解・啓発や解決策の探究を行い，問題解決に取り組む．

他方で，公共圏とスピリチュアル圏が重なりあう領域が⑥「メンタルサポート」であり，市民が宗教者やカウンセラーなどと協力し合いながら，ボランティア団体を組織し，人生の苦悩に直面する人々が心の平安を得られるように支援活動を展開する領域である．公共圏とライフケア圏が重なりあう領域が，⑦「ソーシャルサポート」であり，病者・障害者・社会的弱者の支援のために，市民が，医療・保健・福祉分野の民間非営利組織を組織し運営する領域である．

最後に，公共圏と親密圏が重なりあう領域が⑧「クラブ・サークル」であり，これは，共通の趣味や関心事をもつ人たちが意見や情報の交換を行い，活動を展開する領域である．

デジタル・ネットワーキングによる公共圏の形成過程

デジタル・ネットワーキングによる公共圏の形成過程には，次の2つの出発点があると考えられる．

出発点1：デジタル・コミュニティからの出発

1つ目は，居住地や社会的立場を異にする人々の間で，共通の関心事につい

てデジタル・メディア等を通じて時空を超えた情報や意見の交換が行われ，その情報の流れが流通する場である「メディア・コミュニケーション（media communication）空間」内で各社会的領域内部および各社会的領域間に「デジタル・コミュニティ（digital community）」が形成される．それが特定の分野の具体的な市民活動とつながっていく場合である．

　例えば，阪神・淡路大震災の際に，それ以前から全国規模の商用パソコン通信ネットワーク（Nifty-ServeやPC-VANなど）の（パソコンやバイクなどの）趣味や（環境，人権，平和などの）社会問題をめぐって情報や意見の交換を行う場であるフォーラムやSIG（Special Interest Group）に参加していた人たちが，情報ボランティアとして被災地の救援活動に対する情報支援活動を行ったなどという事例があげられる．

　出発点2：ボランタリー組織・集団からの出発
　2つ目が，環境，福祉，地域づくり，災害救援などの共通の目標に取り組んでいる人たちが，電話・FAXや紙メディア（ミニコミ紙，ニュースレターなど）を利用しながらボランタリーな活動を通じて「地域コミュニティ」内に「ボランタリー組織・集団（voluntary organization・group）」（NGO・NPO，ボランティア団体）を構成し，活動をさらに効果的に展開していくために広報・連絡手段としてインターネットを活用する場合である．

　例えば，阪神・淡路大震災の時に被災地で被災者の救援活動をボランティアとして行っていた人たちが，その2，3年後に国内外で発生した大災害において全国規模や国際的な災害救援活動を展開するために，NGO・NPO，ボランティア団体を結成して，インターネットを活用するようになるなどの多くの事例をあげることができる．

　このような2つの出発点，すなわちデジタル・コミュニティから出発する場合とボランタリー組織・集団から出発する場合があるが，いずれの場合にせよ，ボランタリー組織・集団内で電話・FAXや紙メディアといった既存のメディアだけでなく，デジタル・メディアが実践活動に最大限に活用されることで，メディア・コミュニケーションと市民活動が渾然一体となっていき，環境，福祉，災害，地域づくりといった目標や関心事ごとにデジタル・ネットワーキングが展開され，それを媒介にしてヒト・モノ・カネ等の諸資源が各社会的領域から市民活動主体（市民やNPO・NGO）へと供給されることによって，それらの

市民活動主体間で，また，市民活動主体と各社会的領域の行為主体（企業，行政機関，マスメディア，専門家，個々人）との間で社会的ネットワークが張り巡らされながら，デジタル・ネットワーキングが展開していき，公共圏が構築される（図8-10）．

さらに，デジタル・ネットワーキングそれぞれの主要な活動主体が，実践活動を展開する中から，ヒト・モノ・カネ・情報などの活動に不可欠な諸資源の調達を困難にする共通の社会的制約条件の存在を相互に認識し，そうした社会的制約条件を克服して資源を調達し活動基盤を確保する必要性についての共通見解が形成されると，その共通見解に基づいて，行政情報の公開やNPO支援といった社会制度の抜本的な改革につながるような共通の目標や関心事をめぐって連携が行われ，デジタル・ネットワーキングが複合的に進展して行くことで，公共圏の中で社会的ネットワークが濃密に張り巡らされて，公共圏は，さらに高度に複雑な世論形成・実践活動ネットワークから構成されるようになっていく．

そして，さらに市民やNPO・NGOが，マスメディアやインターネットを通じて国境を超えて海外の市民やNPO・NGOと連携行動を展開し，公共圏を支える社会的ネットワークがグローバルな広がりを持つようになると，ハーバーマスが，『ああ，ヨーロッパ』においてその形成可能性を示唆したように（Habermas 2008：188-191；ハーバーマス 2010：238-241），図8-11のような「国民国家間公共圏ネットワーク（transnational network of public spheres）」が形成される．

デジタル・ネットワーキングの組織的主体としてのNPO・NGO

このようなデジタル・ネットワーキングが展開される際に，組織的な活動を行うのが，NPO・NGO（民間非営利組織・民間非政府組織［Non Profit Organization・Non Governmental Organization］）である．

NPO・NGOは，人々のニーズを丹念に拾い集め，マスメディアやその他のコミュニケーション手段を駆使して現状を広く社会に訴えながら多方面に問題解決への協力を呼びかけ，ボランティアを励まし，まとめ上げ，行政機関や企業や団体にモノやカネや便宜の提供を求めたり時には対決したりしながら，問題解決活動のための地ならしを行い，必要なところにヒト・モノ・カネ・情報が行き渡るような一連の「コーディネーション（coordination）（連絡・調整）」を行う組織的な活動主体である．

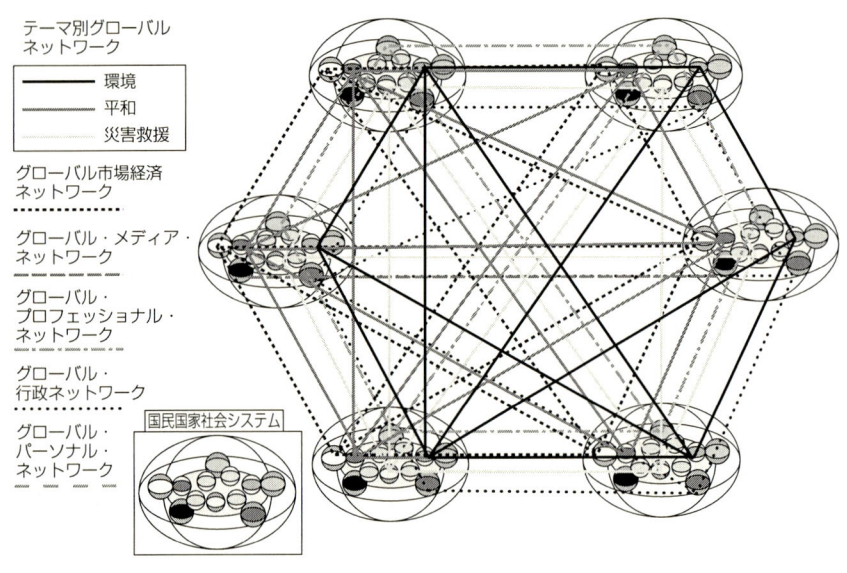

図8-11 国民国家間公共圏ネットワーク

(出典) Habermas (2008:188-191;ハーバーマス 2010;238-241) に基づいて著者作図.

　そして，NPO・NGO は，インターネット等のコミュニケーション・メディアを活用して，その活動に必要な情報の収集・交換・共有を行いながら，居住地域や所属組織を異にする様々な立場の人たちや NPO・NGO 相互の間でネットワークを作り上げコーディネートしていく．いわば，公共圏の情報流通および実践活動の基盤を作り出す活動を展開していくのである．

　こうした活動をつうじて，NPO・NGO は，行政が（法制度上の制約や前例がないため）柔軟に対応できない分野で先駆的な試みや政策提言を行ったり，また，企業が（収益が得られるかどうか見込みがつかないため）営利事業化困難な分野で，進取に富んだ試みを行ったりすることで，人々の新しい多種多様なニーズに応え，社会を変えていく可能性をもつ．

　2）デジタル・ネットワーキングによる「復元力に富んだ社会」(resilient society) 構築に向けて

　デジタル・ネットワーキングの先駆的な実験的試みは，社会の中で人々の思考・行動・生活様式に変化をもたらし社会を変えて行く可能性をもつが，それ

が現実化し社会に定着するためには，国家や自治体の中で制度化されるか，または，企業によって営利事業化されるか，あるいは公共圏の中で非営利事業化されねばならない．

その際に，立案・検討された施策が国家や自治体の政策として制度化されるためには，議会へ法案として提出され議員による審議と議決を経る必要がある．また，企業において採算の採れる事業として営利事業化されるためには，企画・検討された事業案が資金提供者としての金融機関や投資家の審査や評価と決済を経る必要がある．さらに，議会による審議を経て，また，金融機関や投資家の審査や評価を経て，デジタル・ネットワーキングの成果があまりに先駆的であり，行政機関内部にそれを政策として担当する部門を設置することが困難であると判断された場合，または，営利事業として採算性が十分に得られないと判断された場合，行政機関や企業からのNGOやNPOへの委託事業として，また，NGOやNPO独自の事業として，非営利事業化が図られることになる．

このようなデジタル・ネットワーキングの成果の制度化と事業化が，社会の大多数の人々に利益をもたらす公益的なものとなるためには，その過程がデジタル・メディアを通じて広く公開され透明性が保たれる必要がある．それによって，政官業学のもたれあいによる閉鎖的で不透明な意思決定過程を排除することができ，誰もが納得のいく説明責任が果たされながら，ネットワーキングの成果が，制度化や事業化を経て社会システムの中に定着し，人々の思考・行動・生活様式に変化をもたらし，社会を変えていくことが可能となる．

そして，デジタル・ネットワーキングが，今日の社会状況に適った形で公共圏を構築して「新しい公共性（社会的諸領域の自律を前提とした相互媒介・協働の原理）」を実現するべく社会を変革し，「復元力に富んだ社会」を構築していく力をもつようになるためには，それを方向づける行動原理が必要となる．

そこで，こうした行動原理を「デジタル・デモクラシー（digital democracy）」と呼ぶことにする．ここで，デジタル・デモクラシーとは，デジタル・メディアを活用して民主主義の促進または強化しようとする理念である．

そして，デジタル・ネットワーキングが展開し，公共圏とそれを基盤とした（大災害等の社会的危機に強い）「復元力に富んだ社会」の構築に向けて社会を変革していくには，社会的課題について市民のオープンで多様な議論を許容し，実践活動への積極的参加を促すために必要な社会的連帯・自発的協力・相互信頼を醸成する「ソーシャル・キャピタル」（協力的相互信頼関係）が必要であり，ま

た，デジタル・ネットワーキングによってソーシャル・キャピタルが豊かになり，さらにソーシャル・キャピタルによってデジタル・ネットワーキングが促進されていく相乗効果的な循環過程が作り出されることが必要不可欠である．

　以上のように，ハーバーマスの公共圏論を出発点として，デジタル・ネットワーキングによる公共圏とそれを基盤とした「復元力に富んだ社会」(resilient society) の構築を模索した．

文 献 一 覧

第 1 章
岩崎俊介（1993）『NGO は地球を結ぶ』第三書館.
印鑰智哉（1992）「ユーカリ植林と新メディアの可能性」『社会運動』149 号, 社会運動研究センター.
岡部一明（1986）『パソコン市民ネットワーク』技術と人間.
── （1996）『インターネット市民革命』御茶の水書房.
日本ネットワーカーズ会議（1990）『第 1 回日本ネットワーカーズ会議報告書 "ネットワーキングが開く新しい世界"』日本ネットワーカーズ会議.
干川剛史（1994a）「公共性とコミュニケーション」千石好郎編『モダンとポストモダン──現代社会学からの接近──』法律文化社.
── （1994b）「自律的公共性への構造転換に向けて」日本社会学会『社会学評論』第 45 巻第 3 号.
── （2001）『公共圏の社会学』法律文化社.
正村公宏（1984）「日本語版監修者序文　新しい社会的発展の方向を示唆」正村公宏日本語版監修, J. リップナック／J. スタンプス（社会統計研究所訳）（1984）『ネットワーキング』プレジデント社.
── （1986）「ネットワーキングと情報化社会の課題」『組織科学』20（3）日本組織学会.
宮田加久子（2005a）『インターネットの社会心理学』風間書房.
── （2005b）『きずなをつなぐメディア』NTT 出版.
和崎宏（2010）『博士学位請求論文　地域 SNS による地域情報化に関する研究』兵庫県立大学大学院環境人間学研究科（http://www.kotatsu.net/wasaki_docter.pdf）.

（英文文献）
Coleman, James, S.（1990）, *Foundations of Social Theory*, Harvard University Press（久慈利武監訳（2004）『社会理論の基礎』（上）・（2006）『社会理論の基礎』（下）青木書店）.
Lin, Nan（2001）, *Social Capital: A Theory of Social Structure and Action*, Cambridge University Press（筒井淳也・石田光規・桜井政成・三輪哲・土岐智賀子訳（2008）『ソーシャル・キャピタル──社会構造と行為の理論──』ミネルヴァ書房）.
Putnam, R. D.（1993）, *Making Democracy Work: Civic Tradition in Modern Italy*, Princeton University Press（河田潤一訳（2001）『哲学する民主主義──伝統と改革の市民的構造──』NTT 出版）.
── （2000）, *Bowling Alone: The Collapse and Revival of American Community*, Simon & Shuster（芝内康文訳（2006）『孤独なボウリング──米国コミュニティの崩壊と再生──』

柏書房).

Putnam, R. D.（Ed.）(2002), *Democracies in Flux: The Evolution of Social Capital in Contemporary Society*, Oxford University Press（猪口孝訳（2013）『流動化する民主主義――先進8カ国におけるソーシャル・キャピタル――』ミネルヴァ書房).

第2章

印鑰智哉（1992）「ユーカリ植林と新メディアの可能性」社会運動センター『社会運動』149号.

岡部一明（1986）『パソコン市民ネットワーク』技術と人間.

――（1996）『インターネット市民革命』御茶の水書房.

JCA（Japan Computer Access）（1994a）「市民コンピューターコミュニケーション研究会（JCA）会員移行集会趣旨」.

――（1994b）「市民コンピューターコミュニケーション研究会活動記録」.

浜田忠久（1998）「市民運動とネットワーク」『いまの生活「電子社会誕生」』晶文社.

PARC（アジア太平洋資料センター）(1993)『オルタ通信』1993年，10月号.

安田幸弘（1997）『市民インターネット入門』岩波書店.

(英文文献)

Harasim, L. M.（1993）, *Global Networks MIT Press*.

第3章

『朝日新聞』（1995.4.17.）（大阪本社発行13版）.

大月一弘・水野義之・千川剛史・石山文彦（1998）『情報ボランティア』NECクリエイティブ.

金子郁容・VCOM編集チーム（1996）『つながりの大研究』NHK出版.

カテナ株式会社（1996），ソフトウエア流通便り（第10回），Windowsコンソーシアム，Windows View（会報）Vol. 19（Windows Consortium Newsletter ◆ January 1996）（http://www.wincons.or.jp/view/vol19/Ryuutuu.html（2013年9月4日閲覧））.

川上善郎（1996）「第6章 災害と情報 第3節 通信ネットワーク」朝日新聞社編『阪神・淡路大震災誌』朝日新聞社.

経済企画庁（2000）『平成12年 国民生活白書』.

田中克己（1996）『震災とインターネット』NECクリエイティブ.

日本インターネット協会編（1996）『インターネット白書'96』インプレス.

――（1998）『インターネット白書'98』インプレス.

兵庫ニューメディア推進協議会編（1995）『災害時における情報通信のあり方に関する研究』兵庫ニューメディア推進協議会（Web版：https://www.hnmpc.gr.jp/books/books01（2013年9月4日閲覧））.

――（1996）『情報の空白を埋める――災害時における情報通信のあり方――報告書』兵庫ニューメディア推進協議会（Web 版：https://www.hnmpc.gr.jp/books/books02（2013年9月4日閲覧））.
干川剛史（1996）「もう一つのボランティア元年」徳島大学総合科学部『徳島大学社会科学研究』第9号.
――（2003）『公共圏とデジタル・ネットワーキング』法律文化社.
――（2009）『情報化とデジタル・ネットワーキングの展開』晃洋書房.
郵政省（1999）『平成11年度版　通信白書』.

第4章
大月一弘・水野義之・干川剛史・石山文彦（1998）『情報ボランティア』NEC クリエイティブ.
小村隆史（1997）「『ナホトカ号』重油流出災害に防災ボランティアの新しい形を見た」『近代消防』1997年3月号，近代消防社.
干川剛史（2003）『公共圏とデジタル・ネットワーキング』法律文化社.
山本葉子（1997）「『ナホトカ号』重油流出災害におけるインターネット利用の推移と評価」，『近代消防』1997年8・9月号，近代消防社.

第5章
NPO 法人海洋研修センター（2007）『平成18年度　全国都市再生モデル調査事業（東京都三宅村）報告書』.
株式会社 ラフ・三宅島人材受け入れ連携協議会・灰干ネットワーク LLP（2010）『平成21年度地方の元気再生事業「灰干しプロジェクト」の地域再生全国ネットワーク構築　東京都三宅島―岡山県笠岡諸島―山形県飛島＆全国灰干ネットワーク　報告書』.
三宅島人材受け入れ連携協議会（2007）「地域における人材の受け入れ体制の整備支援モデル事業計画」.
――（2008）「内閣官房地域活性化統合事務局平成20年度『地方の元気再生事業』申請案概略」.

第6章
干川剛史（2007）『災害とデジタル・ネットワーキング』青山社.
――（2009）『情報化とデジタル・ネットワーキングの展開』晃洋書房.
――（2011）「安全・安心社会構築へのデジタル・ネットワーキングの展開」大妻女子大学人間関係学部『紀要　人間関係学研究』12号.
和崎宏（2010）「博士学位請求論文　地域 SNS による地域情報化に関する研究」兵庫県立大学大学院環境人間学研究科（http://www.kotatsu.net/wasaki_docter.pdf）.

第7章

『朝日新聞』(2011.2.4)「新燃岳測り難い噴出量」.
── (2011.8.5)「ひと　南三陸町で福興市を開く　藤村望洋さん (67)」.
一般社団法人 南三陸福興まちづくり機構 (2012)「概要＆設立趣意書」.
── (2013)「『官民協働した魅力ある観光地の再建・強化事業』提案書」.
株式会社 旅行新聞社 (2011.5.21)「ぼうさい朝市ネットワーク　災害時は隣から支援」『旬刊 旅行新聞』第1419号.
株式会社 三菱総合研究所 (2012)「災害時における情報通信の在り方に関する調査結果」http://www.soumu.go.jp/main_content/000150126.pdf, (2013年9月4日閲覧).
総務省 (2011)『平成23年版　情報通信白書』.
農文協 (社団法人 農村文化協会) (2011)『季刊地域　特集 東北 (ふるさと) はあきらめない！』2011 Summer No.6.
『日本経済新聞』(2011.4.30)「宮城・南三陸町『福興市』にぎわう」.
独立行政法人防災科学技術研究所 (2011),「ALL311：東日本大震災協働情報プラットフォーム」Webサイトの開設と各種情報の協働発信～研究成果の社会還元の一環として～, http://www.bosai.go.jp/press/pdf/20110323_02.pdf (2013年9月4日閲覧).
干川剛史 (2010)「安全・安心社会構築に向けてのデジタル・ネットワーキングの展開」大妻女子大学人間関係学部『紀要　人間関係学研究』12号.
── (2012)「大規模災害における情報支援活動の展開と課題」大妻女子大学人間関係学部『紀要　人間関係学研究』13号.
──編 (2014)「南三陸町『福興市』来場者調査結果」大妻女子大学人間関係学科人間社会学科社会学専攻『2013年度「社会調査及び演習」報告書』.
南三陸福興まちづくり機構 (2013)「官民協働した魅力ある観光地の再建・強化事業」提案書「添付資料」(2).
宮城県震災復興・企画部情報政策課企画班 (2011)「『東日本大震災被災地自治体ICT担当連絡会』の設置について」http://www.pref.miyagi.jp/soshiki/jyoho/110526ictrenrakukai.html (2013年9月4日閲覧).
宮城県土木部住宅課 (2011)「宮城県応急仮設住宅　完成状況について」http://www.pref.miyagi.jp/uploaded/attachment/46022.pdf (2013年9月4日閲覧).
宮崎県新燃岳火山災害対策本部 (2011)「新燃岳の火山活動による被害状況について」http://www.pref.miyazaki.lg.jp/parts/000161736.pdf (2013年9月4日閲覧).
『宮崎日日新聞』(2011.3.25)「火山灰で干物作り　高原町で試み」. http://www.the-miyanichi.co.jp/contents/index.php?itemid=36803&blogid=16 (2013年9月4日閲覧).
村上圭子 (2011)「東日本大震災・安否情報システムの展開とその課題」日本放送協会放送文化研究所『放送研究と調査 (月報)』2011年6月号.

(Webページ)
地域 SNS 全国フォーラム
　　http://forum.local-socio.net/（2013 年 9 月 4 日閲覧）．
特定非営利活動法人 かさおか島づくり海社
　　http://www.shimazukuri.gr.jp/index.html（2013 年 9 月 4 日閲覧）．
特定非営利活動法人 たかはるハートム
　　http://kobayashitakaharuheartom.blogspot.com/（2013 年 9 月 4 日閲覧）．
農文協（社団法人 農村文化協会）(2011)，季刊地域　特集 東北（ふるさと）はあきらめない！2011 Summer No. 6
　　http://kikanchiiki.net/contents/?p=814（2013 年 9 月 4 日閲覧）．
灰干しプロジェクト
　　http://www.haiboshi.jp/（2013 年 9 月 4 日閲覧）．
福興市公式サイト
　　http://fukkouichi-minamisanriku.jp/（2013 年 9 月 4 日閲覧）．
独立行政法人 防災科学技術研究所（2011）ALL311；災害情報ボランティア募集のお知らせ．
　　http://all311.ecom-plat.jp/group.php?gid=10121
宮城県災害・被災地社協等復興支援ボランティアセンター（平成 23 年 8 月に「宮城県災害・被災地社協等復興ボランティアセンター」に名称変更）web サイト，http://msv3151.c-bosai.jp/（2013 年 9 月 4 日閲覧）．
「IT で日本を元気に！」実行委員会
　　http://revival-tohoku.jp/（2013 年 9 月 4 日閲覧）．

第 8 章

IPSTAR Co., Ltd.（2012）「BCP 報道発表最終版：IPSTAR，災害対策・BCP 向け衛星通信サービスを発表」（2012 年 2 月 1 日）．
『朝日新聞』(1995. 4. 17.)（大阪本社発行 13 版）．
株式会社 コアテック（2012）「Ipstar 衛星ブロードバンドを利用した災害対策支援システム（平成 24 年 4 月）．
コンピュータテクノロジー編集部(2011)『IT 時代の震災と核被害』インプレスコミュニケーションズ．
西條剛央（2012）『人を助けるすんごい仕組み──ボランティア経験のない僕が，日本最大級の支援組織をどうつくったのか──』ダイヤモンド社．
情報支援プロボノ・プラットフォーム（iSPP）（2012）『3. 11 被災地の証言　東日本大震災情報行動調査で検証するデジタル大国・日本の盲点』インプレスジャパン．
干川剛史（2001）『公共圏の社会学』法律文化社．
──（2003）『公共圏とデジタル・ネットワーキング』法律文化社．
──（2006）『災害とデジタル・ネットワーキング』青山社．

本條晴一郎・遊橋裕泰（2013）『災害に強い情報社会』NTT 出版.

（英文文献）
Aldrich, Daniel P., 2012, *Building Resilience: Social Capital in Post-Disaster Recovery*, University of Chicago Press.

（独文文献）
Habermas, J.(1962) *Strukturwandel der Öffentlichkeit*, Suhrkamp Verlag（細谷貞雄訳(1973)『公共性の構造転換』未来社）.
—— (1990) *Strukturwandel der Öffentlichkeit (Neu Auflage)*, Suhrkamp Verlag（細谷貞雄・山田正行訳（1994）『公共性の構造転換（新版）』未来社）.
—— (1992) *Faktizität und Geltung*, Suhrkamp Verlag（河上倫逸・耳野健二 訳（2002・2003）『事実性と妥当性——法と民主的法治国家の討議理論にかんする研究——』（上）・（下）未来社）.
—— (2008) *Ach Europa*, Suhrkamp Verlag（三島憲一・鈴木直・大貫敦子訳（2010）『ああ、ヨーロッパ』岩波書店）.

（Web ページ）
一般社団法人 南三陸福興まちづくり機構，http://m3m-kikou.com/

　　　　　　　　　おわりに

　本書では，市民活動から災害情報支援を経て被災地復興に至るデジタル・ネットワーキングの流れをたどりながら，その実態と課題をとらえた．
　そして，この流れの転換点として，阪神・淡路大震災，日本海重油災害，三宅島火山災害，大大特と中越沖地震，岩手・宮城内陸地震，東日本大震災をそれぞれとりあげ，デジタル・ネットワーキングを推し進めて行く原動力が，情報化の進展と，NPO・ボランティアの隆盛によるソーシャル・キャピタルの拡充であることを明らかにした．
　その上で，デジタル・ネットワーキングによる地域再生及び少子高齢社会の変革を展望しようとした．
　そこで，まず，第1章では，最初に，リップナック／スタンプスの『ネットワーキング』を手がかりにして，ネットワーキングが必要とされるようになった社会の構造的変化を明らかにした．
　そして，ネットワーキングが展開して行くために不可欠な協力的相互信頼関係，すなわち，ソーシャル・キャピタルに関するコールマンやパットナムなどの学説を手がかりにして「ソーシャル・キャピタルとは，何か」を明らかにした．
　次に，宮田加久子のオンライン・コミュニティに関する事例研究及び和崎宏による地域SNSの事例研究などを手がかりにして，デジタル・ネットワーキングによってソーシャル・キャピタルが豊かになり，さらにソーシャル・キャピタルによってデジタル・ネットワーキングが促進されていく相乗効果的な循環が生まれ，社会的課題が解決される可能性を考察した．
　さらに，先行研究を概観して得られた知見の中で，パットナムのソーシャル・キャピタルの4分類と和崎のネットワークモデルを手がかりにして，著者独自の「デジタル・ネットワーキング・モデル」を構築し，提示した．
　そして，第2章から第7章の各章において，主な事例を「デジタル・ネットワーキング・モデル」に基づいてデジタル・ネットワーキングとソーシャル・キャピタルの相乗効果的な循環という観点から考察し，その実態と課題を明らかにした．

そこで，第2章は，グローバル化の進展の中でのAPCネットワークによるデジタル・ネットワーキングの展開をたどった．そして，グローバルなデジタル・ネットワーキングに呼応して活動を展開してきたJCAを対象にしたアンケート調査の結果の分析をもとに，1990年代前半の日本におけるデジタル・ネットワーキングの草創期と展開期の状況について論じたが，日本のデジタル・ネットワーキングの大きな転換点となったのが，1995年1月に発生した阪神・淡路大震災であった．この震災は，著者がネットワーカーとして活動するきっかけとなり，著者のデジタル・ネットワーキング研究の視点が，観察者・研究者から実践者・研究者へと転換する契機となったのである．

そして，第3章では，1995年1月17日に発生した阪神・淡路大震災においてコンピューター通信（パソコン通信およびインターネット）を活用した情報ボランティアによる情報支援活動の実態と課題を明らかにした．

また，著者を含めた情報ボランティアたちが得た教訓としては，「日頃から使いこなしていない道具は，災害時には，有効に使えない」，「日頃からの顔の見える信頼関係がないと，災害時には，迅速かつ効果的な連携行動がとれない」というものであった．

特にこの教訓の中で着目すべきなのが，「顔の見える信頼関係」すなわち，ソーシャル・キャピタル＝協力的相互信頼関係の必要性である．

このような教訓をもとにして，阪神・淡路大震災以後，情報を取り扱う者と現場で活動する者との間の相互理解ならびに信頼関係をつくり出すために，情報ボランティアに携わった人々が，それぞれの地域の町内会や社会福祉協議会，NPO・NGOで活動する人たちに対して，コンピューターの利用方法を教えたりしながら，情報通信システムの利用を広める活動を行い，その成果が，阪神・淡路大震災の2年後に発生した日本海重油災害で現れるようになった．

1997年1月に発生した日本海重油災害では，福井県三国町その他で，重油回収作業に携るボランティア団体，兵庫県や新潟県などの地方自治体，旧運輸省などの中央省庁は，インターネットを利用して被害状況や対策状況について情報発信を行うようになった．また，大学やシンクタンクの研究者などがメーリングリストを通じて漂着重油の効果的な処理方法を考案し伝えた．さらに，被災地域の新聞社や放送局，また，「NHKボランティアネット」などのメディアが，現地の被害状況や行政の対応，ボランティアの活動状況などについてインターネットを通じて伝えた．

そこで，第4章では，日本海重油災害における民・官・専門家・メディア等によるデジタル・ネットワーキングの実態と課題を明らかにした．

阪神淡路大震災では，ボランティアによる救援活動にパソコン通信やインターネットが利用されたのに対し，行政では，神戸市外国語大学のインターネットサイトと，パソコン通信とFAXサービスとが一体となった神戸市の「あじさいネット」が利用されていたに過ぎなかった．

震災から2年後の日本海重油災害では，その様相が一変し，流出重油の漂着地となった府県や市町村，各中央省庁は，インターネットを通じてそれぞれが管轄する地域の重油漂着・回収状況などに関するおびただしい情報を毎日Webページに掲載していた．しかし，こうした形で発信される情報は，各地で重油回収作業にあたるボランティア団体にはほとんど利用されていなかったというのが実情であったであろう．

他方で，現地で災害救援にあたるボランティア団体は，Webページを通じて毎日の重油漂着・回収状況を発信するのが手一杯で，行政が発信する大量の情報を活動に利用する時間も労力もなかったと思われる．また，情報ボランティアも，各地の地方自治体や各省庁からの行政情報の収集とWebへの掲載は十分でなかったようにみえる．

つまり，行政のインターネットによる情報提供と，現場でのボランティアによる救援活動と，情報ボランティアの情報中継活動とがうまくつながっていなかった結果，日本海重油災害における情報発信・活動主体の間の連携はほとんどとれず，ボランティア，行政，マスメディア，専門家，情報ボランティアなどの間の連携のあり方が課題であることが明らかになった．

日本海重油災害から3年後の2000年3月に発生した有珠山火山災害と2000年6月に発生した三宅島火山災害では，インターネット利用者の急激な増加に伴って，行政機関やボランティアだけでなく，被災者自身もインターネットを情報の収集・発信手段として利用するようになった．

そこで，第5章においては，有珠山火山災害と三宅島火山災害における被災者，行政機関，災害救援ボランティア，支援者，情報ボランティアの間で展開されるデジタル・ネットワーキングの実態をとらえ，さらに，三宅島復興に向けてのデジタル・ネットワーキングの可能性と課題を明らかにした．

そして，三宅島「灰干しネットワークプロジェクト」においては，実施主体間の連絡・調整には，メールやメーリングリストが常時活用されており，また，

地図情報システムと連動したWebページが設置され，このプロジェクトの目的や成果などが公表されており，まさに，最新の情報通信技術を駆使した「デジタル・ネットワーキング」が展開されていることが明らかになった．

第6章では，「平成19 (2007) 年新潟県中越沖地震」と「平成20 (2008) 年岩手・宮城内陸地震」及び「平成21 (2009) 年佐用町水害」における「地理情報システム (GIS：Geographical Information System)」等の情報通信技術 (ICT：Information and Communication Technology) を活用した情報支援活動の実態と課題を明らかにした．

中越沖地震および岩手・宮城内陸地震におけるWIDISを活用した情報支援活動の中から浮かび上がってきた問題点として，まず，災害ボランティアセンターの運営主体の社会福祉協議会（社協）と連携してICTを活用する際の組織と資金面の問題があげられる．

そこで，我々の研究開発チームのメンバーは，このような組織上の問題に対処すべく，「特定非営利活動法人 (NPO法人) 基盤地図情報活用研究会」（2008年9月石川県により認証）を創設し，また，WIDISの災害対応分野以外への多用途化を図り収益事業を行うために「株式会社 ナブラ・ゼロ」を設立した．

これによって，組織上の問題は解消されることになったが，しかし，岩手・宮城内陸地震の事例においては，仮設住宅入居者生活支援Webデータベースシステムを運用する際に必要な資金を調達することができず，このシステムの実運用には至らなかった．

そこで，我々の研究開発チームが研究開発してきたWIDISを災害ボランティア活動支援のための情報収集・共有・コーディネーションシステムとして発展的に再構築し，より実戦的かつ効果的なものとするためには，まず，WIDISの新たな運用方法の考案・改善と技術的開発・改良を行い「ボランティア・コーディネーションシステム」を開発・構築することが必要であり，すでに，それを著者らの研究開発チームが試作している．

また，大規模災害発生時にこのシステムを運用・保守・管理するのに必要な人材確保のために，「人材養成プログラム」の開発・実施も必要となる．

このようなシステムの開発・構築と人材育成プログラムを実施することによって，首都直下地震等の大規模災害の避難者の様々なニーズに対応するために，膨大な数の災害ボランティアの多様なシーズ（自発的参加意欲・労力・技術・知識・創造力等）を活かすことが可能であると考えられる．

他方で，被災自治体では，発災害直後から被害情報等の各種情報の収集・集約・発信を行うだけでなく，被災住民への罹災証明発行・義捐金配分・固定資産税減免等の災害対応業務を効率よく行うための災害情報システムへのニーズが高いことが，佐用町に対する支援活動を通じて明らかになった．

　しかし，そのような支援を行う際に支障となったのは，適切な縮尺の地図情報の確保が困難であり，全国を網羅する形で，災害対応に適した縮尺（2500分の1または，5000分の1）の基盤地図情報の整備が，地方自治体と国土地理院とが連携しながら進められていくことが求められる．

　以上のような課題が「新潟県中越沖地震」と「岩手・宮城内陸地震」及び「佐用町水害」におけるICTを活用した支援活動から明らかになった．

　この課題が，2011年3月11日に発生した「東北地方太平洋沖地震」による「東日本大震災」における情報支援活動においてどのように解消されたのか，また，新たにどのような課題が現れたのかについて，第7章で論じた．

　この章では，総務省の『平成23年版　情報通信白書』を手がかりにして，また，著者が知りうる範囲で，東日本大震災におけるインターネットを活用した主な支援活動を概観した．

　また，総務省『平成24年版　情報通信白書』によれば，被災地におけるインターネットの活用状況に関しては，最も活用が多かった団体・個人はNPO・ボランティアであった．活用の場面として，NPO・ボランティアでは，ボランティアの募集や被災地の情報発信などがなされていた．

　さらに，SNS・Twitter等の活用についても，NPO・ボランティアによって物資に関する情報収集や支援要請の場面で活用されていた．また，インターネット活用における課題としては，NPO・ボランティアではインターネット上の誤情報・デマ情報によって業務に支障を来した例もあった（総務省 2012：264）．

　以上のように，東日本大震災において，ICTを積極的に情報の受発信や被災者支援に最も活用しているのは，被災地のNPO・ボランティアであるということがわかる．

　したがって，被災地において，NPO・ボランティアが，ICTを活用して，自治体と連携しながら，また，必要に応じて農協・漁協・商工会などの地域団体と関わりながら，避難所や仮設住宅の被災者リーダーを支援しつつ，活動を展開すること，すなわち，「災害デジタル・ネットワーキング（災害時におけるインターネット等のデジタル・メディアを活用した支援活動）」を実践することによって，

被災地の復興が効果的に達成されると期待できる．

そこで，著者が，東日本大震災の発生前から発生直後を経て現在まで関わっている事例に基づいて，NPO・ボランティアや非営利組織を中心とするICTを活用した被災地の情報支援活動と復興支援活動の実態と課題について考察した．

すなわち，東日本大震災の津波被災地である南三陸町をめぐって「ぼうさい朝市ネットワーク」から「南三陸町福興市」を経て「南三陸福興まちづくり機構」への災害デジタル・ネットワーキングの展開をたどった．

被災地内外の志を持った人々が結集して取り組んでいる「まちづくり機構」のプロジェクトは，開始してから2年に満たないが，成果を上げつつあるものもあれば，実施の見通しが全く立っていないものもある．

これらのプロジェクトを進めて行く際に大きな壁となるものが，南三陸町内の働き盛りや若い人材の決定的な不足である．

今後，女性を含めて地域内外でプロジェクト実施に必要な人材をどのように発掘し育て確保することができるかが，また，不足する人材を情報通信技術の活用でどのように補うことができるかが，プロジェクトの成否を分かつことになる．

そこで，第8章では，阪神・淡路大震災から東日本大震災に至るまでの著者の支援活動経験を振り返った上で，「南三陸福興まちづくり機構」による地域再生としての被災地復興の取り組みの現状と課題について，情報通信技術（ICT）活用という観点から明らかにしようとした．

阪神・淡路大震災から東日本大震災に至る災害デジタル・ネットワーキングの展開では，デジタル・メディアの技術革新と普及に伴って，参加主体が拡大し多様化しつつ，活動そのものも柔軟かつ多様なものとなっていき，次第に，デジタル・メディアなしには活動それ自体が成り立たなくなっていった．

このような災害デジタル・ネットワーキングの展開の中で，著者は，災害が発生するたびに，過去の災害で培った経験と知識を手がかりにし，その時点で支援活動に必要となる資源（情報・ヒト・モノ・カネ・便宜等）を確保し，状況に応じて活用するべく，行動方針・計画を策定し，デジタル・メディアを駆使して，「顔の見える信頼関係」（ソーシャル・キャピタル：協力的相互信頼関係）にある（と思われる）様々な立場の人々に協力を呼びかけ，巻き込み，必要に応じて新しい情報通信システムを開発・構築し，試行錯誤し，多くの失敗を繰り返し，越

え難い壁に突き当たりながらも，活動を展開してきた．

　こうした阪神・淡路大震災以来の18年にわたる災害デジタル・ネットワーキングの実践の中から明らかになったのは，情報通信技術を活用して支援活動の目的を達成するためには，次の要素が必要であるということである．

　すなわち，情報通信技術を活用した支援活動の目的達成に必要なのは，1）情報通信回線・機器，2）アプリケーション・システム，3）情報資源（コンテンツ・リソース），4）ソーシャル・キャピタル（協力的相互信頼関係），5）保守管理・運営体制の構築と人材確保・育成及び資金調達である．

　そこで，この考え方に基づいて，東日本大震災を前提にして，地域再生や社会変革につながるデジタル・ネットワーキングによる被災地復興の可能性と課題を考察した．

　つまり，「南三陸福興まちづくり機構」の活動を踏まえて，「Never Die Network」&「地域再生ポータルサイト」による「地域再生デジタル・ネットワーキング」の構想とそのための課題を具体的に示した．

　被災地の復興に必要なのは，安全・安心と交通手段や情報通信等の利便性の確保によって，より多くの人々が被災地を訪れ，観光や買い物を楽しみながら1円でも多くのお金を使ってくれることである．

　それを促進する情報通信手段が，インターネット衛星回線と公衆無線LANとソーラーパネルから構成される「Never Die Network」（高度に生存可能な情報通信基盤）とWebサイトとTwitterやFace Book等のソーシャル・メディアを組み合わせた被災地内外の人びととの情報交流活性化のための「被災地ポータルサイト」である．

　そして，南三陸町でこのような「まちづくり機構」の「Never Die Network」&「地域再生ポータルサイト」構築に基づいたプロジェクトが成功事例となり，東日本大震災の各被災地で同様の取り組みが行われ，また，首都直下地震や南海トラフを震源とする超広域・巨大地震・津波災害の危機に直面する地域で，さらに，被災地以外の過疎高齢化や産業衰退等の地域問題に直面する地域でも同じような試みが行われることで，「地域再生デジタル・ネットワーキング」が展開し，著者の提唱する「デジタル・ネットワーキング」と「ソーシャル・キャピタル」の相乗効果的循環過程（デジタル・ネットワーキングによってソーシャル・キャピタルが豊かになり，さらにソーシャル・キャピタルによってデジタル・ネットワーキングが促進されていく過程）による社会変革の方向性を指し示した．

こうした構想を実現可能にする方策を考察する手がかりを得るために，アルドリッチの大規模災害被災地の復興過程におけるソーシャル・キャピタルの機能について考察した"Building Resilience"（2012）の知見を概観し，かつ批判的検討を行い，デジタル・ネットワーキングとソーシャル・キャピタルの相乗効果的循環過程による「復元力」形成としての地域再生について展望した．
　さらに，「デジタル・ネットワーキング」と「ソーシャル・キャピタル」の相乗効果的循環過程によって形づくられる社会の姿を示すために，ハーバーマスの公共圏論の流れをたどり，批判的検討を行った．
　こうした考察を経て，著者は，機能分化の進展によって多元的な構造をもつようになった公共圏全体と社会的諸機能領域の関係を視野に入れて，また，情報化の進展による情報コミュニケーション空間の機能分化に伴う公共圏と市民社会の相互浸透過程を視野に入れて，公共圏をインターネット等のデジタル・メディアの媒介によって世論形成と実践活動が不可分に結びついた社会的領域として位置づけ，また，環境・福祉・地域づくり・災害救援といった社会的諸問題に対してインターネット等のデジタル・メディアを活用して取り組む市民活動，すなわち，「デジタル・ネットワーキング（digital networking）」を公共圏の活動基盤として位置づけた．
　その上で，著者は，公共圏を「個々の社会的領域だけでは対処しきれない，環境，福祉，大災害のような社会全体に関わる大きな問題に対して，各社会的領域で職業活動や日常生活を営む人々が，共通の問題関心を持って，新しい発想のもとに，自発的に，それぞれの社会的領域から諸資源（ヒト・モノ・カネ・情報等）を調達しながら緊張関係を保ちつつ互いに連携し合って取り組んで行く社会的領域，いわば市民活動に支えられた社会的実験場としての領域である」と定義した．
　そして，公共圏が成立するためには，インターネットなどのコミュニケーション・メディアを通じて，ヒト・モノ・カネ・情報等の諸資源が社会的諸領域から供給され，それらの諸資源が市民活動で活用されることを通して，各種の市民活動を担う人々や諸組織・団体（市民やNPO・NGO）が連携しながら活動を展開し，それらの間で，また，各社会的領域の活動主体（企業，行政機関，マスメディア，専門家，個々人）との間で社会的ネットワークが張り巡らされることが必要であることを，著者は提起した．
　こうした知見を踏まえて，著者が，公共圏のあるべき姿を示しつつ現実の社

会構造を描き出すために用いられる道具としての理念型として提示したのが，「ネットワーク公共圏モデル」である．

そして，著者は，「ネットワーク公共圏モデル」によって，現代社会の構造と公共圏の形成過程について詳細に論じた．

さらに，公共圏の組織的活動主体としてのNPO・NGOを中心としたデジタル・ネットワーキングが展開し，公共圏とそれを基盤とした（大災害等の社会的危機に強い）「復元力に富んだ社会」の構築に向けて社会を変革していくには，「デジタル・デモクラシー（digital democracy）」に基づいて，社会的課題について市民のオープンで多様な議論を許容し，実践活動への積極的参加を促すために必要な社会的連帯・自発的協力・相互信頼を醸成する「ソーシャル・キャピタル」（社会関係資本：協力的相互信頼関係）が必要であり，また，デジタル・ネットワーキングによってソーシャル・キャピタルが豊かになり，さらにソーシャル・キャピタルによってデジタル・ネットワーキングが促進されていく相乗効果的な循環過程が作り出されることが必要不可欠であることを，著者は，提起し，デジタル・ネットワーキングによる公共圏とそれを基盤とした「復元力に富んだ社会」（resilient society）の構築を模索した．

本書は，平成25（2013）年度慶應義塾大学審査博士学位論文「デジタル・ネットワーキングの展開──市民活動から災害支援を経て地域再生へ──」に平成22年度日本学術振興会科学研究費補助金基盤研究（B）（一般）（平成22年度〜平成25年度）「地域再生デジタル・ネットワーキングに関する調査研究」（研究代表者 干川剛史）の研究成果の一部を加筆したものである．

学位論文審査の主査として研究計画作成の段階から論文審査と学位授与に至るまで懇切丁寧なご指導と多大なご尽力をいただいた，慶應義塾大学法学部・大学院社会学研究科教授の有末賢先生には，大変，お世話になりました．心より感謝いたします．

また，副査として論文審査にあたられた慶應義塾大学法学部長・大学院社会学研究科教授の大石裕先生，慶應義塾大学名誉教授・帝京大学文学部教授の渡辺秀樹先生，学習院大学法学部教授の遠藤薫先生および，学識確認担当者として学位論文研究計画の審査にあたられた慶應義塾大学文学部・大学院社会学研究科教授の岡原正幸先生には，厳正な審査と的確な評価をいただき，大変，あ

りがとうございました．

　そして，慶應義塾大学大学院社会学研究科社会学専攻修士課程在籍時の指導教授である山岸健先生，早稲田大学大学院文学研究科社会学専攻博士後期課程在籍時の指導教授である佐藤慶幸先生，ならびに，名古屋大学名誉教授・成城大学社会イノベーション学部教授の西原和久先生，群馬大学名誉教授の村上隆夫先生には，著者の学部および大学院在籍時のみならず，大学の専任教員になってから現在に至るまで，長年にわたりご指導と励ましを通じて研究者としての成長を暖かく見守っていただいたことに，深く感謝をいたします．

　とりわけ，佐藤慶幸先生には，博士論文公開審査会にご出席下さり，熟達した研究者としてご講評とご助言をいただいたことに，重ねて御礼申し上げます．

　最後に，本書の出版にあたって晃洋書房編集部の西村喜夫氏には，大変お世話になりました．

　日々，私の家庭生活と研究生活を支えてくれている妻明子に感謝します．

　2014年7月

猛暑の多摩キャンパスにて

著　者

索　引

〈ア　行〉

アカコッコ——三宅・多摩だより——（「アカコッコ」）　79, 82, 162, 169
アソシエーション　184, 188, 189
　——関係　184
アルドリッチ，ダニエル　171-174, 212
淡路プロジェクト　52-54, 65, 167
eコミュニティプラットフォーム（eコミ）　109, 125-127, 180
岩崎俊介　5
Inter C net　70, 71, 94, 100, 103, 110, 159, 168, 170
インターネット　4, 13-25, 30, 32, 35, 40, 43, 44, 47-49, 57, 58, 66-69, 71, 74, 76-78, 106, 126, 163, 165, 166, 176, 181-183, 188-190, 194-196, 206, 207, 209, 211, 212
インターVネット　44, 51-54, 63, 117
　——ユーザー協議会　54, 57, 62, 64, 65, 165, 167
有珠山火山災害　iii, 74, 161-163, 166, 207
有珠山ネット　75-77, 80, 162, 169
ウールコック，マイケル　8
APCネットワーク　ii, 4, 5, 32-34, 36, 40, 41, 190, 206
NHKボランティアネット　iii, 66, 82, 206
NGO　ii, 4, 5, 24, 32-35, 41, 42, 50, 65, 188, 190, 194-197, 206, 212, 213
NPO　21, 23, 24, 32, 42, 50, 65, 121, 124, 125, 146, 188, 194-197, 205, 206, 210, 212, 213
エンパワーメント　21, 24
岡部一明　4, 5
オフライン　21-23, 25, 38, 39
オルタナティヴ条約　ii, 32, 34
オンライン　21-23, 25, 38, 39, 188

〈カ　行〉

回転信用組合　8, 208
金子郁容　51
絆　171
　強い——　10, 173
　弱い——　10
キーパーソン　25, 30
基盤地図情報活用研究会（「研究会」）　102, 109-112, 129, 130, 132, 158, 169, 170, 208
境界　30
　開放的（な）——　30
　閉鎖的（な）——　30
協力的相互信頼関係　1, 6, 29, 65, 167, 170, 171, 177, 183, 197, 205, 206, 210, 211, 213
　架橋型・——　29, 40, 42, 53-56, 63, 64, 71, 73, 80-83, 95, 96, 98, 99, 102, 110, 111, 124, 157-159, 167-170
　結束型・——　29, 57, 73, 96, 98, 102, 104, 110, 111, 124, 157, 158
KKK（クー・クラックス・クラン）　9
グラノベッター，マーク　10
グローバル化　2, 24, 206
広域災害情報共有システム（WIDIS）　97, 98, 100, 102, 112, 113, 169, 170, 208
公共圏　ii, 159, 185-191, 193, 195-198, 212, 213
　——論　184, 189, 198, 212
　政治的——　184-187, 189
　ネットワーク——モデル　191, 213
国連地球環境サミット　i, ii, v, 32, 190
互酬性　ii, 4
　——の規範　9
　一般的——　12
　特定的——　9, 22, 26, 28
コネクター　8, 9, 16, 19, 27-30, 40
コミュニケーション　25, 26
　インターネット上の——　19, 21, 25
　対面的な——　15-17
コミュニティ　15, 16
　ヴァーチャル——　13, 174
　オンライン・——　14, 16, 17, 205

対面的な―― ii, 1, 4, 20, 21, 24, 25
　　地域―― 17
　　デジタル・―― 40, 193, 194
　　物理的―― 23
コールマン，ジェームス 1, 6-8, 205
コンピューター通信 13, 36-40, 43, 49, 50, 69,
　　165, 166, 206

〈サ 行〉

災害支援 iii
災害対応総合情報ネットワークシステム 58
災害用伝言ダイヤル（171） 117
災害用伝言板 117
災害用ブロードバンド伝言板（Web171） 117
サイバーネットワーク 16
サイバーバルカン化 i
ジェイコブズ，ジェーン 7
JCA 17-19, 35-42, 51-54, 65, 167, 206
GEO-Quick 100, 109
地震情報コーナー 44
次世代総合防災行政情報通信システム 58
市民運動 iii
市民活動 i, 16, 36, 40, 49, 190, 194, 195, 205
市民社会 184-188, 212
首都直下地震 113, 208
シュリヒト，エッケハルト 7
情報支援活動 i, 2-4, 19, 25, 57, 125, 162,
　　163, 206, 208, 210
情報団 59, 62
　　ボランティア―― 54, 63, 64
情報通信技術 iii, iv, 43, 97, 155, 159, 160,
　　164, 171, 174, 208, 210, 211
情報ボランティア iv, 17, 43, 44, 47, 49, 50,
　　55, 57, 62, 65, 66, 70, 71, 73, 74, 99, 161, 163,
　　167, 194, 206, 207
シーリー，ジョン 7
震災ボランティアフォーラム 44, 51, 54
信頼 iii, 173
　　一般的―― 8, 9, 12, 14, 16, 19, 21, 24,
　　27-29
　　社会的―― 26
政治システム 185-187, 189, 193
相乗効果的 9
　　――循環過程 ii, 1, 20, 29, 167, 171, 174,
　　183, 184, 198, 211-213
　　――循環関係 13, 17, 19
　　――な循環 205
ソーシャル・キャピタル 20, 65, 167, 171-174,
　　177, 182-184, 197, 198, 205, 206, 210-213
　　――の4つの分類 14
　　――の4分類 12, 205
　　ヴァーチャルな―― 10
　　外部志向的―― i, ii, 1, 6-8, 14, 16-19,
　　22-25, 27-29
　　架橋型―― 11, 12
　　結束型―― 11, 12, 15, 16, 19, 20, 172
　　公式的―― 11, 19, 21, 22
　　内部志向的―― 10, 12
　　橋渡し型―― 11
　　非公式的―― 21, 22
　　太い―― 10, 12
　　細い―― 10, 12
ソーシャル・メディア 117, 167, 173, 174, 182,
　　183, 211

〈タ 行〉

対案提示型実行活動 1, 29
大都市大災害軽減化特別プロジェクト（大大特）
　　97, 169, 205
大規模災害 2, 31
たかはるハートム 134, 136, 157
タコツボ化 i
地域SNS 16, 19, 26, 104-106, 108, 110, 119,
　　120, 205
地域再生 1, 20, 25-28, 31, 86, 133, 205, 211,
　　212
地理情報システム i, iv
デジタル・ネットワーキング iv, 31-33, 40,
　　42, 53, 57, 63, 66, 71, 73, 74, 77, 94, 102, 110,
　　133, 156, 159, 165, 167, 170, 171, 174, 183,
　　184, 190, 193-198, 205-208, 211-213
　　――・モデル（DMN） i-v, 1, 4, 12, 13,
　　17, 20, 28, 29, 31, 40, 57, 63, 71, 79, 94, 98,
　　102, 110, 124, 156, 159, 167-170, 205
　　――論 i, ii, 1
　　災害―― 121, 124, 154, 162, 165, 167, 171,
　　209-211
　　地域再生―― 175, 177, 183, 211

索　引

デジタル・ディバイド　i
デジタル・メディア　15, 30, 165, 167, 174, 189, 190, 194, 197, 210, 212
天安門事件　i，3，4, 13, 19, 20, 25
島魂　三宅島ネット　77, 78, 80
東北地方太平洋沖地震　116, 209

〈ナ 行〉

ナブラ・ゼロ　110, 112, 158
ナラヤン，ディーパ　8
南海トラフで発生する地震　113
日本海重油災害　3，65, 66, 69-71, 163, 166, 168, 205-207
ネットワーキング　iii, 197, 205
ネットワーク　ii, 1, 2, 6, 21, 33, 40, 84, 88, 93, 147, 148, 184
　——モデル　25, 205
　コンピューター・——　7，8, 14, 24, 26-28, 33, 35, 36
　市民参加の——　3，4
　社会——　9
　社会的——　22, 29-31, 171, 173, 190, 195, 212
　人的——　8，9, 13, 17, 25
　地域——　3，25, 26, 28
Never Die Network　175, 177, 179-183, 211
ノード　30

〈ハ 行〉

灰干し　85-93, 133, 134, 136, 138, 143, 153, 154
　——ネットワーク　158, 170
　——ネットワークプロジェクト　85, 87, 88, 90, 91, 94-96, 207
　——プロジェクト　1, 29, 92, 133, 135, 142, 143
　熟成たかはる——　138
パットナム，ロバート　ii, 1, 6-9, 12-17, 19, 20, 24, 29, 205
パソコン通信　25, 26, 32, 35, 40, 43, 44, 47, 49, 50, 52, 56-58, 165, 166, 190, 194, 206, 207
パーソンファインダー　117
ハニファン，ジャドソン　7
ハーバーマス，ユルゲン　184-189, 198, 212
ハブ　iv, 30, 40
阪神・淡路大震災　i，ii, 4, 42, 43, 47-50,　57, 62, 63, 68, 69, 117, 128, 157, 159, 160-163, 165-167, 170, 171, 175, 194, 205-207, 210, 211
東日本大震災　i，iii, 31, 116, 117, 132, 133, 138, 143, 153, 156, 159, 161-164, 167, 170, 171, 173-175, 177, 179, 180, 182, 205, 209-211
非言語的情報　iv
被災地復興　15, 133, 171, 205, 211
兵庫ニューメディア推進協議会　57, 59, 62-64
復元力　171-174, 212
　——に富んだ社会　i，iv, v, 31, 159, 184, 196-198, 213
復興支援活動　125, 135, 210
ブリッジ　i，ii, v, 30, 40
ブルデュー，ピエール　7
平成19 (2007) 年新潟県中越沖地震（新潟県中越沖地震）（中越沖地震）　25, 26, 97, 98, 112, 116, 161, 169, 205, 208, 209
平成20 (2008) 年岩手・宮城内陸地震（岩手・宮城内陸地震）　iv, 97, 100, 102, 112, 116, 157, 161, 169, 205, 208, 209
平成21 (2009) 年佐用町水害（佐用町水害）　iv, 97, 104, 116, 170, 208, 209
平成23 (2011) 年霧島連山新燃岳火山災害　iv, 133, 135
ぼうさい朝市ネットワーク（ぼうさい朝市）　96, 133, 138, 147-150, 153, 154, 158, 170, 182, 210
防災科学技術研究所（「防災科研」）　109, 111, 119, 125-128, 157, 158, 170
法輪功　iv
ボランタリー　18
　——活動　3
　——・セクター　3
ボランティア活動　3，43
ボランティア元年　43
　もう一つの——　43

〈マ 行〉

南三陸町福興市（福興市）　i，13, 24, 132, 133, 138, 143, 146, 147, 150, 154, 158, 182, 210
南三陸福興まちづくり機構（まちづくり機構）　iv, 133, 138, 150-154, 159, 180-183, 210, 211

三宅島火山災害　　iv, 74, 76, 133, 161, 162, 205, 207
三宅島人材受け入れ連携協議会（「三宅島人連協」）　　84-86, 94, 96, 169
三宅島と多摩をむすぶ会（「むすぶ会」）　　79, 80, 162, 169
宮田加久子　　ii，1, 20, 21, 23-25, 205
民主主義　　iii
メディア・リテラシー　　23
メーリングリスト　　iii, 23, 35-37, 40, 56, 62, 66, 70, 71, 75, 76, 78, 79, 88, 106, 150, 161, 165, 169, 182, 206, 207

〈ヤ・ラ・ワ行〉

罹災証明発行支援GISシステム　　109

リップナック／スタンプス　　1，3，205
リンク　　29, 30, 71-73
　公式——　　29, 41, 94, 100, 103, 104, 110, 159
　デジタル・メディア・——　　30, 40-42, 53-57, 63, 64, 80, 82, 83, 98, 99, 102-104, 110, 111, 157, 159, 167-170
　非公式——　　29, 40, 54
　メディア・——　　30
リン，ナン　　17-20
ルアリー，グレンC.　　7
和崎宏　　ii，1，20, 25, 27, 29, 205

《著者紹介》

干川 剛史（ほしかわ　つよし）

　1961年　群馬県に生まれる
　1984年　群馬大学教育学部社会科学学科Ⅱ類卒業
　1987年　慶應義塾大学大学院社会学研究科社会学専攻修士課程修了（社会学修士）
　1992年　早稲田大学大学院文学研究科社会学専攻博士後期課程単位取得満期退学
　1992年　徳島大学教養部専任講師
　1995年　徳島大学総合科学部助教授
　1999年　大妻女子大学人間関係学部助教授
　2005年　大妻女子大学大学院人間関係学研究科・大妻女子大学人間関係学部教授
　2010年　大妻女子大学大学院人間文化研究科・人間関係学部教授
　2014年　博士（社会学）学位を慶應義塾大学より授与される

主要著書

『公共圏の社会学』（法律文化社，2001年）
『公共圏とデジタル・ネットワーキング』（法律文化社，2003年）
『デジタル・ネットワーキングの社会学』（晃洋書房，2006年）
『災害とデジタル・ネットワーキング』（青山社，2007年）
『現代社会と社会学』（同友館，2008年）
『情報化とデジタル・ネットワーキングの展開』（晃洋書房，2009年）

デジタル・ネットワーキングの展開

2014年10月30日　初版第1刷発行	＊定価はカバーに表示してあります

著者の了解により検印省略	著　者	干　川　剛　史 ⓒ
	発行者	川　東　義　武
	印刷者	河　野　俊　昭

発行所　株式会社　晃洋書房

〒615-0026　京都市右京区西院北矢掛町7番地
電話　075(312)0788番(代)
振替口座　01040-6-32280

ISBN 978-4-7710-2567-7

印刷　西濃印刷㈱
製本　㈱兼文堂

JCOPY 〈㈳出版者著作権管理機構 委託出版物〉
本書の無断複写は著作権法上での例外を除き禁じられています．複写される場合は，そのつど事前に，㈳出版者著作権管理機構（電話 03-3513-6969，FAX 03-3513-6979，e-mail:info@jcopy.or.jp）の許諾を得てください．

干川 剛史 著 情報化とデジタル・ネットワーキングの展開	A5判 220頁 本体 2,400円（税別）
神戸学院大学 学際教育機構 防災・社会貢献ユニット 編 東日本大震災ノート 災害ボランティアを考える	B5判 110頁 本体 1,800円（税別）
神戸学院大学 東日本大震災 災害支援対策本部 編 東日本大震災 復旧・復興に向けて ──神戸学院大学からの提言──	A5判 258頁 本体 2,300円（税別）
松浦さと子・川島 隆 編著 コミュニティメディアの未来 ──新しい声を伝える経路──	A5判 314頁 本体 2,900円（税別）
J. ハーバーマス 著 佐藤嘉一・井上純一・赤井正二 出口剛司・斎藤真緒　訳 テクストとコンテクスト	A5判 242頁 本体 2,800円（税別）
アンソニー・ギデンズ 著 今枝法之・干川剛史 訳 第三の道とその批判	四六判 272頁 本体 2,600円（税別）
加茂直樹・南野佳代 初瀬龍平・西尾久美子　編著 現代社会研究入門 ──社会哲学の射程──	A5判 326頁 本体 3,000円（税別）
田上 博司 著 デジタルコミュニケーション ──ICTの基礎知識──	A5判 192頁 本体 2,300円（税別）

晃 洋 書 房